# 社交网络赚钱实战

## 从入门到精通

三虎◎编著

人民邮电出版社

北京

**图书在版编目（CIP）数据**

社交网络赚钱实战从入门到精通 / 三虎编著. -- 北京 : 人民邮电出版社, 2017.8
ISBN 978-7-115-45688-5

Ⅰ. ①社… Ⅱ. ①三… Ⅲ. ①网络营销 Ⅳ. ①F713.365.2

中国版本图书馆CIP数据核字(2017)第114300号

## 内 容 提 要

社交网络的特性决定了其具有良好的营销和赚钱价值，这也反映出互联网的应用价值和营销价值，同时也是互联网市场的增长点。本书正是为了满足这种利用社交网络赚钱的需求而推出，由多位资深行业专家倾力打造，采用图文并茂的方式，讲解微信、微博、QQ 空间、人气论坛、百度贴吧等当下热门社交平台上的赚钱技巧。

本书共分 8 章，第 1 章主要阐述为什么社交网络具备赚钱的特性；第 2~6 章分别介绍如何利用微信的人脉资源优势、新浪微博的粉丝优势、QQ 空间的好友优势、人气论坛的自由言论优势以及百度贴吧的开放性优势获得最好的赚钱回报；第 7 章介绍企业 APP 的搭建方法，有效连通社交网络；第 8 章介绍了几个移动支付的特色和开通方法，形成社交网络赚钱的闭环。

本书配套光盘内容丰富、实用，不仅有与书中内容同步的操作演示视频和 PPT 课件，还有《可视化营销内容制作教程》《微店开店技巧精讲教程》《宝贝拍摄十大用光技巧教程》三大视频教程，以及《社交网络营销技巧 80 招》《海外社交媒体运营技巧》《可视化社交营销教程》《模特摆资密码》4 本学习手册，全方位帮助读者轻松利用社交网络实现赚钱。

本书适合想要学习社交网络赚钱的个人用户和企业管理人员阅读，也适合移动电商、社交电商、网店及网络营销从业人员阅读，同时也可作为职业技能培训班的培训教材或教辅用书。

◆ 编　　著　三　虎
　责任编辑　牟桂玲
　执行编辑　翟美玲
　责任印制　沈　蓉　彭志环

◆ 人民邮电出版社出版发行　　北京市丰台区成寿寺路 11 号
　邮编　100164　　电子邮件　315@ptpress.com.cn
　网址　http://www.ptpress.com.cn
　北京鑫丰华彩印有限公司印刷

◆ 开本：720×960　1/16
　印张：18
　字数：289 千字　　　　2017 年 8 月第 1 版
　印数：1 – 2 500 册　　　2017 年 8 月北京第 1 次印刷

定价：49.00 元（附光盘）

**读者服务热线：(010) 81055410　印装质量热线：(010) 81055316**
**反盗版热线：(010) 81055315**
**广告经营许可证：京东工商广登字 20170147 号**

# 前言
preface

移动互联网的发展是互联网行业的一场巨大变革，推动了社交网络的发展。社交网络大大改变了人们的生活和交流方式，社交媒体的发展也为个体和企业带来了新的发展机遇。社交网络信息传播及时、覆盖范围广、目标人群集中化、成本低廉而且互动性强，越来越多的个人用户和企业用户想利用社交网络超深厚的用户群根基以及信息自由流动的便捷性，来实现信息流的传播，达到营销推广和赚钱的目的。

为什么说社交网络就能实现赚钱呢？其实，在社交网络上有一个良性的循环：好的内容吸引人气，更多人气促使更多好的内容。内容提供者或者企业主，在社交网络上其实可以充当一个“兴奋剂”的角色，提供网友那些让其“尖叫”的文案、图片、视频后，获得了用户关注；再进一步地将这些用户关注转化为企业产品或服务的拥笃者后，自然也就完成了社交网络生态圈里的赚钱通道设计。

在数字化时代，社交网络如火如荼发展之际，如何进入并利用好社交网络，建设朋友和客户群体，打造人气，创造品牌影响力？如何将社交网络发展为有效的宣传和营销工具，实现利益的最大化？面对社交网络的商业化发展，越来越多的个人和企业如何通过融入社交网络来实现自己的赚钱诉求？本书将结合多位资深专业人士的经验，对微信、微博、QQ空间、人气论坛、百度贴吧等当下热门社交网络平台进行诠释，对社交网络营销推广技巧进行探讨，力求人人可玩社交网络，人人可通过社交网络实现赚钱愿望。

## ◎ 本书适合哪些读者

如果您属于以下人群，可以选择购买本书。

◆ 在校学生：想学习一些网上开店创业、利用社交网络赚钱的知识，但又不知该从何学起。

◆ 上班族：想利用业余时间开网店、社交网络兼职增加收入，但又没有时间系统地学习。

◆ 自由职业者：想通过开网店创业、利用社交网络营销推广，但缺乏相关的技能和知识。

◆ 实体店经营者：想结合网店扩大经营范围，寻求新的商机。

◆ 淘宝店新手：已经创建网店，但希望进一步了解如何利用社交网络运营网店，把网店做大做强。

## ◎ 本书特色

本书作为一本全面的社交网络营销赚钱指南，涵盖社交网络具备的赚钱特性，如何利用微信的人脉资源优势、新浪微博的粉丝优势、QQ空间的好友优势、人气论坛的自由言论优势以及百度贴吧的开放性优势获得最好的赚钱回报实战技巧，企业APP的搭建方法以及移动支付的特色和开通方法等内容。本书具有以下特点。

◆热门平台，讲解细致

本书选择当下热门的几大社交网络平台，针对各平台的特色分别对其赚钱技巧进行了细致讲解，手把手教会读者从平台注册到营销盈利。对于众多新手困惑的平台选择、内容选择及营销推广到盈利等问题，都从多个角度加以讲解并支招，真正做到一册在手，玩转社交网络不愁。

◆图解操作，易读易学

本书涉及操作的部分皆以详细、直观的图解方式进行讲解，简单易学，使读者轻松上手。读者根据本书就可以掌握几大热门社交平台的特色，只需要根据这些操作步骤就能玩转社交网络。

◆案例讲解，贴心提点

本书以一线案例贯穿，讲解更加深刻、实用性强。并且，书中的“专家提点”小栏目对重要内容作了进一步解析，加深读者对重点内容的理解和把握，即学即用。

◆秘技点播，技能拓展

为了更好地指导读者实际操作，帮助读者开拓思维，本书每章还设计了“赚钱秘技一点通”和“实用技能拓展”栏目，这些都是在社交网路应用实践中总结和提炼出的一些宝贵技巧和经验，是社交网络在营销推广、赚钱盈利等方面的常用应用技巧。

◆配套光盘，互动学习

本书配备了多媒体教学光盘，光盘中包含了书中操作的同步视频教程。这样，读者可以采用“书盘结合”的方式，又快又好地学习社交网路的操作，更快地玩转社交网络。

## ◎ 说明和致谢

本书在编撰过程中，得到了多位社交网络领域资深专家的现身指导，使得本书内容更具深度和广度，为读者呈现更多有价值有营养的内容。

另外，本书在编写过程中，引用了微博、微信、贴吧等平台的多位优秀人士的微博、微信等图片作为经典案例分享，以便为读者更好地阐述社交网络的应用技巧。在此声明，书中所有图片的版权均归原创作者所有，并在此表示衷心的感谢！若有任何疑问和问题，请及时联系我们。

最后，真诚感谢您选择本书。您的支持是我们最大的动力，我们将不断努力，为您奉献更多、更优秀的图书！由于编者水平有限、时间仓促，书中难免存在纰漏，敬请广大读者批评指正。我们的联系邮箱是：zhaimeiling@ptpress.com.cn。

编者

# 光盘使用说明

将光盘放入光驱中，光盘会自动开始运行，并进入演示主界面，即“首页”板块。若不能自动运行，可在“我的电脑”窗口中双击光盘盘符，或在光盘的根目录下双击“Autorun.exe”文件图标。

**提示：**打开可执行程序后，如果发现程序界面跑出屏幕外，说明你的显示器的分辨率不是1280×960，请将显示器调整到1280×960大小（或者大于此分辨率）。其方法是首先按键盘上的“ESC”键退出程序，然后在桌面上单击鼠标右键，在弹出的右键菜单中选择“屏幕分辨率”选项，最后在弹出的对话框中将分辨率调整为1280×960（或者大于此分辨率）即可。

光盘“首页”如图1所示，分为“图书同步”和“超值赠送”两部分内容。

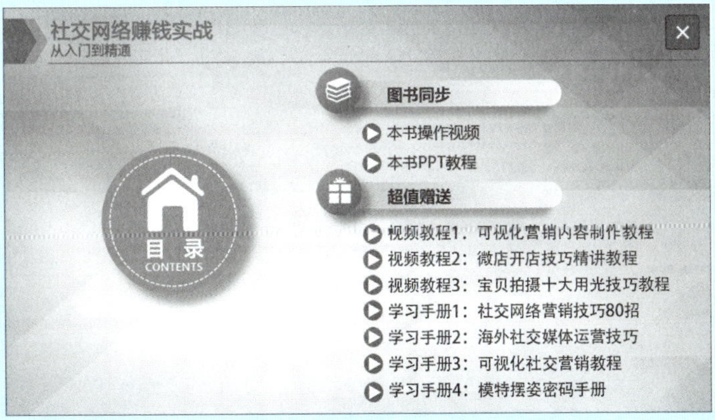


▲图1 “首页”板块

下面分别介绍各个板块的功能。

### 1.“本书操作视频”板块

该板块主要是与本书操作相关的一些视频讲解教程，单击该按钮，即可选择学习相应内容，如图2所示。

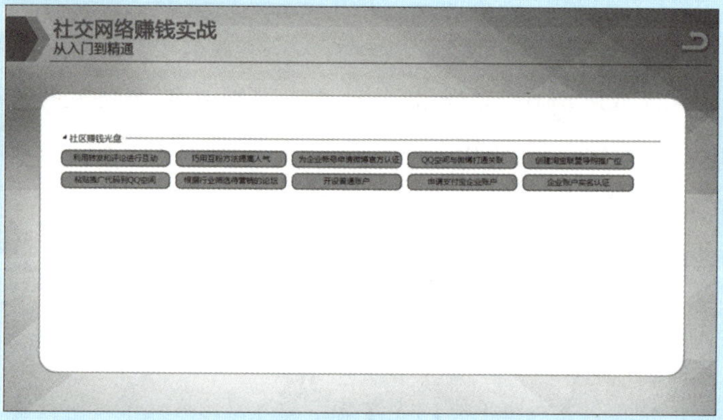


▲ 图2 “本书操作教学视频”板块

### 2.“本书PPT教程”板块

本板块提供了与书配套的PPT电子讲稿，以便读者特别是老师进行重点知识的梳理和学习与授课，如图3所示。

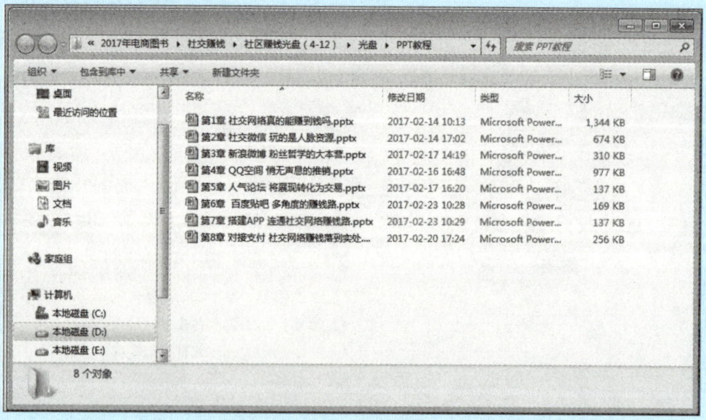


▲ 图3 “本书PPT教程”板块

### 3.“可视化营销内容制作教程”板块

本板块提供了与可视化营销内容制作相关的基本操作与案例教程，包含了可视化营销内容制作方法和技巧，如图4所示。

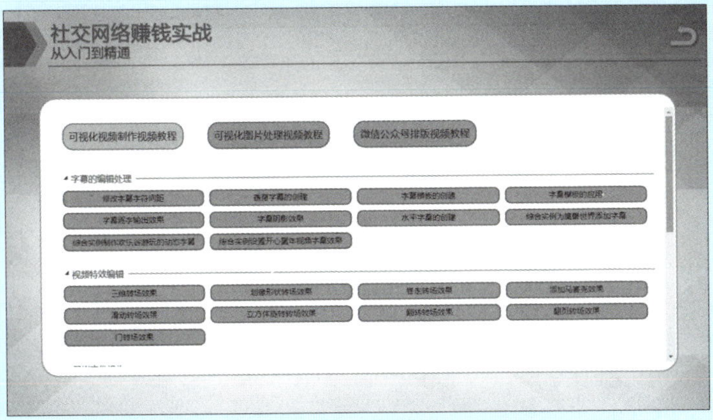


▲ 图4 “可视化营销内容制作教程”板块

### 4.“微店开店技巧精讲教程”板块

本板块提供了与微店开店相关的一些方法与常用技巧的视频教程，如图5所示。

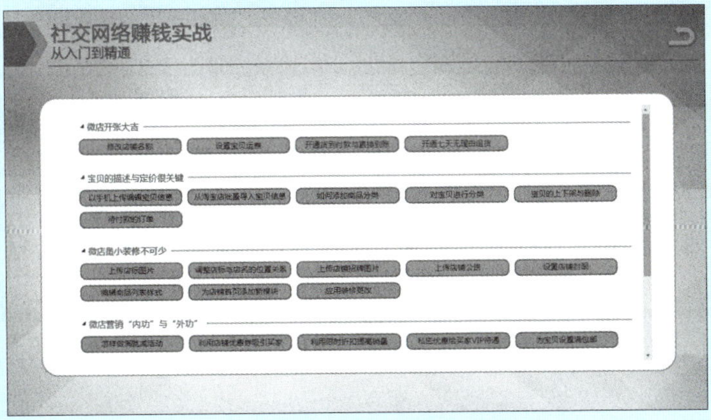


▲ 图5 “微店开店技巧精讲教程”板块

### 5.“宝贝拍摄十大用光技法教程”板块

本板块提供了与宝贝拍摄用光的一些常用技巧视频教程，如图6所示。

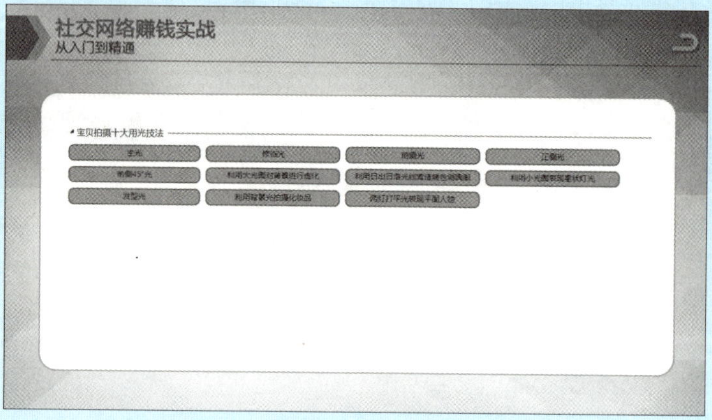


▲ 图6 “宝贝拍摄十大用光技法教程”板块

### 6.“社交网络营销技巧80招”板块

本板块收集了当下热门的社交网络的常用营销技巧，包括微信营销技巧、微博营销技巧、QQ营销技巧以及社区论坛营销技巧等，如图7所示。

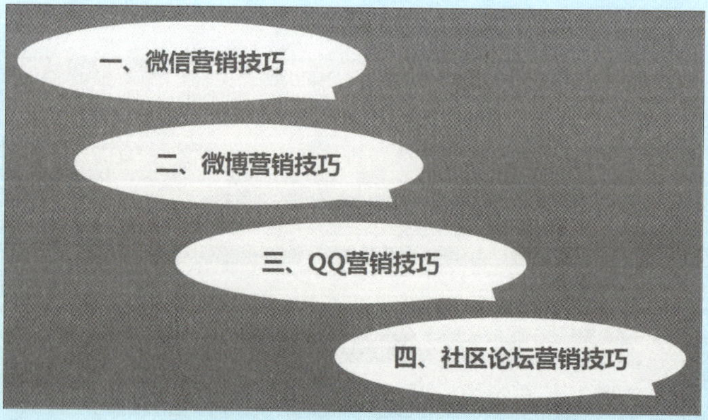


▲ 图7 “社交网络营销技巧80招”板块

### 7.“海外社交媒体运营技巧”板块

本板块收集了与海外社交媒体运营相关的一些基础知识与常用技巧，如图8所示。

▲ 图8 “海外社交媒体运营技巧”板块

### 8.“可视化社交运营教程”板块

本板块收集了与可视化社交运营的一些基础知识与相关操作，如图9所示。

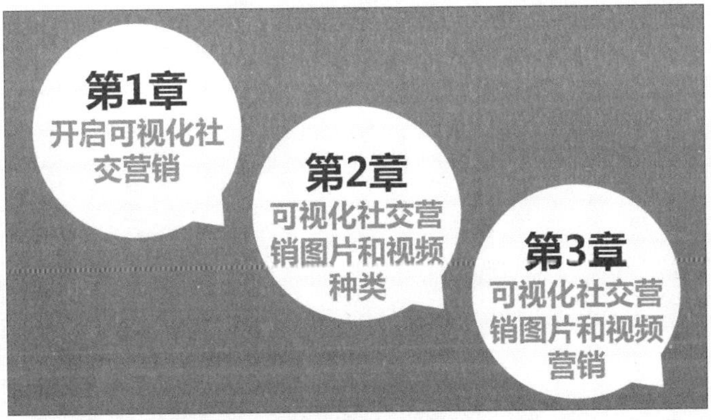


▲ 图9 “可视化社交运营教程”板块

### 9.“模特摆姿密码手册”板块

本板块收集了有关模特摆姿的一些方法与技巧，如图10所示。

▲ 图10 “模特摆姿密码手册”板块

# 目录
contents

## CHAPTER 01 社交网络 真的能赚到钱吗



## CHAPTER 02 微信社交 玩的是人脉资源

# CHAPTER 03 新浪微博 粉丝哲学的大本营

## CHAPTER 04 QQ 空间 悄无声息的推销

# CHAPTER 05 人气论坛 将展现转化为交易

CHAPTER 06

# 百度贴吧 多角度的赚钱路

CHAPTER 07 搭建 APP
# 连通社交网络赚钱路

## CHAPTER 08 对接支付 社交网络赚钱落到实处

CHAPTER

# 01 社交网络 真的能赚到钱吗

△ 自从互联网蓬勃发展，网上交流就成了新的社交方式，形成了所谓的“社交网络”。QQ、微信、微博、论坛等网上交流工具也变得日益流行。其中，QQ、微信的用户分别达到数亿。人气一高，商机随之涌现，利用社交网络赚钱也就成了新的创收方式。

△ 本章作为本书的开篇，将带领大家主要从认识社交网络开始，并逐步看懂社交网络的赚钱门路；同时本书的“赚钱秘技一点通”和“实用技能拓展”环节，还给大家提供了更多的思路导向以及实践方法。

## 1.1 掀起社交网络的红盖头

谈到社交网络，可能大家第一时间想到的就是“微信”这个当下最为火爆的客户端聊天工具，其实这只是大家狭义的理解。广义的社交网络包括来自网页端、PC版以及手机端等各个平台系统的形态的总称，只要具备相应的特质，那么这个形态的存在就是社交网络的一部分。本节将会和大家详细讨论一下社交网络。

### 1.1.1 搞清楚什么是社交网络

互联网出现之前，人们的社会交往范围很窄，通常仅限于亲朋好友以及同事熟人之间。在互联网出现之后，各种方便的网络服务纷纷出现，如电子邮件、论坛、聊天室、QQ、微信等。互不相识的用户借助这些服务聚在一起，形成一个无比复杂的社交网络，如图1-1所示。

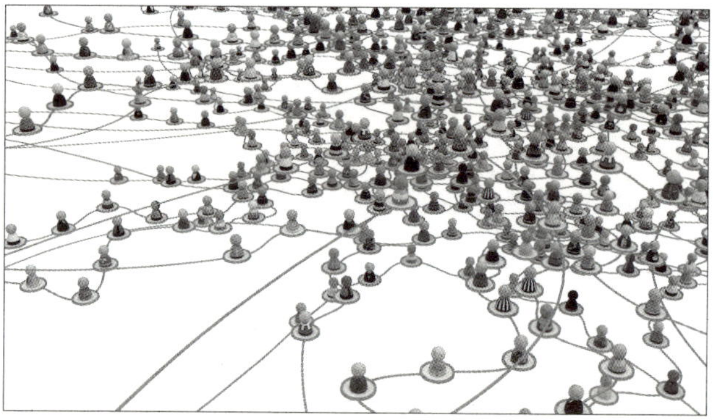

▲ 图1-1 社交网络的形态构成

社交网络是多种多样的，既可以是一个提供求职、就业的线上平台，如图1-2所示，也可以是帮助人们寻找失散多年的亲人、朋友的一个亲情社区；既可以是帮助有相同兴趣爱好的人聚集在一起、分享快乐的一个兴趣小站，也可以是为了某一次出游自建起来的QQ聊天群、论坛板块等，如图1-3所示。按照功能的不同以及承载的平台不同，社交网络又可以进一步分为一般用途社交网络、特殊用途社交网络、基于兴趣的社交网络、提供移动性的社交网络以及媒体分享型的社交网络等。

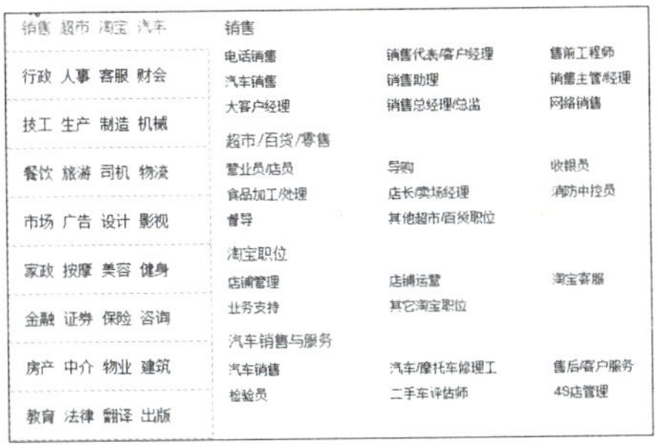


▲ 图1-2　招聘求职类的信息社交

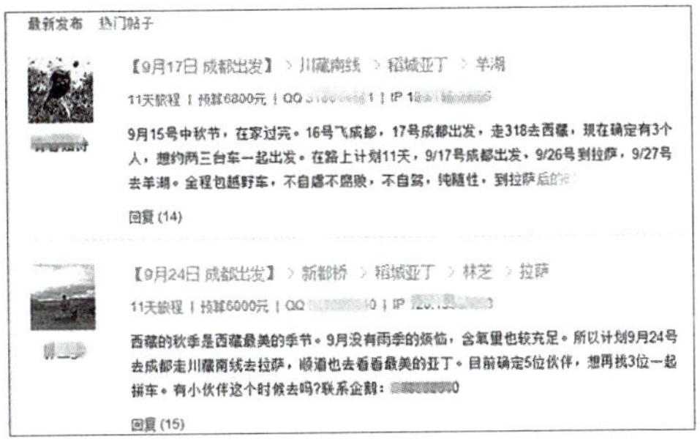


▲ 图1-3　结伴出游类的兴趣社交

**小知识**

社交网络是建立在用户的人际关系之上的。而促使用户聚集在一起的，往往是因为共同的兴趣爱好、职业需要等原因，这也就形成了社交网络的一个巨大商业市场空间。

## 1.1.2　社交网络有哪些表现形式

人与人之间的交往形成了社交，而在网络中最原始的一种社交方式就是电子邮件。很显然，电子邮件解决了远程邮件的传输问题，它是网络社交的起点，至今也是互联网上最普及的应用。不过，电子邮件本身称不上一个社交网络的平台，因为电子邮件基本上都是以点对点的形式进行交流的，无法把陌生的人聚在一起形成人际网络。下面就一起来了解能够称为社交网络的平台有哪些。

### 1. 早期的新闻组社交平台

在互联网发展的早期，电子邮件是一个很成熟的交流工具，所以，有人想到了利用电子邮件来组建一个自由交流的平台，也就是所谓的新闻组，如图1-4所示。

新闻组用户发送到服务器上的电了邮件，可以被其他用户浏览，而其他用广也可以利用电子邮件对其进行回复。这种公开的电子邮件，形成了最初的社交平台。新闻组一般都使用微软的电子邮件软件Outlook Express来进行浏览。

### 2. 功能简单的BBS社交平台

与新闻组同时期存在的是一种叫作电子公告牌系统（Bulletin Board Systerm，

BBS）的平台。BBS最早是在美国大学中用于学术和生活交流的社交平台，由于当时的技术限制，BBS只支持字符，不支持图片、声音和动画，如图1-5所示。

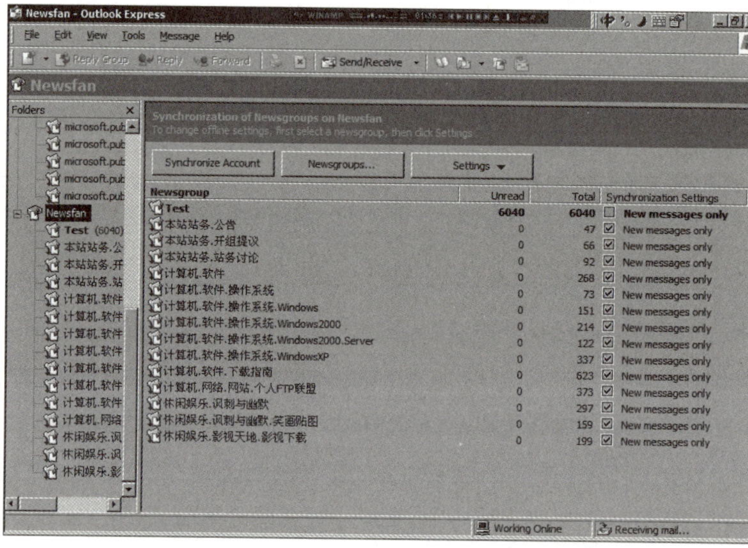


▲ 图1-4　利用电子邮件来聚集讨论的新闻组

BBS传入中国后，在中科院、各大院校都非常流行，图1-5所示为上海交通大学的校园BBS，学生和教师们在BBS上发布信息，交流思想。由于BBS的用户基本限于高校和研究机构，比较小众；又因为BBS仅支持字符和颜色，不支持多媒体，也就没有大范围流行开来。

### 3. 基于浏览器的各种社交平台

随后兴起的就是基于浏览器的各种社交平台，如论坛、聊天室和博客（Blog）。论坛就是BBS的改进版本，使用方便，支持多媒体，用户可以在上面发布帖子进行交流；聊天室则可以把互不相识的人聚集到一个网页页面上进行即时交流，其聊天内容一般是不保存的；而博客更像公开笔记，用户在上面发表自己的意见，浏览者则阅读后可以加以评点。图1-6所示为著名的天涯论坛，同时在线人数为百万左右。

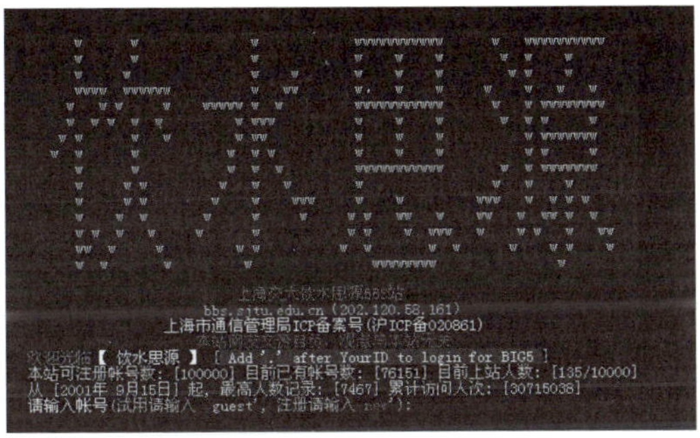


▲ 图1-5 仅支持字符的BBS

▲ 图1-6 支持多媒体的论坛

如今博客的一个微型版本“微博”更加流行。微博的内容不像博客那样长篇大论，用户随手写一个笑话，记录一点心得，介绍一点经验就可以发布，形式上更加轻松，如图1-7所示。微博用户之间可以相互关注，一些名人的微博关注者可达到上千万人，在“关注经济”蓬勃发展的时代，其经济潜力是相当惊人的。

**4. 由即时通信软件构建的社交平台**

而另外一类即时通信（Instant Message，IM）软件则在满足了用户随时交流的需求之外，又以“群”的形式把陌生用户组织在一起，形成社交网络。这方面著名的软件有QQ（见图1-8）和微信（见图1-9）等。

▲ 图1-7 微博

▲ 图1-8 QQ

▲ 图1-9 微信

**专家提点**

微博、QQ和微信都有电脑版与移动版。移动版是指在手机或平板电脑等移动终端设备上使用的版本。与电脑版相比，移动版不但使用率更高，还可以通过GPS精确定位，为软件带来更多的基于地理位置的营销机会。

## 1.1.3 为什么社交关系如此重要

社交关系在人们的生活中扮演着重要的角色，它已成为人们生活的一部分，并对人们的信息获得、思考和生活产生不可低估的影响。

由于现实生活越来越紧张，没有更多时间进行基于现实生活的社交活动，网络社交成为了现实社交的替代品。只要连上互联网，任何人都可以随时随地进行社交活动或参与到其他网络社交圈中。网络社交不仅方便，而且还具有现实社交不可比拟的范围性、隐蔽性，因此网络社交变得越来越重要。

联盾护航360调查发现，74.8%的网民觉得网络社交不会暴露自己的真实身份，70.0%的人觉得网上聊天比面对面交谈让自己更加轻松自在，69%的人强调网络社交能结交到志同道合的朋友；而另一项基于社交网络使用频率的调查数据也显示，约80%的接受调查的人均表示几乎每日都会接触和使用网络社交，此调查结果如图1-10所示。由此可见，网络社交在多数人眼中独具魅力，就是因为其轻松、开放以及不受时间和地域的限制。

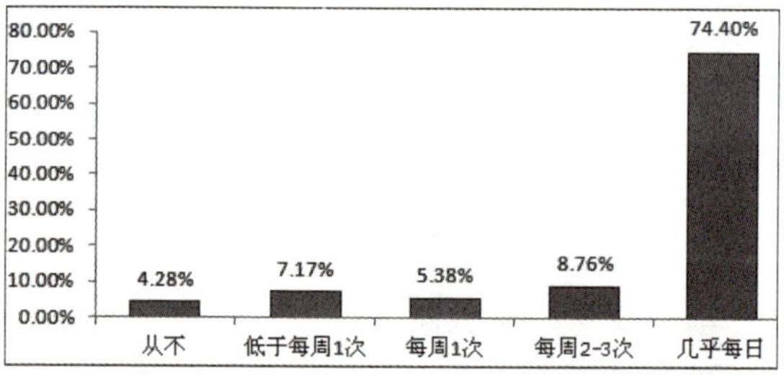


▲ 图1-10　网络社交使用频率调查结果

社交网络成为人们获取信息、展现自我、营销推广的窗口，这是无可厚非的。现实生活如此，基于互联网的社交关系同样如此。据2015年相关网媒的调查数据显示，大部分中国网民通过社交网络沟通交流、分享信息，社交网络已成为覆盖用户最广、传播影响最大、商业价值最高的可采用业务。

**专家提点**

网络社交只会变得越来越普及，越来越发达，基于网络社交的营销前景也随之变得更加广阔。十多年前，谁也不相信可以在网络上购物，然而到今天，网购已经成了大家日常生活中的一部分，网上开店也造就了一批富翁。

### 1.1.4　社交网络具备哪些营销价值

商业模式的一个真谛就是“需求有多大，市场就有多大”。在传统社交模式下，很难想象一个市场能够有上千万甚至上亿的用户。

当网络社交突破传统，把人们以前所未有的规模聚集在一起时，其数量是相当惊人的。淘宝在2015年初就已经有近5亿注册用户，日活跃用户达1.2亿；微信在2015年第一季度末，月活跃用户达到5.49亿，使用微信支付的用户达4亿。

要利用这些群体爆发出来的购买力，则要对社交网络营销功夫进行研究。那么社交网络营销究竟能够从哪些方面体现价值，从哪些方面为企业、厂家和商家带来好处呢？下面我们一一介绍。

#### 1. 满足企业不同的营销策略

作为一个不断创新和发展的营销模式，社交网络具有无限大的营销想象空间，可以满足企业不同的营销策略需求。无论是开展各种各样的线上活动进行产品植入，还是市场调研以及病毒营销等，所有这些都可以在这里实现。因为社交网络最大的特点就是可以充分实现人与人之间的互动，而这恰恰是一切营销的基础所在。

例如，一个移动社交工具开发商，通过对手机操作系统的市场调研数据（见图1-11），就能让大家比较直观地看到目前的市场格局，从而有重点和有计划地开发出相应版本的工具软件。

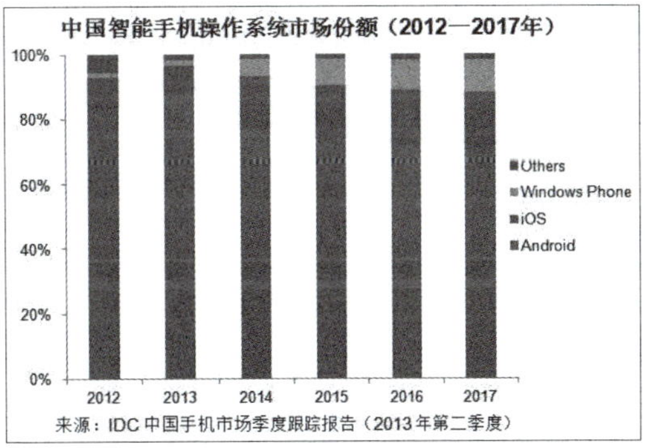


▲ 图1-11　IDC中国手机市场季度跟踪报告

### 2. 有效降低营销成本

社交网络营销传播的主要对象是广大网络用户，而网络传播的特性决定了其营销的主要方式其实是“众口相传”。也就是说，只要营销内容具有足够好的吸引力，抓住了特定时间点的热点或是可以迎合相当一部分网络用户的喜好，那么这个营销内容就能获得几何倍数的分享，而这种分享又是网络用户主动发起的。

**案例回放**

**口贷网微博分享赠话费**

降低营销成本的典型例子就是微博分享。口贷网曾经发布过一条有奖转发赢手机话费的活动内容，如图1-12所示，得到大量用户的转发，一传十，十传百，口贷网成功地扩大了影响，如此构建起来的营销维度是非常庞大的，相反其营销成本又是非常低的。

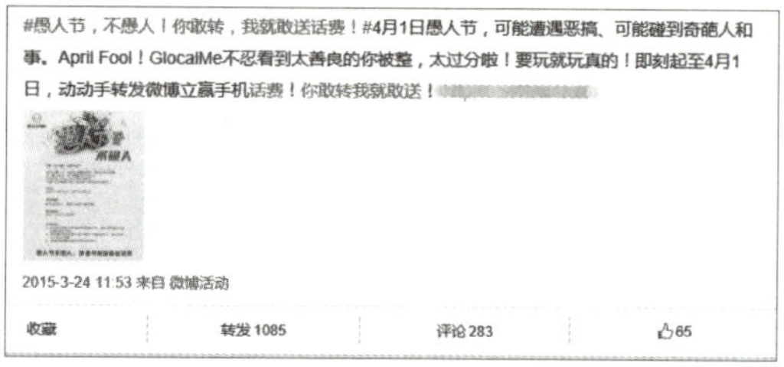


▲ 图1-12　通过发布有奖转发活动展开社区营销

**专家提点**

注意这里是转发“赢”手机话费，所谓“赢”，其实是抽奖。抽奖的好处很明显，既能够吸引用户转发，达到较好的推广效果，又不至于让营销费用超标。因此转发抽奖是一个非常常用的营销手段。

**小知识**

与传统广告形式相比，社交网络营销无需大量的广告投入，相反，因为用户的参与性、分享性与互动性的特点，很容易加深用户对一个品牌和产品的认知，容易形成深刻的印象。

### 3. 实现目标用户的精准营销

社交网络营销中的用户通常都是由认识的朋友组成的一个关系网，用户注册的数据相对来说都是较真实的，企业在开展网络营销的时候可以很容易对目标受众按照地域、收入状况等进行筛选，从而有针对性地进行营销活动。

一些辅助社交营销平台，也会带有多种营销选项，如图1-13所示。这样的设置非常有助于企业对用户实现精准营销。

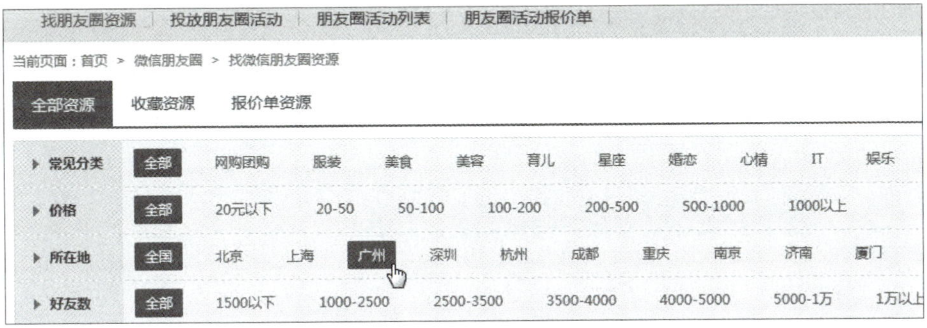


▲ 图1-13　微信朋友圈营销的选项

**专家提点**

如果企业营销的经费不多，但又希望能够获得一个比较好的效果的时候，可以只针对部分区域开展营销，例如只针对北京、上海、广州的用户开展线上活动，从而实现目标用户的精准营销。

### 4. 营销接受度更高

有人说互联网发明以来，人与人之间的交往变得更少了，很多人都愿意“宅”在家里上网，也不愿意出门和朋友去玩。其实，真相是自从互联网发明以来，人与人之间的关系正变得前所未有的紧密。一个人在网上的一举一动，都时刻得到朋友的关注、参与、分享和互动。无论是朋友的一篇日记、推荐的一个视频、参与的一个活动、还是新结识的朋友，都可以通过互联网让人们在第一时间了解和关注到他们的动态，并与他们互动、分享感受。

企业可以将自己“伪装”成一个“朋友”，然后通过这种朋友的互动来进行营销，这种营销的接受程度要比传统营销接受度高。例如，借助个人博客空间，分享一篇非常实用的旅行日志，所能植入的产品信息就可以很多；其所带来的转发、评论以及潜在的营销效果也是非常可观的，如图1-14所示。

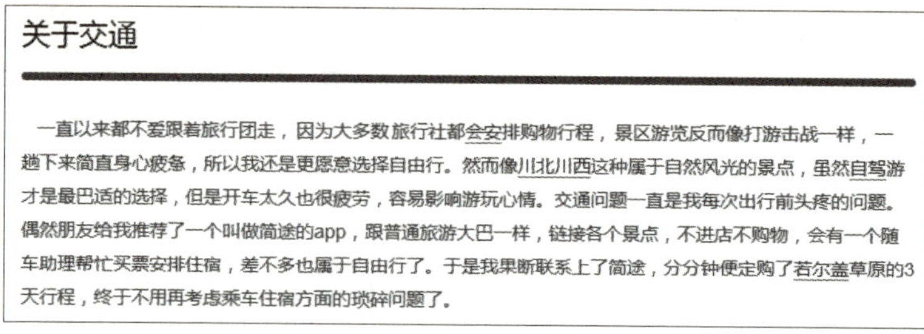
关于交通

一直以来都不爱跟着旅行团走，因为大多数旅行社都会安排购物行程，景区游览反而像打游击战一样，一趟下来简直身心疲惫，所以我还是更愿意选择自由行。然而像川北川西这种属于自然风光的景点，虽然自驾游才是最巴适的选择，但是开车太久也很疲劳，容易影响游玩心情。交通问题一直是我每次出行前头疼的问题。偶然朋友给我推荐了一个叫做简途的app，跟普通旅游大巴一样，链接各个景点，不进店不购物，会有一个随车助理帮忙买票安排住宿，差不多也属于自由行了。于是我果断联系上了简途，分分钟便定购了若尔盖草原的3天行程，终于不用再考虑乘车住宿方面的琐碎问题了。

▲ 图1-14　利用个人博客文章开展营销

## 1.2　看懂社交网络的赚钱门路

社交网络成为营销的新热点，这是一个无可争议的趋势。不过，社交网络的赚钱机会从何而来，还需要从社交网络的几个基本要素谈起：用户、内容、平台和工具。

### 1.2.1　用户是摇钱树的根基

在社交网络领域有一个著名的“六度分割”理论，如图1-15所示，其大致的意思就是说：每个人最多通过6个人就能够认识一个陌生人。根据这个理论，人与人之间的联系是无处不在的，每个人的社交圈都能够不断放大，最后形成一个大型人际关系网络，将社交网络的价值无限地放大。

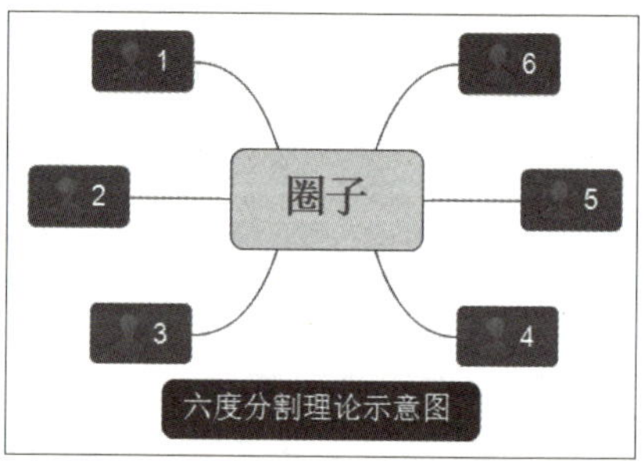


▲ 图1-15　社交网络“六度分割”理论示意

社交网络以“六度分割”理论为基础所创造的网络世界是以人为媒介、以人为本的，其中每一个人即为一个用户节点，而联结这些节点的，正是人与人之间的“关系”。这些“关系”把无数用户聚集到一起，使之在网络中进行各种交流和互动。这种模式改变了人们以往的信息传播方式，这种新的蜘蛛网式的互联网人际关系不仅带来了社会价值，并且还为网络商务活动带来了不可小觑的商业价值。

用户在社交网络中，以各自的职业、爱好、经验等真实信息聚集成不同的群体，而这些群体就为社交网络营销市场细分、市场定位及目标市场选择等提供了营销价值。

换句话就是说，抓住了用户关系，拥有了用户基础，才能谈得上营销。因此用户价值是其商业价值的基础。

## 1.2.2 传播内容是摇钱树的营养

用户关系形成的社交网络是营销的根基，而在网络上传播的内容则是必不可少的“营养”。以用户关系网络为依托发布内容，提高每个“节点”的吸引力，增加内容转发、广播力度，才能快速挖掘出社交网络的营销价值。

### 1. 尽可能创作最优质的内容

好内容是一切营销的关键所在。当然，说起简单做起来却并不容易。写一篇好的营销文章并不容易，但是却有一些原则可以学习，如简单直观、令人意外、可信可靠、饱含情绪、故事完整等原则。如果能基于这些原则来创作和修改内容，至少能让你的内容更上一层楼，为接下来的营销打好坚实的基础。

**案例回放**

**普通广告和优质广告的对比**

下面的例子就能比较清晰地说明优质内容与普通内容的对比效果。首先，来看图1-16所示的内容，玩过微博的朋友一眼就能看出这是明显的广告帖，对于要宣传的内容直言不讳，其所能达到的效果可能仅仅是一种展示。但是这样的展示是否能够在广大用户心里留下印象，能够留下多久的印象就不好说了。

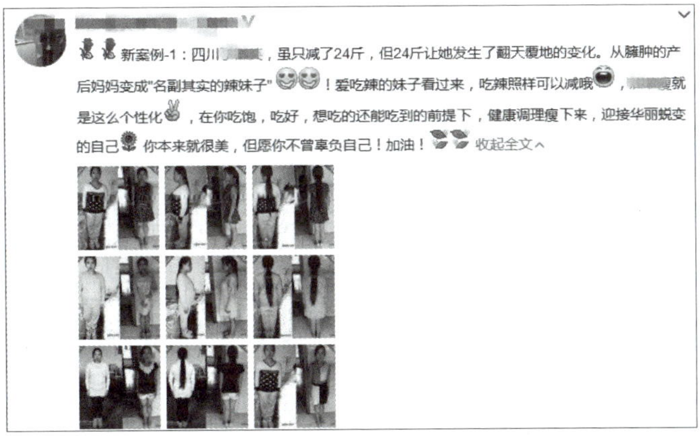


▲ 图1-16 广告味道很明显的内容结构

相比较而言，图1-17所示的营销内容虽然也是一个店铺的宣传，但是其内容的制作明显就要好许多，没有明显的叫卖，相反更多的是通过饱含感情的文字搭配图片来表明店铺的特色以及店铺经营者的理念。很明显这个广告的接受度要远高于前者。

▲ 图1-17　营销内容更加有感情

**2. 标题一定要足够酷炫**

再好的内容，配上一个中规中矩、平淡无奇的标题，也会无人问津，因为一篇文章，读者首先看的是标题，如果标题吸引力不够，绝大部分人都不会再阅读内容。所以为了吸引读者，很多内容都配上了“惊世骇俗”的标题，博人眼球，这样的做法被戏称为“标题党”。

尽管“标题党”早已被网民们进行了各种声讨，但也不得不承认这是一个很有效的营销手段。在社交网络上免费的内容到处都是，如果标题不够抢眼、不够酷炫，那么必然会被忽略和抛弃。

举一个例子，某投资行业的标题为：“还有谁？能和我一样从街头露宿到月入百万？”其实内容就是以自身经历描写怎么进入投资市场营利的。如果改编为“投资可以赚钱营利”，估计就没有多少人有兴趣点进去阅读内容了。

**专家提点**

当然，做“标题党”也不要太过度，适当地引人惊奇，激发读者好奇心是可以的，但如果标题和内容相差太多，如上面这个例子，就可能会起到反作用。

**3. 打造有针对性的内容**

成功的企业了解他们的客户是谁，明白问题在哪里，掌握用户的痛点。这也是内容的创造者和营销者需要具备的素质。

内容需要围绕着给用户提供解决方案来打造，迎合用户的需求，戳中他们内心深处的欲望、需求，击中他们内心最柔软最痛苦的地方。打造有针对性的内容，对于网络电商来说这是最行之有效的方法。

**案例回放**

### 京东商城微博提供针对性内容

关于京东商城的新浪微博官方账号，大家关注这个账号的真正意义是什么？很大程度上就是为了更加便捷地获得商城最新的优惠促销活动信息，那么如图1-18所示的内容，这类消息对于京东商城的新浪微博营销来说，就是最有针对性的内容。

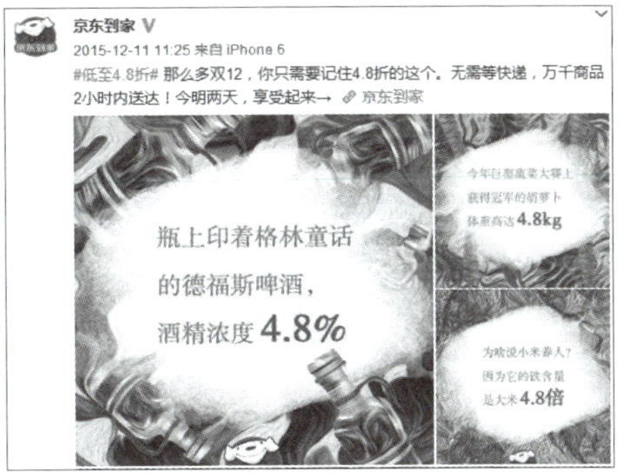


▲ 图1-18　制作有针对性的营销内容

**小知识**

在创造一个营销内容题材时，尽量多问问自己，“这是不是用户想要知道的？”“他们会不会为此而着迷？”如果对于内容所探讨的主题极为熟悉，热衷于这个行业，那么将会很清楚这些问题的答案。

#### 4. 为内容搭建清晰的结构

在节奏快速的当今社会中，信息爆炸，数据满天飞，大家获取信息的关键已经从“看什么”变成了“不看什么”。所以，清晰的内容结构能够让读者更顺畅地获取信息，良好的内容结构通常应该符合这些特征：短句、短段落、副标题、提纲要点、列表。千万不要用纠缠不清的长句挑战用户的底线。

▲ 图1-19　简短的社交网络营销内容

有时候，一行简短有意思的文字，配上相应的图片，即可清晰表达出营销重点。这样的内容比起冗长的介绍文字而言，更容易让大家接受和关注，如图1-19所示。

小知识

社交网络更需要的是交流，而不是推送，所以不管是何种社交网络营销，都应坚持以“内容为王”，深挖自己品牌的历史，找到好故事，制作出有意思、有观点、有价值观的内容，对应不同的传播诉求——情感、口碑和声望、销售信息的传递等，打造特色内容并传递出去，以达到更深层次的营销需求，而不是简单地推送产品信息。

### 1.2.3 传播平台是摇钱树的躯干

用户基础以及优质内容，都需要有一个平台载体，如微博、微信等。社交网络平台为用户提供有价值的信息资源、有潜力的人脉、便捷的社交方式，这些都牢牢地拴住了用户的心，使其具有高黏着性和依赖性。这种互动和黏性同时也为社交网络平台聚集了超高的人气，有人的地方就有市场，就能创造商业价值，因此其广告投放、增值服务、电子商务等方面的价值也就突显出来。

案例回放

**“美丽说”自建平台积聚人气**

与其到别人的平台上去营销，不如自建平台（前提是要有相应的经济实力）。这方面做得比较成功的就是“美丽说”，这是一个可供女性用户一起修炼变美的购物分享社区，如图 1-20 所示。

▲ 图1-20　美丽说平台页面

“美丽说”基本上算是目前国内比较大型的女性时尚社区，致力于为女性用户解决穿衣打扮、美容护肤等问题，主要板块为：说逛街、说购物、分享潮流新品、分享搭配心得等。通过关注更多的时尚密友、搭配高人，发现美丽，紧跟潮流。也可以自创电子杂志，实现更加个性的分享，如图1-21所示。

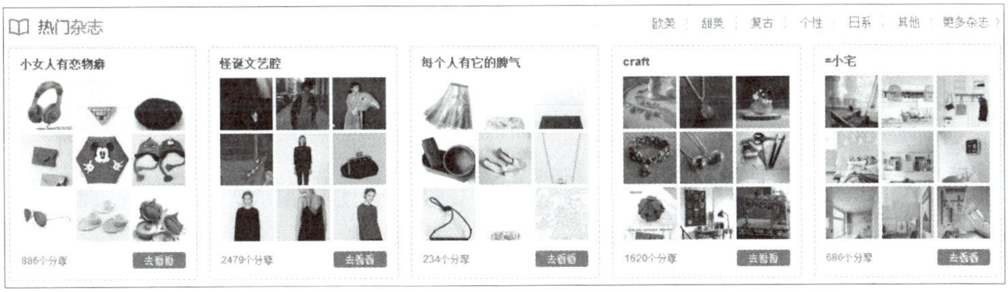


▲图1-21 “美丽说”热门杂志

**专家提点**

“美丽说”模式，就是通过社交网络分享的模式推动电子商务的发展，它创造了一个平台，一个垂直的领域。这里有相同兴趣爱好的人，大家聚集在一个社区，相互之间可以推荐、分享、评论商品，而商品的链接来自外部的电商网站，社区自身通过展示广告、点击购买分成取得收入。这样的传播平台，不管是对消费者、经营者还是平台运营者来说，都是多方共赢的。类似的平台还有“折800”“什么值得买”等。

## 1.2.4 用滚雪球的理论挣到更多

社交网络的网状特性，让信息扩散出现“滚雪球”式反应。对于营销者来说，同一条营销内容实际上是可以在多个平台中展示和分享的，这就相当于进行了一次社会互动，从而实现将网络生活与现实生活融为一体，现实关系在网络关系中得到延伸。由此所能获得的营销效果自然也是“滚雪球”式的增长。

## 案例回放

### 营销信息多平台分享

在社交网络多种工具共同作用下，内容传递的速度和广度会相当惊人，就像病毒式的传播一样，能够更好地挖掘营销价值、提高管理客户响应、加速流程运行、改善可视性、提高响应率，把隐藏在各层的客户价值、内容价值、平台价值都挖掘出来。“美丽说”的一条新闻（其实可以看作新闻形式的广告）可以通过简单的操作，分享到数十个社交网络平台上，如图1-22所示。

sina 新闻中心

美丽说Nanda计划造双效能 创快时尚品牌电商新生态

2015年04月30日15:40 山西新闻网

4月29日，由中国最大的时尚发现与购物平台美丽说举办的全国商家见面会第五站在武汉召开。此前，美丽说已宣布投入12亿资金启动“美丽100.Nanda”计划，加大在时尚产业基础设施建设上的投入，加快建设快时尚产业生态。而此次，除了给武汉地区商家讲解平台政策，更跟进一步分析了广大商家普遍面临的品牌困境。

本次会议以美丽说特色微电影《梦想》开场。电影讲述了美丽说平台上一位叫小晴的普通店主追逐时尚梦想的故事，以“快时尚、爱美丽、爱分享”为主题，展现普通人可以通过不懈的努力来实现自己的梦想，让世界倾听他们的声音。表达了美丽说对所有普通店主追求梦想、追求自身时尚风格的支持。

专栏推荐

老却成佛

冯唐

我爱看图

▲ 图1-22 营销内容可以同时多工具分享

## 专家提点

一般来说，一个人气平台的用户数量，在经历了初期的缓慢增长后，后期都会出现爆发式的增长。如果没有经济实力自建平台，那么及时加入到人气平台中建立账号进行营销，也是一个很好的推广途径。

# 赚钱秘技一点通

## 企业要形成一套自己的社交网络游戏规则

当下，由于缺乏足够好的营销创意，企业在社交网络上的营销活动已呈现出越来越明显的同质化现象。几乎所有企业账号在新浪做营销活动时都会采用@好友的方式，以实现传播效果的最大化；然而，这种方式现在在用户眼里已略感烦躁，一度被认为是一种垃圾广告。从本质上讲，这种营销模式还停留在传统营销的思维，即以信息覆盖面的广度作为评判广告效果的唯一标准，事实上，这其中存在着诸多的问题。许多微博运营公司会利用规则漏洞造成虚假的繁荣，最终受损的还是营销企业自己。

相关调查发现，在新浪微博上，许多企业账号拥有表面几十万的粉丝规模，然而每条微博的评论、转发量却只有几十次，更不用提最后为企业带来的实际销售提升量。转化率低下是当前企业在做社交网络营销时遭遇的普遍问题。所以，对于今天国内的企业来说，必须及时突破固有思维。社交网络为企业带来的不在于传播覆盖的广度，而在于在营销过程中实现与消费者互动，通过积极的深度互动提高转化率，这才是社交网络为企业带来的真正价值。因为单从营销效果来看，社交网络平台的转化率还是相当高的，特别是微信，如图1-23所示。

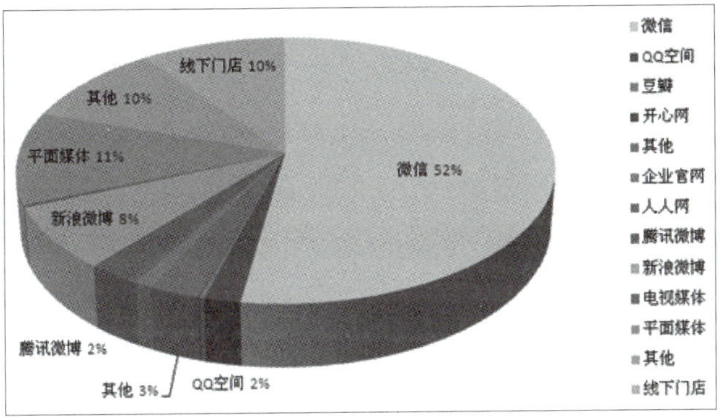


▲ 图1-23 社交网络平台转化率示意

由于形式和技术的限制，仅仅基于社交平台的营销能够发挥的空间现在已经变小，无论是@好友，还是在社交游戏中植入广告，这些方式带给消费者的新鲜感正在迅速退去，未来的趋势是将社交网络上的营销与线下的营销活动打通，形成一整套跨越线上线下的整合营销方案，这样的营销亮点才更加突出。对于营销企业来说，未来想要继续通过社交网络创造更多的赚钱机会，两个发展方向必须谨记：一个方向是通过数据挖掘分析转变，建立自己的平台；另一个方向就是要拥有强大的创意和活动能力。

**专家提点**

眼下社交网络营销仍然处于一个快速发展的阶段，在这样一个时代，企业只有结合新的发展趋势，不断推出创新的营销方式，才能真正挖掘出社交网络的潜力，进而为企业创造出更大的价值。

## 实用技能拓展

### 1. 通过分析社交网络现状研究赚钱方式

分析现状，以最佳的状态投入社交网络的营销活动，必定会事半功倍。通过分析社交网络的现状，自然也就可以从中嗅到更多的赚钱方式。那么，目前这一领域有哪些现状或问题值得留意呢？下面进行分析。

（1）主流社交网络用户增幅持续下降

主流社交网络的用户增幅放缓的情况在中国同样存在。2013年第三季度，微信月活跃用户数的同比增长率为124.3%。而到了2014年第三季度腾讯的财报显示，微信和WeChat的合并月活跃账户数达到4.68亿，比去年同期仅增长39%，这个数据与腾讯2013年月活跃用户动辄100%以上的同比增长率相比已经大幅下滑。总体来看，2015年，主流社交网络的地位依然不可撼动，但与之前的高歌猛进相比，它们用户的增长率显然将会继续下降；因为数字的下降，这些主流社交网络势必会在接下来的发展中推出更多人性化的服务来吸引更多用户，当然这也就是在变相地为营销企业争取用户。

不仅是普通用户，对于企业用户而言，这些主流社交网络提供的企业账号服务相信也会随之改良。尽早地适应并抢先获得那些服务，将更加有利于企业营销活动的开展。而且，往往抢先入住的企业账号会被社交网络平台当作案例一样来宣传，例如，百度直达号刚上线时，“海底捞”品牌的直达号页面就在百度直达号首页上赫然亮相，这样的宣传是求之不来的。

（2）从用户量剧增到广告收入剧增

2015年，主流社交网络的用户增长率持续下降，但与此相反，它们的广告收入却大幅增长。6.3版本的微信推出公众号置顶功能、微信运动功能和优化标签功能，可以更好地分组管理好友，群组方面推出群主管理权转让、发布群公告等功能。日益增长的朋友圈广告则会大幅增加微信的广告收入，腾讯内部对朋友圈广告的评估结果是每年100亿元收入，若如此，微信则可能改变长期以来以游戏和会员服务为主的收入模式。这样的服务转变，对于营销企业来说其实也是一个福音，如今的微信朋友圈经常见到的企业营销消息就是明显的营销转变，如图1-24所示。通过微信官方向全部微信用户的朋友圈推送消息，其展现量一次就是上亿级的，效果自然不言而喻。

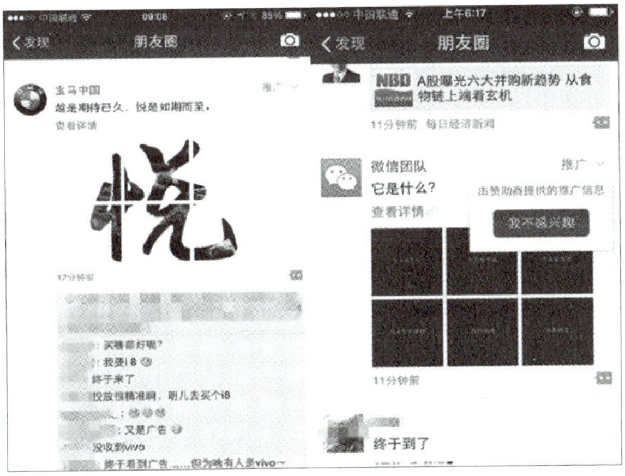


▲图1-24　微信朋友圈广告商消息推送

## 2. 制订社交网络赚钱计划

创建一个详细的、以目标为导向的社交网络计划，实际上就是在做一个赚钱计划，这如同制订一个如磐石般坚固的商业计划一样重要。为了吸引社交网络上的粉丝和关注者并努力让他们成为我们的客户，那就必须仔细制订出一个清晰有效的社交网络营销战略。这个计划书应该包括哪些内容呢？下面一一介绍。

（1）想要借社交网络达到什么目的？

创建计划的第一步，也是最重要的一步：明确目标。在明确自身目标之后还要了解顾客的需求，再将双方的目的综合考量，才能找到在两者之间建立联系的社交网络策略。企业最终想要达到的目的，可能是希望利用社交网络来提高品牌的曝光率，建立与客户直接交互的平台，抑或是为了推销特定产品或服务。

（2）公司社交网络账户如何维护？

如果公司员工只有几人，那么在社交网络中积极活跃、有影响力的员工就可以胜任社交网络账户维护的工作。如果公司规模较大，那么这项任务完全可以交给业务过硬的营销部门员工。如果公司预算充盈，却没有足够的社交网络运营和维护经验，则可以雇用社交网络营销顾问或相关工作室来承担该项工作。

（3）如何选择社交网站注册账户？

这需要通过调查来了解自己公司的顾客和潜在顾客最喜欢上哪家社交网站，根据调研结果重点注册和维护相应平台即可。随着公司的壮大，在社交网络营销方面的预算也增加后，便可以尝试更多的社交网络平台。

（4）间隔多长时间更新社交网站上的内容？

以新浪微博为例，根据许多人总结的实站经验是在全天不同时段间断更新。一天只更新一次信息是远远不够的，你的粉丝会由于登录时间不同而错过这些信息。

建议最佳更新微博时间：

8:00~9:00，上班路上，阅读率较高，建议更新早安、励志的内容；

11:30~12:00，接近午休时间，建议更新今日热点和趣闻段子；

13:00~14:30，午休和投入工作的过渡段，建议更新行业相关的深度帖；

17:30~18:00，接近下班或者下班路上，建议更新内容供读者下班路上阅读；

18:00~23:00，互动最多的时间段，建议更新有争议的内容，能得到大量信息反馈。

周末可利用好午饭前和晚饭后的时间段，这段时间是用户转发评论的高峰期。

（5）发布什么内容？

要注意平衡更新公司动态与转载他人消息这两件事，如要注意关注和转载业务合作伙伴以及在业内有影响力的公司的动态。更多的时候要注意丰富社交网站中内容类型的多样性（如精美的照片、短小精悍的视频、实用网站的链接、有用的小贴士，深刻的问题分析，等等），从而维持社交网络的趣味性。坚持运营和维护下去，固定访客量便会与日俱增。

（6）如何衡量社交网络营销效果？

目前针对企业用户账号，多数社交网络平台都会提供一个管理后台，如新浪微博企业账户管理后台，如图1-25所示。通过管理后台的一些数据指标就能查看到营销效果。企业用户可以利用这些数据来更好地规划今后发到社交网络上的信息，并以此探索出与粉丝和关注者互动的最佳方式。

**小知识**

社交网络平台总是在变化，所以企业用户也要随时改变策略去适应它，不断评估和完善既定的社交网络营销战略。企业可以每个月定期审查现行的计划，观察哪些策略生效了以及哪些策略没有产生效果，从而对计划进行修改。

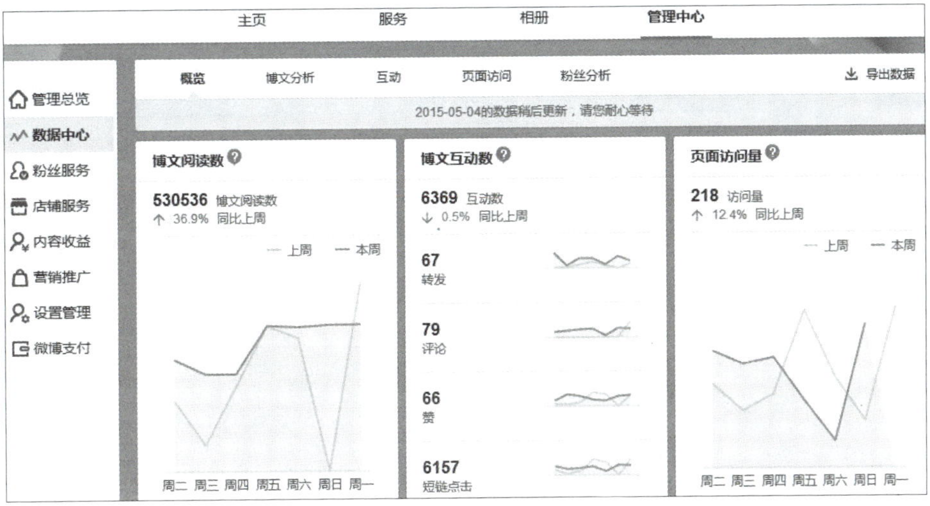


▲ 图1-25 新浪微博企业账号管理后台

CHAPTER 02

# 微信社交 玩的是人脉资源

△ 微信已经接替QQ，毫无争议地成为手机交流软件中的“老大”了。而伴随上亿微信用户到来的，则是广阔到难以想象的人脉网络和商机，因此，利用微信赚钱成了新的致富手段。

△ 微信赚钱的玩法很多，如熟人口碑、朋友圈推广和公众号营销等。不同行业、不同规模和不同身份的用户，利用微信赚钱的方法也是各不相同的。下面为大家全面分析微信赚钱的渠道，并针对不同的用户给出一些建议和方案，帮助大家找到适合自己的赚钱之路。

## 2.1 微信赚钱门道知多少

要利用微信赚钱，首先要了解微信都有哪些赚钱门道，以及这些门道各有什么特点。只有在充分了解的基础上，才能根据自身的情况，量身打造出一套适合自己的营销方案。

### 2.1.1 私人微信号的朋友圈是个大宝库

平常大家玩微信，有很大一部分时间都是在玩朋友圈。

玩什么呢?

将每天的所见所闻所感通过微信朋友圈分享给其他的朋友，希望能够得到朋友们的评论和点赞，如图2-1所示。

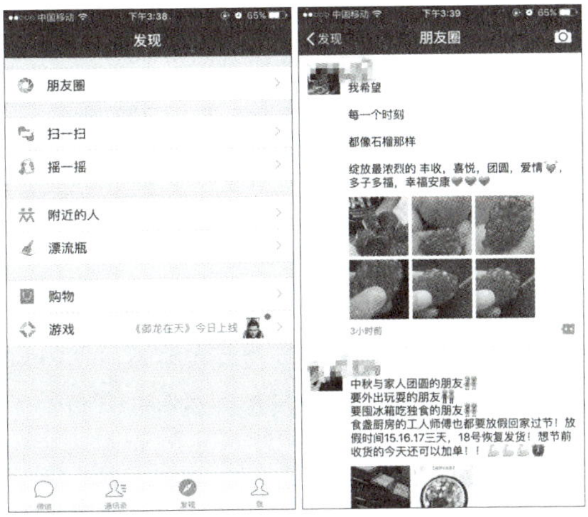


▲ 图2-1 用于分享见闻和感想的微信朋友圈

对于普通微信用户而言，可能觉得这只是一个朋友间的分享空间，但对于有营销需求的个人用户与企业用户而言，这样的朋友分享其实就是最好的口碑营销。只要自己的产品及服务足够好，大家都愿意分享，那么这个口碑营销的扩散速度就会非常明显。所以，微信朋友圈是个巨大的赚钱宝库。

问题的关键就是，朋友圈里的一条营销广告，如何才能做到让大家不反感并愿意主动去分享呢?

其实很简单，做好以下两点即可。

（1）写一个精彩的软文；

（2）将该软文用一种大众喜闻乐见的方式呈现出来。

**案例回放**

**从支招中读到广告**

饿了么网上餐厅号在9月开学季推出一篇名为“那些学长学姐不愿意告诉你的

事”的消息。从标题来看，是给新开学的学子们出招，吸引点击率。部分消息截图如图2-2所示。

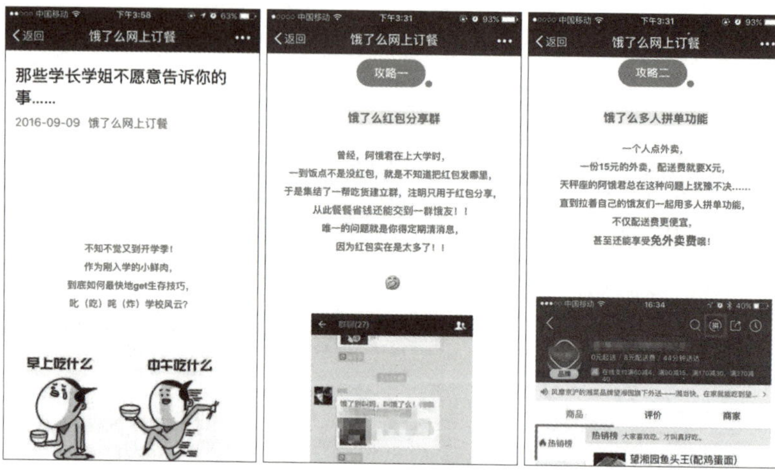


▲ 图2-2　多元化的消息内容更利于传播

轻松搞笑地阅读完通篇消息后，读者会发现整篇文章以“饿了么”网上订餐为主题，以支招的方式告诉读者怎么省钱从而促进消费。对于这类能从中获得价值的广告，不仅不会被读者厌恶，还会相互转发传阅，增加阅读量。如此一来，饿了么的口碑也就建立了。

对个人用户而言，朋友圈也是有许多赚钱价值可以挖掘的。除了专职的“朋友圈卖家”，还有一些用户在朋友圈兼职做着“小富即安”的生意。他们的方式其实很简单，通过在朋友圈宣传自己的产品，加大店铺流量和购买力度，如图2-3所示。

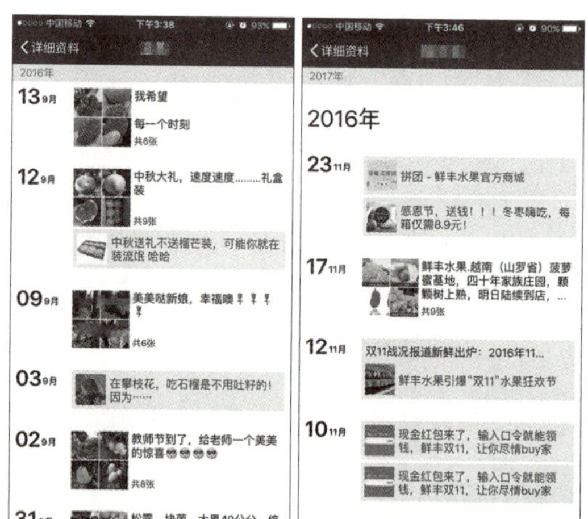


▲ 图2-3　兼职卖家和专职卖家通过朋友圈的赚钱门道

**专家提点**

这种赚钱模式的精髓就是：充分利用了微信朋友圈的信任关系。当然，这种信任关系的建立和维系，需要这些利用朋友圈做小生意的个人用户用心经营，商品的选购上要坚决杜绝假货、次货，以免损害自己的信用，万一出现问题也要坦承错误，积极解决。因为这种销售模式的基础实际上是依靠个人信用建立的，一旦个人信用垮台，生意也就做不下去了。

## 2.1.2　微信公众号玩得好一样赚钱

企业可以向微信官方申请一个微信公众号进行营销。公众号不仅可以批量地向关注公众号的用户发送信息，同时也支持其他很多功能，如在线查询、微信支付等，这就形成了一个基于微信营销赚钱的闭环。那么，企业微信公众号如何运营实现用户的购买转化，就是最重要的营销环节。

首先，企业需要明白的是，仅靠信息推送、粉丝互动、客户服务、在线交易这些单一的模式，是不能够让一个微信公众账号具有持久生命力的。企业微信公众账号应该是同时集合了这些功能并具备实用功能的品牌社区。品牌与消费者充分互动，提供有价值的服务，构建和消费者之间强有力的关系，才能最终通过交易支付实现粉丝经济。

**案例回放**

**集服务、互动于一体的营销活动**

7天酒店在微信公众号推送的签到送积分（积分累积到一定数量就可以免费在线兑换到一晚住宿房间）以及凑积分（用户之间转移、拼凑积分，凑够即可兑换房间）就是一种不错的有奖互动形式，如图2-4所示。

通过这个活动，7天酒店不仅提高了在用户中的品牌曝光率，还大大加强了企业与用户及以用户与用户之间的联系，是一个非常典型的、也比较成功的微信公众号营销活动。

其次考虑如何积累用户基础。一个企业的微信公众账户的第一批关注者往往是这个企业的老客户或者合作伙伴而不是陌生人。

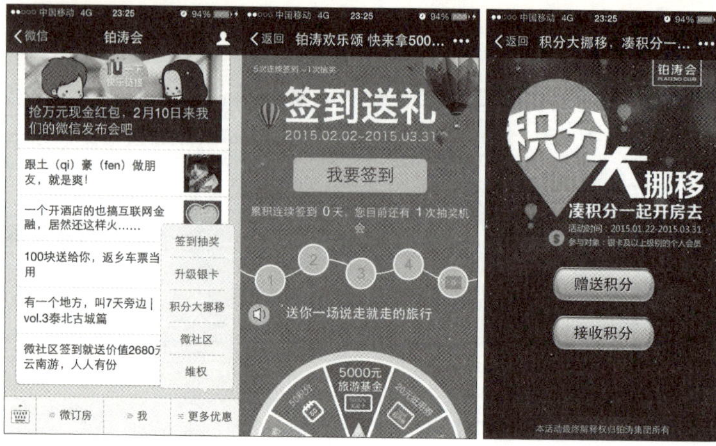


（a）　　　　　　　　（b）

▲ 图2-4　7天酒店签到送积分

## 案例回放

### 口贷网社交互动以老带新

口贷网的“晒口袋”社交互动就值得借鉴，它遵循的就是“先维系好老客户”的宗旨，如图2-5所示。

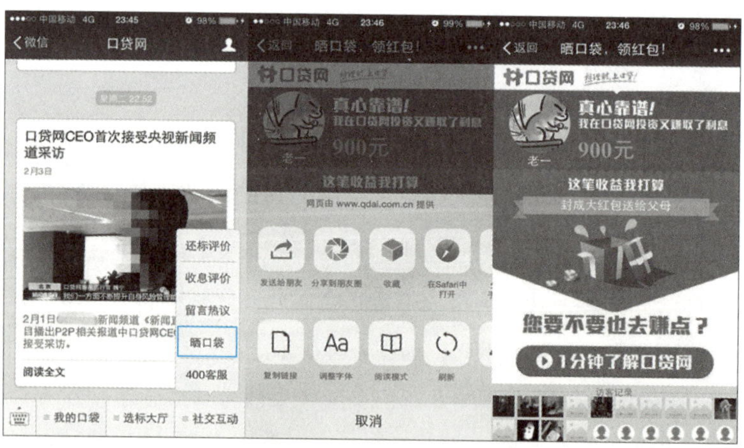


▲ 图2-5　口贷网“晒口袋”互动活动

凡是在口贷网参与过其理财服务的老用户，均可将自己的理财收益分享到自己的朋友圈，只要有10位好友点击阅读，分享该信息的用户即可得到口贷网送出的现金红包，活动规则说明如图2-6所示。其实，这样的规则设置就是希望利用微信朋友圈的分享起到“维老带新”的作用。

活动规则说明：

1. 已顺利完成的订单，可参与朋友圈晒口袋活动，领取现金红包金额为该订单实际收取的服务费但最高不超过100元。

2. 对应服务费不足10元或提前赎回的订单无法参与活动，每隔七天可以参加一次。

3. 您的朋友可以通过朋友圈查看您分享的信息，当超过10个人访问并记录后即满足红包发放条件，3天后我们将以现金形式发放到您口贷网收息账户中。

4. 活动的最终解释权归口贷网所有。

▲ 图2-6 晒口袋活动规则

**专家提点**

微信公众号的功能应该是基于“满足客户需求”而设置和开发的，如果对老客户都无法满足要求，也没有吸引力，那也就不能吸引新客户，更不能吸引潜在客户了。至于如何吸引新客户和潜在客户的加入，更要依赖公众号的价值驱动，企业通过微信公众号可以更便捷地提供服务、提供优惠，这样才能得到用户的认同。

尽管微信中的其他功能，如漂流瓶、陌生人打招呼、朋友圈等，都可用于营销，但微信真正可以作为企业营销阵地的，还是以公众号构建的平台为主。一个好的微信公众号一定能够融入企业的经营、交易和客服环节，然后通过优质互动建立良好口碑，并借助口碑在用户之间传递，成为客户和品牌不可或缺的纽带。在此基础上再进行营销推广，将公众号作为品牌粉丝互动的平台和客户服务的平台对外进行传播，更容易实现购买转化。

### 2.1.3 微信社交游戏也是营销赚钱新花样

这里说的微信社交游戏，并不是指微信官方推送的那些诸如“天天爱消除”一类的游戏，而是指各品牌公司基于营销的需要而推出的一种互动小游戏。通过参与游戏活动，用户会获得各种奖励（游戏道具或实物奖励），从而提升游戏对用户的吸引力。

**案例回放**

### 麦当劳借农场游戏提升曝光率

麦当劳就曾与某知名社交游戏开发商开展过合作，创建了一个独特的麦当劳农场游戏，引发了一段热潮，如图2-7所示。

▲ 图2-7 麦当劳的社交游戏植入

通过这次合作，麦当劳获得了非常高的曝光率，因为合作的游戏本身就非常受欢迎，再加上游戏的奖励规则，就激励了更多玩家来参与。

实际上，很多知名公司都尝试过将品牌理念植入社交游戏中，并收到了不错的营销效果。而对于微信这个社交平台来说，更多的品牌企业选择的不是植入，而是比植入更深入的自建游戏，将品牌、价值观等信息全面渗透到游戏中，再加上巧妙的趣味游戏环节来吸引玩家；玩家觉得好玩自然会将游戏通过微信朋友圈分享出去，同时企业要传递的信息也就得到了全面的扩散。

**案例回放**

### 中粮借游戏传递品牌定位

中粮集团就自主开发了一款互动游戏“中粮生产队”，传递其“全产业链”的品牌定位，如图2-8所示。玩家可以选择水稻、玉米、葡萄、小麦、可可中的任意一种作物从种子培育开始，经过种植、仓储、运输等环节，最终生产出大米、玉米油等终端产品。玩家除了自己玩，还可以邀请同事、朋友参加，受邀者接受邀请后，完成全部游戏环节的人越多，获得的奖品也就越丰厚。这样的品牌传播效应是可以呈几何级数增长的。

▲ 图2-8　中粮集团的中粮生产队社交游戏

不过，社交游戏本身也是需要传播的，不然无法建立起最初的用户群。社交游戏扩散其实是有很多方法的。首先，社交游戏存在的载体是网页，那么可以创建几个微信推广小号来分享这个游戏的链接到朋友圈进行推广；当然，也可以通过企业员工自己的微信号去传播和分享。另外，通过专业的微信游戏服务商代为运营也是省心的方法，这些服务商通常都会提供一整套的开发、运营服务，如图2-9所示。

▲ 图2-9　交由服务商来代运营社交游戏

**专家提点**

社交游戏兼具网络游戏与社交网络双重特性，不只拥有企业垂涎不已的庞大用户群，还因其新奇有趣而大大降低了消费者的抵触心理，促进品牌与用户之间的互动交流，塑造难忘的消费体验，形成口碑传播效应。因此，社交游戏蕴藏着巨大的商机。

### 2.1.4　企业从线下到线上赚钱的捷径

一个传统型企业从线下（Offline）走到线上（Online）的赚钱路，也就是当下热门的O2O模式，即：传统企业电商化。特别是移动互联网高速发展的现在，传统型企业如果不注重对于线上赚钱渠道的开拓，其经营的思路必定会越来越受阻，经营效益也将没有大的增长可能，因为传统市场上各行各业的竞争以及业态都在趋于饱和。但是，传统型企业对于线上经营并不太专业，微信这个社交平台就可以作为一个线上经营拓展的捷径。

例如，一个高档公寓想推广自己待租赁的房间，完全可以让已有住户分享公寓的宣传文案，并对分享者提供相应的分享奖励，如朋友圈分享一次就赠送一次清洁服务。因为已有住户的朋友尤其是同事基本都在同一个地方工作，这些人也都可以成为这个区域房子的潜在租户，这样的宣传会更加精准高效。

### 案例回放

#### 美食杂志走到线上扩大影响

对于一本美食杂志来说，完全可以开设一个专门播报当地美食的微信公众号，用来尽情“宣扬”和推荐美食，精心制作的美食推广信息是比较容易让大家乐于分享的，如图2-10所示。

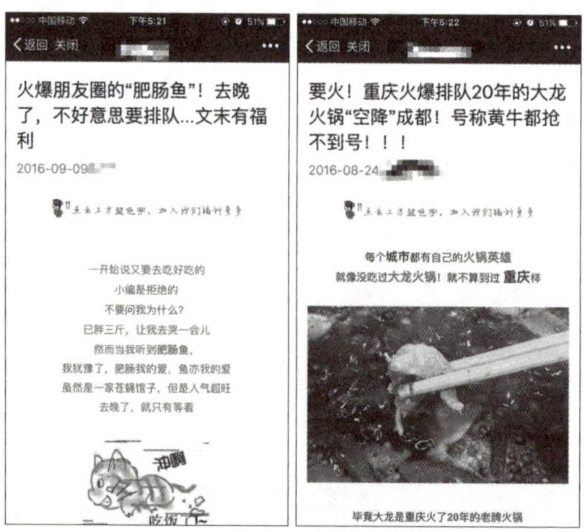


▲ 图2-10　美食类微信公众号

微信虽然可以作为传统线下企业一个不错的线上赚钱捷径，但仍然有许多营销技巧需要注意，其中最主要的一条就是关于消息推送的“度”的掌握。尽管微信朋友圈的信息不会直接对被推送用户形成打扰，但不建议用刷屏的形式进行推广，企业微信公众号或代运营的微信号每天发布的消息条数要有所控制，并且发布消息的时间段可以分开，让不同时间段浏览朋友圈的用户都能有机会看到，以提高消息推送的覆盖程度。发布的内容也要尽量多样化，如优惠信息、知识普及、新品促销等。

**小知识**

O2O（Online To Offline）即将线下商务的机会与互联网结合在一起，让互联网成为线下交易的前台。这样线下服务就可以通过线上来揽客，消费者可以通过线上来筛选服务，成交后可以在线结算，售后服务也可以通过线上进行联系。其实O2O模式，早在团购网站兴起时就已经开始出现，只不过消费者更熟知团购的概念。

## 2.2　找到微信自有功能的赚钱点

前面一节中介绍了微信的一些赚钱门道，实际上讲的是基于微信的一些赚钱理念。本节要给大家分享的是如何利用微信自有的功能来发掘赚钱的门道，不管是个人用户还是企业用户，都可以将之略加变化运用到自己的赚钱思路中去。

### 2.2.1　用“附近的人”展现品牌

微信的“发现”标签里有一个“附近的人”功能选项，用户可以查找自己所在地理位置附近的其他微信用户。系统除了显示附近用户的用户名等基本信息外，还会显示用户签名档的内容。微信向入驻商户开放“附近的人”功能，允许有门店的商户在用户搜索“附近的人”时，展示门店信息，这对于线下的商户和企业来说能够起到更加强有力的推广作用。企业用户可以充分利用这个免费的广告位来做好广告宣传工作。

目前，商户或企业可以在公众号后台添加“门店管理”功能插件，进入门店管理后即可进行门店的添加、删除、修改等维护工作。

开通和添加新门店的具体操作步骤如下。

**步骤1：**登录公众号管理后台，①单击“添加功能插件”；②再单击“门店管理”一项，如图2-11所示；③在弹出的“添加功能插件”页面中单击“门店管理”一项即可开通，如图2-12所示。

▲ 图2-11　找到门店管理插件

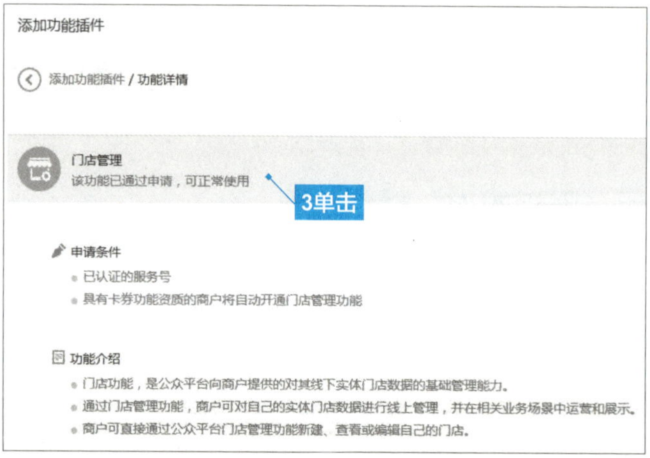


▲ 图2-12　单击开通门店管理

**步骤2：** ①单击“门店管理”功能项；②再单击“新建门店”按钮，如图2-13所示。

**步骤3：** 填写新门店的相关信息，包括门店名称、地址、门店图片以及简介等，如图2-14所示。完成填写并提交后，需要经过微信官方的审核才能生效。

企业提交的门店信息审核通过后，用户在使用“附近的人”功能时即可看到一定距离范围内的线下商户的推广信息，点击消息后能进一步看到该商户的图片、具体位置、电话、卡券、营业时间、产品推荐、特色等信息。不过，根据微信的官方说明，目前该功能仅向有认证的服务号、有卡券功能的全部公众号开放。

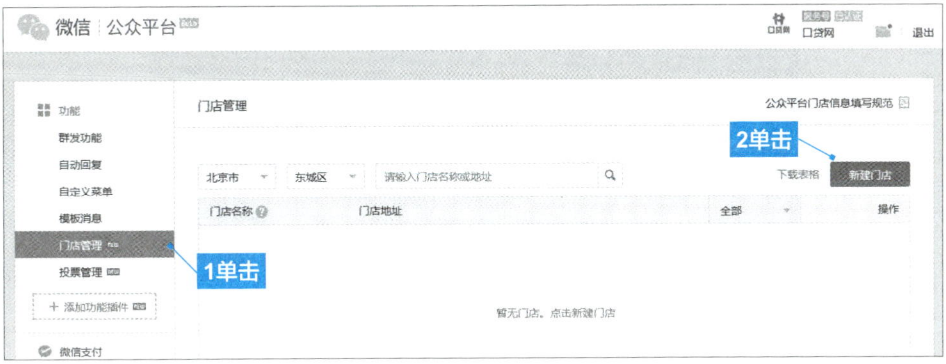


▲ 图2-13 单击“新建门店”按钮

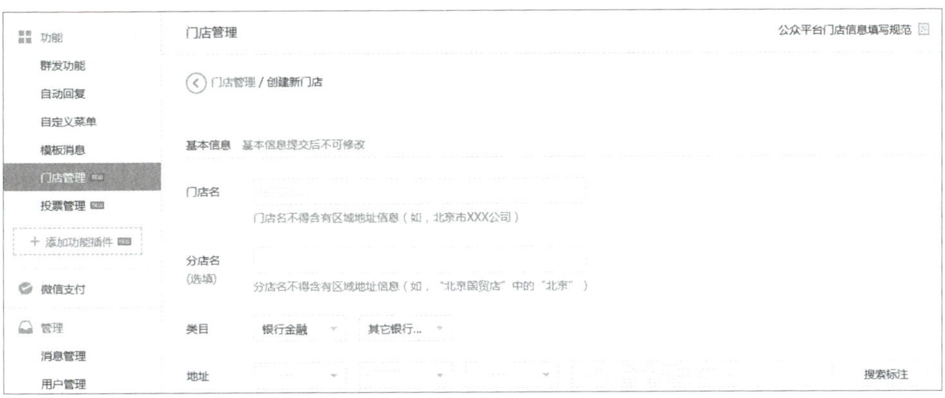


▲ 图2-14 填写门店的基本信息

## 2.2.2 漂流瓶可以用来搞活动

漂流瓶最初是在腾讯QQ邮箱里出现，后被移植到微信上的。漂流瓶将用户编辑的消息随机地发送到另外一个用户的手机上，消息内容包括文字、语音或视频等，如图2-15所示。由于两个用户互不相识，所以反而能敞开心扉，畅快聊天，不必担心隐私泄露。

由于漂流瓶具有非常好的私密性，多被大家用来倾诉心事，认识朋友，许多用户也喜欢这种简单的和陌生人互动的方式。

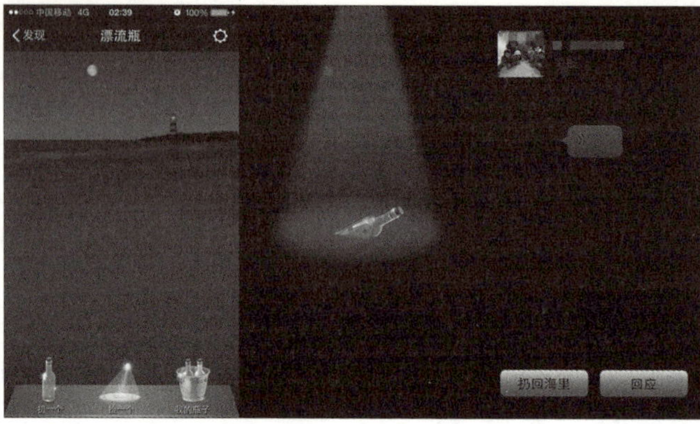


▲ 图2-15　微信漂流瓶

微信漂流瓶除了可以让普通个人用户用于娱乐外，其实也是一个企业营销赚钱的好工具。因为微信官方可以更改漂流瓶的参数，使得某一时间段内抛出的与合作商家推广的活动相关的“漂流瓶”数量增大，微信用户“捞”到的频率也会相应增加；并且由于“漂流瓶”允许发送不同的文字和语音内容，从而可以产生不错的营销效果。

### 案例回放

#### 漂流瓶公益活动提升招行知名度与好感度

招商银行就曾利用微信漂流瓶做过一次“爱心漂流瓶”用户互动活动。微信用户使用“漂流瓶”功能找朋友时，就有机会看到“招商银行点亮蓝灯”的活动，只要参与或关注该活动，招商银行便会通过“小积分，微慈善”平台为自闭症儿童捐赠积分，如图2-16所示。用户和招商银行进行简单的互动就可以贡献自己的一份爱心。

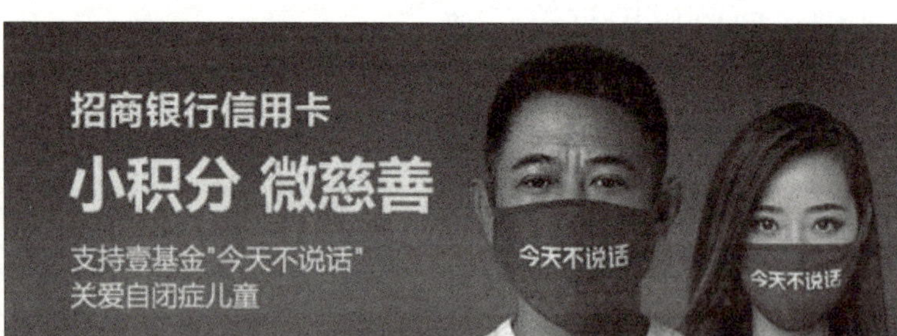


▲ 图2-16　招商银行爱心漂流瓶示意

这种简单却又可以做善事的活动颇为吸引人。在做爱心公益活动的同时，自然也让招商银行的品牌认知度通过漂流瓶扩散到了更多的微信用户面前。

### 2.2.3　摇一摇摇出话题活动

微信“摇一摇”是一个可以极大地丰富和拓展人际关系的功能。在微信里打开此功能后，轻轻地摇动手机，微信会搜索并显示同一时间正在使用该功能的其他用户，这样摇动手机的两个用户就可能因此联系上。

这种和陌生人打招呼的方式，除了可以让个人用户用来结交朋友之外，其实也可为企业带来惊人的广告曝光效果。企业通过“摇一摇”功能实际上也可以创造出非常多的具有想象空间的活动。在设计此类营销活动时，应该重点考虑社会公益事业，或很多人可以共同参与的有意义的事。

**案例回放**

**王老吉、百事可乐点亮广州塔制造热门话题**

王老吉通过“摇一摇点亮广州塔”的微信活动来制造品牌话题，邀请广州全城的微信用户在城市里任何角落同时摇动手机，随着加入人数和摇动次数的增加，广州塔将被一格格点亮，如图2-17所示。

百事可乐在2011年跨年时也做过“摇一摇点亮广州塔”活动，为百事可乐2012年的品牌营销带来非常大的影响，如图2-18所示。

▲ 图2-17　王老吉摇一摇点亮广州塔微信活动

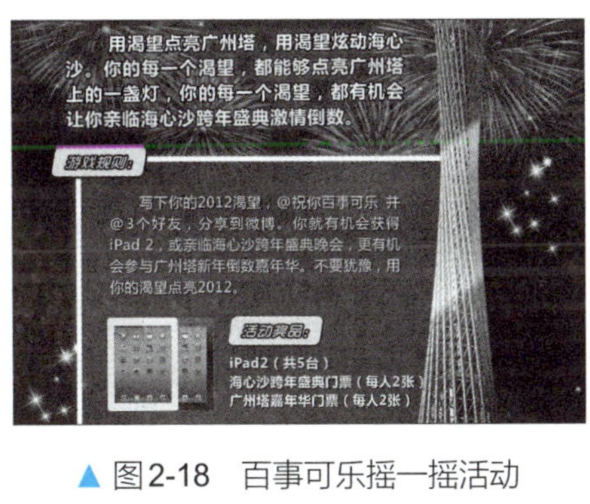


▲ 图2-18　百事可乐摇一摇活动

**专家提点**

借助一个契机来点亮亚洲第一高楼，这样的活动本身就具有非常好的象征意义；再加上微信强大的用户基础，这对于企业的品牌形象推广具有非常大的帮助作用。而且活动结束后所带来的事件话题，也将会对王老吉、百事可乐的企业品牌形成持续的影响。这就是两例利用微信自带功能来进行营销的典型案例。

## 2.2.4　用二维码广聚用户人脉

二维码就是将文字信息图形化之后形成的图片，可以招贴在任何允许的地方。具有解码功能的软件可以将二维码中的文字还原出来。

微信也有二维码扫描功能，因此通过二维码可以实现推广营销。用户使用微信扫描二维码图案后，可立即查看到相关商家推广活动等信息，从而刺激他们通过微信支付功能进行购买。

二维码营销最大的特色就是可以更加方便快捷地将营销信息精准地推送给用户（因为只有对产品或品牌感兴趣的用户才会去扫描二维码）。正是因为认识到二维码营销的方便和快捷，现在大多数商家均在自己的线下门店设置了二维码扫描的营销，如结账台、服务区、DM单等处，如图2-19所示。

▲ 图2-19　随处可见的二维码

很明显，二维码的营销成本是非常低的。目标用户只要扫描二维码，成功关注商家的微信公众号后，便能不定期地收到商家提供的宣传、优惠等内容；同时商家也能更好地通过微信丰富的表达方式来增加客户黏性。这种营销方式的开展方式多种多样，下面简要为大家列举两种。

### 1. 走出去对外投放二维码

企业及商家可以将自己需要传播的营销内容以视频、文字、图片、促销活动、链接等形式植入一个二维码，然后再选择性地投放到宣传单、公交站牌、地铁、公交车身等处即可；感兴趣的用户只要拿出手机一扫即可快速完成一次二维码营销，如图2-20所示。

当企业需要更改具体的营销内容时，只需在系统后台更改信息，而无需重新制作二维码进行投放，这样做的显著好处就是可以大幅减少营销运营成本，实现以最小投入获得最大回报。

**2. 通过活动扩大受众面**

通过举办活动或赠送礼品的方式来激励用户扫描二维码，是现在商家普遍采用的一种营销方式。聪明的商家的一种做法是，用户只需要用手机扫描商家专属的二维码就能够得到一张电子会员卡，如图2-21所示。

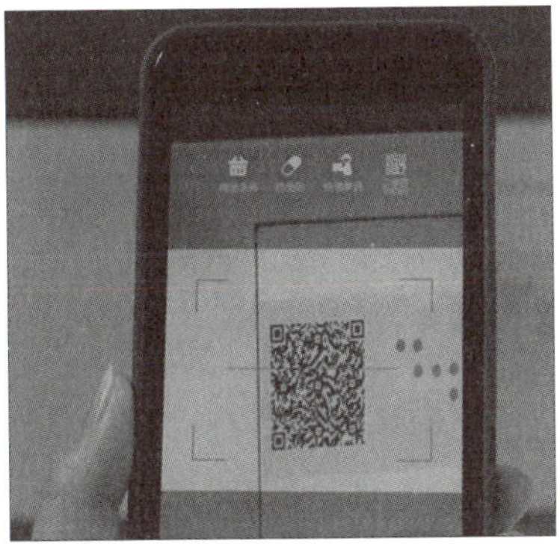

▲ 图2-20　感兴趣随手扫一扫

▲ 图2-21　扫描二维码得礼品

该会员卡存储在用户的微信账号中，当用户消费时，使用该会员卡便能享受特定商家的会员折扣服务。商家通过这样的方式能够对自己的产品和活动进行有针对性的推广，成本不高，且得到的消费者都是目标人群，定位更加精准。

## 2.3　微信创业赚钱三条路

2.2小节讲解了利用微信自身功能进行营销推广的方法，但这只是手段，赚钱才是目的。那么，如何加入微信赚钱的大军呢？本小节即会向大家详细介绍。

### 2.3.1　代理创业——品牌加盟

“代理”这种经营模式其实并不是一件新鲜事，而是一种非常成熟和有规则的联营方式。在校大学生或初创业者等手里无一手货源的人群，就可以先从代理做起，自己无须担心货源，加盟一个品牌，通过销售赚取差价的方式来完成初期创业资金的积累。代理创业的具体方式主要包括以下两种。

### 1. 零风险无代理费的代理加盟

此种代理模式不需要代理费，代理加盟者直接在微信朋友圈分享相应的产品信息，并以零售价卖出货品，供货商以批发价发货，代理人赚取的就是中间的差价。这种代理模式是目前微信中大多数人采用的一种方式，其优点就是货源不用代理人自己准备，发货由品牌商代为完成；只需要代理人和品牌商约定一种合理的结算方式即可。

寻找零风险代理加盟的方法则非常简单。第一个途径就是通过微信公众号搜索功能，搜索“代理”关键字，会有非常多的代理加盟信息，如图2-22所示，从中挑选一个自己有意向的产品来合作即可。

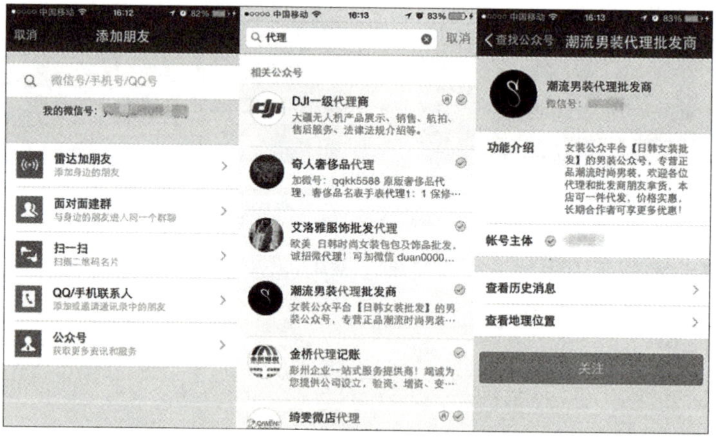


▲ 图2-22　搜索和选择代理加盟商

### 2. 需要代理费的代理模式

有的网络品牌需要代理费或特许加盟费，有的还需要代理商有实体店，并要求按公司的规定统一店标、装修模式等。这种代理模式就要求代理商前期需要投入一定的资金，此时，代理商就应该找信誉度高的企业。因为需要代理费的加盟代理，其具体的销售、发货、结算步骤相对较多，有部分人提出微信销售不建议进行此类有代理费的加盟代理。

## 2.3.2　技术创业——微信接口开发

微信公众号拥有一个非常强大的开放环境，这对于技术人员来说，最大的好处就是在微信开发接口的规范下，可以自由设计企业公众号所需的交互功能。而正是这种开放性，让微信接口开发成为技术人员的一种创业项目。技术开发人员只要熟知微信接口开发的相关规范，就可以据此为有需求的企业公众号提供个性化的接口开发服务。具体创业方式可考虑以下两个方向。

### 1. 加入微信公众号第三方平台

这就和百度、新浪的接口开发一样，腾讯微信同样设置了一个类似“官方认证服务商”的体系，允许有实力的技术开发团队加入，通过微信认证后即可代理开发微信公众号的个性交互功能。登录微信开放平台网页可以看到详细的加入步骤，如图2-23所示。

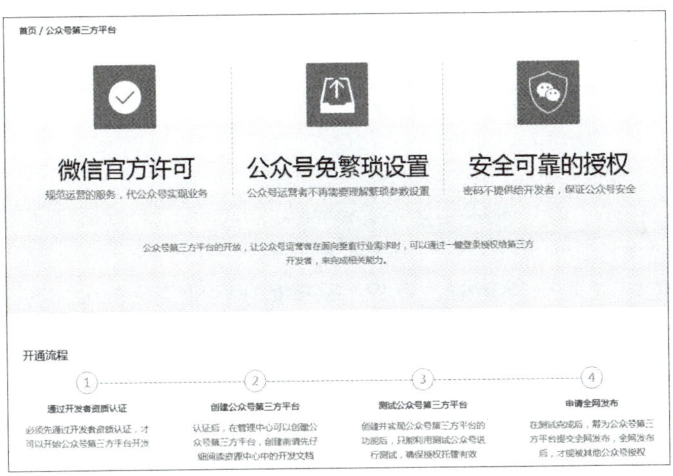


▲ 图2-23　微信公众号第三方平台

由于必须先通过开发者资质认证，所以这种方式更适合有实力的开发团队来做。

### 2. 技术团队自力更生

自己组建一支技术团队，然后创建一个服务主页，将相关的服务项目详细罗列，如图2-24所示。

然后，团队再通过一些常规的网络营销手段将服务主页推广出去；同时也可利用微信朋友圈扩散团队的接口开发业务，接到单子的概率还是很大的。

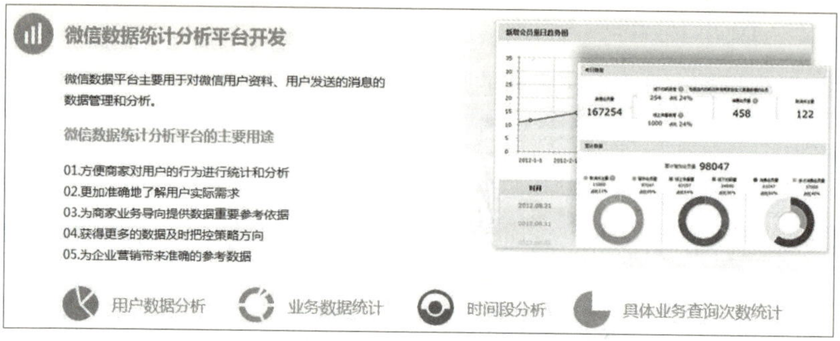


▲ 图2-24　创建技术服务页面

## 2.3.3　服务创业——商家账号代运营

虽然微信营销进入门槛并不算高，但是实际操作上还是有非常多的细节需要把控的。企业用户如果自己没有专业的团队和人才，想要做好微信营销、实现企业盈利还是比较困难的。这种现实背景下，一些企业就会选择与专业的微信代运营公司合作，让其代为管理和营销自己的微信公众账号。那么，这种以推广营销企业微信公众号的服务创业模式也就产生了。

微信公众平台代运营，说到底还是一种营销推广方式。一般来说，针对企业的微信公众平台代运营需要提供官方公众微信号的日常更新和维护，并对公众号进行推广。具体来说，服务内容包括：用户关系维护、企业文化展示、客服答疑、品牌故事传播、消费者回馈、提高听众量等方面，如图2-25所示。

具体到实际操作层面，代运营一个微信公众号，主要做的工作包含以下几方面。

- 微信公众平台开通：当企业微信公众账号达到要求时，做认证服务。
- 二维码设置：设置好微信号、微信名称、企业LOGO等。
- 完善资料：为企业公众平台填充真实、可靠的信息。
- 运营日志：记录每天的新增朋友、消息，并整理成报表，以便数据分析。
- 内容推送：推送企业动态、行业趣闻等图文信息和新品上市、活动促销等图文信息。
- 微信互动回复：当粉丝关注并对话时，客户需要相关回复，如果客服人员有限，也应该设定关键词自定义回复。

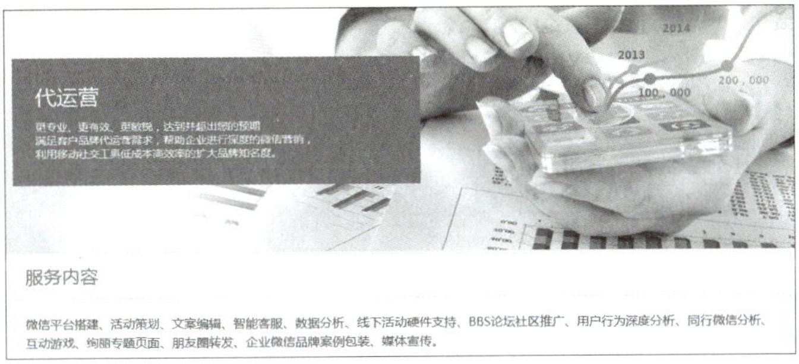


▲ 图2-25　代运营服务的内容说明

## 2.4　传统企业通过微信赚钱的方法

微信创业，为传统企业和个人打开了一道新的商业大门。传统企业想要通过微信最终实现销售赚钱，必须根据自身的行业特点，制定合适的营销策略，结合微信的功能来实施。本节会和大家详细分享不同行业利用微信赚钱的思路。

### 2.4.1　情感营销——酒店行业微信赚钱秘诀

酒店行业是服务业中最看重服务品质的行业之一。酒店行业的微信平台想要运营好，必须做到真诚关怀，与用户互动交流，高效解决用户的疑难，提供对用户有价值的咨询和产品服务，才能让用户对企业产生信赖。这就是由服务带来的“情感营销”。这种方式有利于品牌的传播和商业价值的最大化。

7天连锁酒店在微信中的营销案例，就值得其他要进行微信营销的酒店同行学习。

#### 1. 提升用户客服体验

微信客服相较于电话客服来说，具备延时应答、一对多应答、通话数据可存可查、住客方便管理等特点，大大提升了客服的工作效率。7天连锁酒店的微信公众号通过与专业的微信客服服务商合作，只需稍加设置即可轻松搭建一个以微信为入口的客户服务平台，实现移动化的客户支持与管理；对用户而言，打开微信就能够得到7天酒店客服的贴心服务，需求即刻得到了满足，自然对7天酒店好感大增。

目前有许多专业从事网络客服运营的服务商，而且提供的服务也非常的丰富，如图2-26所示。这样的公众号客服系统，会更加有利于7天连锁酒店公众号各项服务功能的开展。

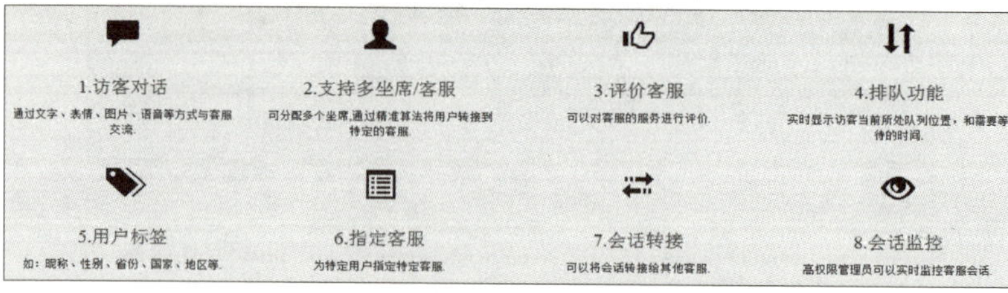


▲ 图2-26　专业微信客服服务商的服务功能展示

## 2. 通过约稿的方式来增加用户互动

对于大多数品牌企业来说，微信运营的一个关键就是如何以用户更愿意接受的方式向其传递信息。7天连锁酒店的做法是“约稿”，通过这种互动来增加微信用户的互动参与度；而这样的运营手段，也被看作7天连锁酒店让用户主动贡献微信公众号内容的一种创新之举。

## 3. 用“签到送积分”给予实惠

签到送积分、送礼品这类营销手段其实非常常见，对于用户而言这样的“小恩小惠”其实也能打动到他们。

7天连锁酒店的积分累积到一定程度后是可以免费兑换住宿房间的。除了签到有积分之外，每次住宿和离店评价，7天连锁酒店都会有积分送出，当用户累积到2000积分即可免费兑换房间了，如图2-27所示。

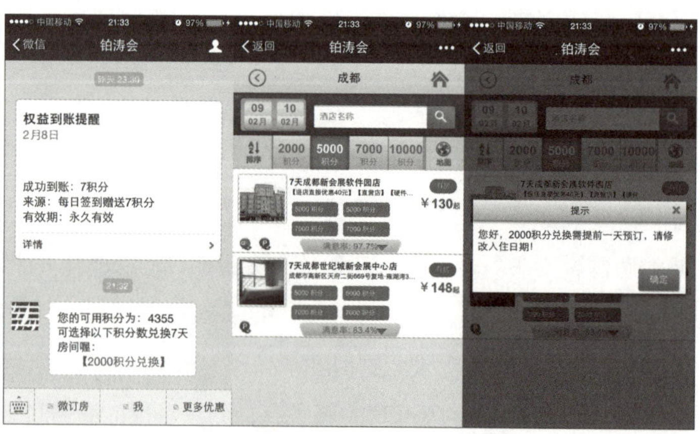


▲ 图2-27　积分兑换界面示意

### 4. 推送有价值的公众号信息

如果一个酒店微信公众号只有单纯乏味的产品优惠信息，那么这个公众号充其量只能让用户在需要使用时才会去关注。7天连锁酒店的微信公众号所推送的，除了必要的优惠促销信息，还有很多有趣味且有价值的文章，如与酒店相关的趣闻趣事、相关的热门事件文章，以及7天连锁酒店小编们倾力打造的一些情感企业软文，读来都别有一番风味，如图2-28所示。

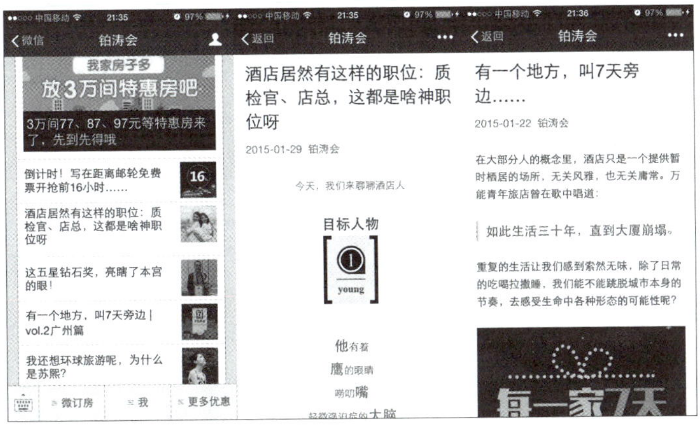


▲ 图2-28 7天连锁酒店的微信消息

**专家提点**

正是因为7天连锁酒店对微信公众号的运营倾注了比较大的精力，只用了短短半年时间，其公众号粉丝数就从0增长到100万。做好服务，忘记营销，这是酒店行业微信营销的一个中心理念。

## 2.4.2 加强互动——房地产行业微信赚钱秘诀

房地产是个高利润行业，对于广告的投入也是相当舍得的，因此，在网络和平面媒体上都可以看到铺天盖地的房地产广告，最终导致受众“审美疲劳”。在这种情况下，具备更多灵活性、以社区关系为主、营销成本低廉的微信营销，恰好就能成为房地产业在营销整合当中的一个重要补充。

“互动”是房地产微信营销成败的关键，随时随地做好分享、解答、反馈等环节，平台就可以通过口碑效应达到更好的营销效果。房地产与客户互动，可以应用以下方法。

### 1. 朋友圈展示项目详情

在微信朋友圈中分享楼书，可把楼盘详情直接传递给客户；还可以在微信上预约看房，实时与不在项目现场的客户进行互动交流，如图2-29所示。

▲ 图2-29　展示楼书介绍项目

### 2. 微活动不能停

大家认为房地产行业是一个“不差钱”的行业，线下活动做得最多的行业之一也是房地产。那么，当房地产企业将营销阵地转移到微信时，线上的活动同样不可少。可以充分利用微信的强交互性，设计各种活动来实现与用户的交流，包括优惠券、抽奖等。

**专家提点**

多做线上活动的目的，其实还是为了实现互动，让客户别忘了你的存在，让客户在想要买房的时候，自然而然地想到和他互动最多的楼盘。

某房地产企业与相应的微信营销服务商合作定制微信报名入口，将登山节活动以微信游戏的方式呈现，参与者填写姓名、电话即可生成专属活动页面。参与者可以将该页面分享给朋友，只要朋友也参与活动即可增加原参与者的游戏点数，而该游戏点数即决定抽奖的资格。丰厚的奖品加上有趣的游戏设计，使得该活动在微信朋友圈迅速传播，短短几天即吸引了数十万人参与。这对于房地产企业品牌形象的传播，以及后期楼盘的销售，都是一本万利的成功营销。

### 3. 微信公众号的多样性

对于一个业务可能遍及多个城市的房地产企业来说，要想让自己的客户服务做得更全面，得到更多购房用户的肯定，那么基于微信的服务也要做全做精。除了开发的每一个楼盘都设置相应的微信公众号外，物业、企业文化、微刊物等，都可以分别做成公众号，形成微信服务链。如图2-30所示，万科地产的微信公众号涉及面就非常广。

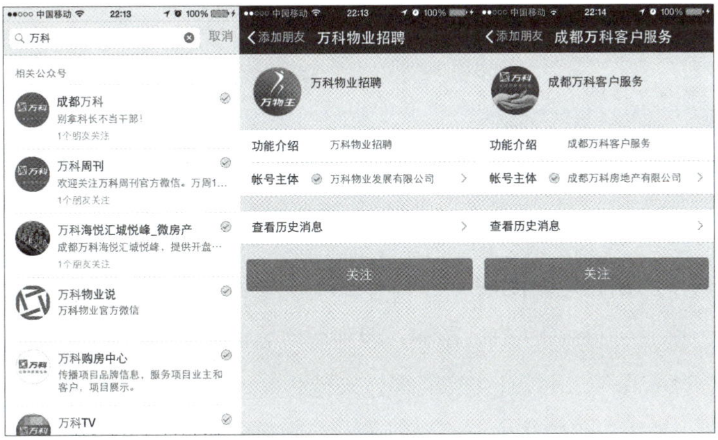


▲ 图2-30 万科地产的多个微信公众号

## 2.4.3 服务预约——餐饮行业微信赚钱秘诀

餐饮行业做微信营销，其实只需要满足顾客一个最大的诉求，即能够方便在线点餐订座，就已经成功了一半。然后，在这个基础之上再辅以必要的促销优惠等互动功能，就不难摸索出一套营销方案了。所以，餐饮的微信营销，就可以按以下的思路来安排。

### 1. 在线预约点餐订座

现代生活是一个快节奏的时代，人们也不愿意在就餐等待位置上花费过多时间。如果能够通过微信提前浏览相关菜品，并在线预约点菜以及订座，这不仅让消费者节省了很多时间，也给商家留出了提前准备菜品、安排座位的时间。这样商家服务将更周到，消费者对商家的好感度和忠诚度也就会更高。

“相约小筑”这个餐饮商家的在线点菜和订座系统设计得就非常人性化，顾客在线自主操作，省时省心，如图2-31所示。

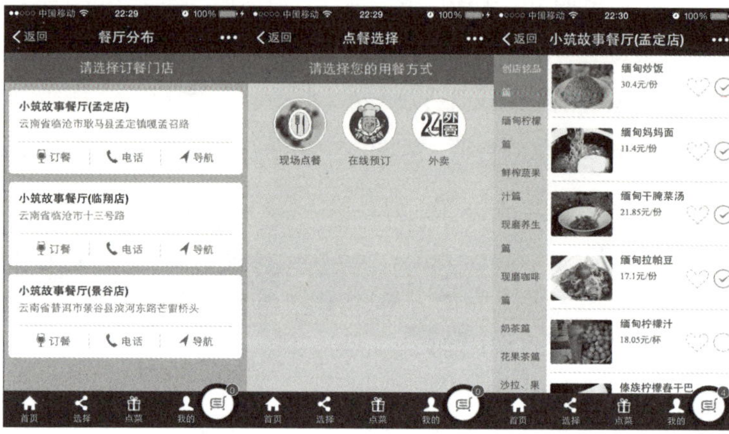


▲ 图2-31　餐厅在线点餐订座示意

### 2. 进一步扩充微信新用户

解决就餐等待问题固然是重要的，但利用微信扩充新用户也必不可少。只有拥有源源不断的新用户，才能让生意变得越来越红火。

除了线上推广自己的微信公众号以外，餐饮商家在线下门店通常也会印制各类菜单、传单，但不少顾客拿到这样简单的传单后基本上看看就丢了，没有产生更多的关注时间。如果能够在传单上加入一些互动活动，如关注公众号抽奖等，这样既加深了消费者对商家的印象，又有把消费者变成粉丝用户的可能，再通过以后公众号促销信息的推送，也可能将粉丝转化为消费客户。

### 3. 推送消息提醒用户

扩充了用户之后，还需要解决一个问题：如何让用户在想要就餐时，首先选择自己的餐厅？

现在是一个“酒香也怕巷子深”的时代，虽然大家都知道有很多好吃的，但每每遇到周末、节假日三五好友一起外出聚餐时，还是会发出“吃什么”的疑问。这时候，如果餐饮商家的公众号适时地推送餐厅动态、服务信息或打折优惠信息，那就正好可以满足目标顾客的选择需求，如图2-32所示。所以，消息要推送，并且更要把握好时间点。

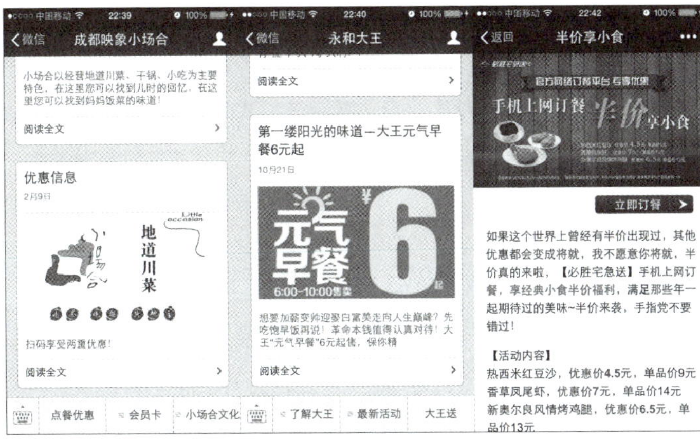


▲图2-32　打折优惠信息的推送不可少

## 4. 开设不同公众号传递品牌形象

连锁店或大型餐厅，不仅要向客户提供美食，还要向客户传递文化，形成品牌印象，如此才能在用户心中扎根。

企业可以根据自身特点推出专家级个人账号，该账号主要发送与餐厅相关的文化信息，如美食信息、美食研究、美食文化等，而不直接推送打折促销信息。这样的隐性广告不会让用户产生反感，相反可能还会让用户更感兴趣，从而更好地宣传品牌，增强用户黏度，如图2-33所示。

▲图2-33　以传递饮食文化为主的微信公众号

**小知识**

餐饮行业在微信营销中面临的问题主要是展示和预定的需求。商家可通过搭建微网站、利用微活动、微应用、微会员等与用户互动交流，提升商家客流，解决消费者到店率等问题；另外还可在公众号中设置一键导航功能，快速定位商家的地理位置之后，全程引导消费者到店就餐，避免了因无法快速找到商家位置而导致的顾客流失。

## 2.4.4 体现差异——旅游行业微信赚钱秘诀

微信很适合个性需求挖掘与深度沟通，而旅游又恰好是一个充满了个性需求的行业。旅游业将微信作为线上营销的一个环节，通过微信强大的兼具真实和陌生的社交功能、真实关系链、口碑性传播等优势，最终轻松实现赚钱也是很容易达成的。

### 1. 微信推送内容要有差异性

微信运营本来就应以内容为王，旅游业同样也不例外，况且旅游本身就是一种探索未知的过程。所以，旅游类商家应多在自己的微信公众号里介绍各地的风俗人情，特别是不为人所知又很有趣的方面，如特色历史景点、酒吧、美食、博物馆、游乐园等，也包括当地的出行注意、消费须知、文化差异等，如图2-34所示。

▲ 图2-34　微信推送内容的多样性

**专家提点**

以上提及的这些旅游内容其实各个旅游商家都不难发掘到，那么如何在内容的形式上做出差异化特色呢？最好的方式就是让导游自己来写，他们才是最真实的体验者；另外内容也要写得有框架和深度，讲究体系化。旅游商家可以把重点经营的路线形成系列进行介绍，即使用户暂时不订购旅游产品，也会津津有味地阅读内容并分享给微信好友。

### 2. 旅游优惠信息的发布

旅行对于用户而言会产生一笔比较大的开支，当用户有出行的安排时，旅游商家在微信公众号上推送的优惠信息是一定可以吸引他们来关注的。商家可以在公众号上推送精选的线路、搭配的套餐优惠，并保持每个月都会推送一条优惠力度非常大的活动信息。重要的是，一定要做出与其他商家的区别，不要让自己的优惠信息看上去“千人一面”，这样的旅游公众号才可以在众多同行里脱颖而出，获得较大用户量的覆盖，起到良好的口碑传播效果。

优惠信息不能单一地提出今天减免力度或者是优惠力度，可以通过大量有奖活动的推出来进行。通过活动，不仅能吸引更多的眼球，还能加大企业与粉丝之间的互动，是营销技巧的不二之选。例如，“小艺”作为“艺龙旅行网”的微信话题亮点，进行“和小艺一站到底”的活动。通过答题闯关，积分最高的用户可获得终极大礼。此类活动的成功进行，不仅促进网友的参与度，还因此涨粉几万。

同时，旅游不是单一的事，不是只要看到景点就算结束旅行。可以根据该特点通过搭建自定义回复接口，根据“路线”“天气”“酒店”“历史文化”及“当地特产”等回复内容就能收到相关的内容。读者通过一个公众号就全面地安排好此次行程的全部内容，想来也是极其受欢迎的。

### 3. 建立旅行分享的渠道

旅游类微信公众号不应该只是通过发布旅游资讯、景点介绍这一种方式与用户沟通，还应主动建立一个旅行分享的渠道，鼓励消费者向公众账号投稿分享自己旅行的感受、游记或沿途美景，而旅游商家们就可以由此获得更多的旅游素材，收集整理后群发给订阅用户。

由于每个人的视角都不相同，即使是同一个旅游线路，同一个旅游景点，不同人写出来的感受也是有区别的，这就充分提供了差异性。旅游商家越积累这种旅行分享，就越能体现出与其他商家的差异性来，同时为用户提供更多视角，从而给用户留下深刻印象。

### 4. “微故宫”的差异化运营案例

谈及旅游业的差异化营销，故宫开设的“微故宫”可谓是一个不错的借鉴案例。故宫这个历经600多年岁月沧桑的中国读本与当代科技微信结合起来，产生的营销效果是非常显著的。故宫微信公众号为“微故宫”，于2014年元旦正式上线，世界各地的游客可以通过关注公众号“微故宫”来饱览故宫古建筑；通过微语言、微话题和微展览，人们可以随时到掌上故宫博物院逛一逛，如图2-35所示。

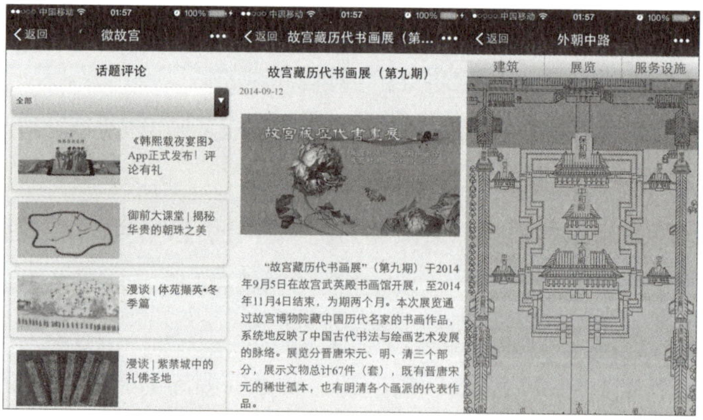


▲ 图2-35　微故宫饱览故宫古建筑

在“微故宫”里还有一些很有趣的玩法，例如游客只要喊出想参观的宫殿名，就可以自动接收语音导览，查看周围3D实景。“微故宫”里还设有“看一看”“逛一逛”“聚一聚”3个分栏，为用户提供看展讯、上课堂、收快报、参观指南、品展览等服务。

**专家提点**

语音导览，3D实景，这都是“微故宫”区别于其他旅游景点的地方。相信用户尝试过之后，会留下非常深刻的印象，自发分享的可能性也很大。这就是旅游行业利用差异化进行营销的典型案例。

## 2.4.5　品牌培育——电商卖家微信赚钱秘诀

电商卖家本来从事的就是网络销售活动，对网络营销的作用以及效果也是最清楚的。当微信的商机凸显时，电商卖家们当然不会放过这个营销的阵地。对于电商卖家来说，什么东西最重要？当然是品牌。只有用户认可并接受了电商的品牌，才会倾向于购买该电商的产品，电商也才能因此而获利。

利用微信在用户心中树立起企业品牌或产品品牌，是一个长期的工程，需要多管齐下，充分利用微信的各种功能，日积月累，才能见功。

### 1. 服务号与营销号最好分开

不少电商卖家都只开设一个微信公众账号，所有内容都通过该账号推送给用户，其实这并不是一个很好的方式。对于电商卖家来说，微信公众账号可以分为提供具体服务的服务号和分享产品内容的营销号，前者主要提供各种售前售后服务，以及推送促销信息、活动信息；后者则主要推送软文，以轻松、诙谐、温馨等风格，在客户心中留下深刻印象，建立起独特的品牌形象。

师道书院就是典型的双号运营。师道书院的官方微信号是“师道人本管理”，主要提供用户了解师道书院的渠道，以及书院商城的入口；另外师道书院董事长还有一个“老侯论道”微信号，通过这个微信号，师道书院在“老侯原创”板块分享了很多管理方面的感悟文章，以此来建立书院的品牌形象，如图2-36所示。

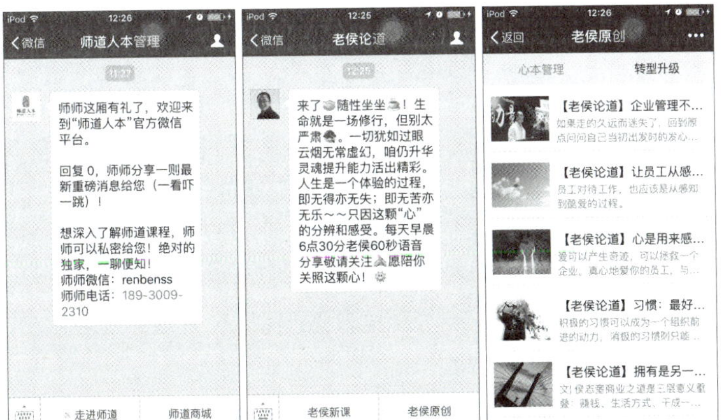


▲ 图2-36　师道书院的双号

虽然营销号的操作难度较高，需要不少文案来支撑，但与服务号相比，营销号更易于建立品牌形象，转化率也较高。通过提高阅读量的方式来提升转化率一直都是一个行之有效的方法。

**小知识**

转化率是衡量营销内容对访问者的吸引程度以及宣传效果的一种指标参数。举例来说，用户进店闲逛就叫潜在顾客，如果这个用户购买了商品就叫成交顾客；潜在顾客转化为成交顾客的比例就叫作转化率。

### 2. 忘掉群发推送注重内容和沟通

群发推送曾经一度是微信公众平台最吸引人的功能，但当微信公众平台商机逐渐显露出来后，信息泛滥的群发让很多微信用户都反感。如果现在电商卖家在微信营销中还是以群发推送为主的话，那无疑是失败的一种营销方式。

群发只是手段，内容和沟通才是关键。多思考能够给用户提供什么价值，通过什么东西来吸引、打动和留住用户，这才是电商微信营销的重点，而不要企图靠“重复信息”来加深用户的印象。“脑白金”那样的广告只能在电视、电台中才能成功，在用户可以随时取消关注的微信上，只会惨败。

### 3. 如何做新老用户的分组

任何营销宣传的中心都是“维老拓新”，针对不同的用户群体应该采用相应的有差异的营销方式，例如，对老用户应多以品牌服务为主，对新用户则可加大优惠促销的力度来留住他们，将其变成老用户。那么，微信公众号如何进行新老用户粉丝的分组呢？

一个小小的办法是：当客户通过扫描了公众号的二维码或其他方式关注了公众号时，公众号会自动回复一段文字说明，提醒新客户回复“新客户”字样获取促销信息，老客户则回复“老客户”来获取；然后实时监控公众平台的数据，根据不同的回复将粉丝归入相应的分组。自动回复的设置可以在公众号管理后台去开通和自由调整，如图2-37所示。

### 4. 差异性促销活动的开展

企业要树立品牌，就需要与其他企业拉开距离，展现差异化，以独一无二的活动来吸引用户。为企业量身定制一个微信小游戏，通过游戏进行抽奖、促销，从而在用户心中加强企业品牌印象，这是常见的微信营销手法。

▲ 图2-37 开通和调整自动回复内容

苏宁公司曾通过微信游戏宣传“双12”活动，制作了一款以“疯狂火箭哥”为主题的游戏。游戏将苏宁的品牌标识植入页面背景，并使用苏宁的“火箭哥”作为游戏的主角，根据“火箭哥”送出货物的件数进行抽奖。游戏过程中可以清晰地看到天空中飞翔的苏宁的快递盒和标有“双12”的气球，如图2-38所示。

▲ 图2-38 免费享受到不错的会员待遇

游戏的整个过程在确保娱乐性的同时，从各个角度对苏宁进行了品牌宣传，并通过抽奖的形式吸引粉丝参与及在朋友圈转发。

**专家提点**

这种活动有别于一般的打折促销活动，通过趣味的游戏植入以及广泛的朋友圈分享，可以获得更迅速的扩散和更大范围的用户主动帮企业营销。

## 2.4.6 口碑传播——化妆品行业微信赚钱秘诀

一个用户对化妆品的购买意愿来自哪里？主要就是看这个化妆品能否给自己带来美颜帮助。当用户不能切身去体验时，好友的分享就是最大的参考帮助。微信基于朋友圈的社交环境，可以让化妆品的分享式营销发挥最大的作用。

### 1. 快速积累首批用户

口碑传播的重要基础之一是用户数量要上规模，只有用户数量达到一定规模，才能产生“乘数效应”。因此在进行口碑传播之前，首先要快速积累一批用户。

积累用户常见的方式是先把线下用户“拉”到企业的微信公众号中。线下用户这个群体已经体验过企业产品，对企业是没有抵触情绪的，因此首先将这批用户发展成线上用户，难度较低，速度较快。当然从其他群体中发展新的线上用户也不能放松。

让顾客关注微信公众号最普遍的做法就是“关注有礼”，简单而效果又好。例如，顾客关注欧莱雅官方微信就可成为其会员，免费享受会员待遇，如图2-39所示。

▲ 图2-39 关注后即可免费享受会员待遇

### 2. 营造分享氛围

利用微信的一对一精准沟通功能，将官方微信作为品牌展示平台，把产品介绍、特点、功能等结合用户的关注点进行包装推介，引起用户的关注，从而促成购买。与此同时，企业一定要切记，尽量为每位用户提供个性化的护肤方案、护肤心得，帮助大家发现最适合自己的化妆品及肌肤美丽方案，如图2-40所示。

▲ 图2-40 微信公众号分享美丽心得

化妆品企业还可以制造一些可以引发关注人群热切讨论的话题，并将企业的品牌理念与文化很好地融入进去。

### 3.“分享有礼”活动

如何让用户自动分享企业的信息一直是营销界钻研的课题。其实，驱动用户的永远是“利”，软文之所以让用户自动分享，是因为软文或幽默，或温馨，满足了用户精神上的需要，是一种非物质的利；而物质上的利同样也可以驱动用户分享，最常见的方法就是“分享有礼”。

微信“分享有礼”活动的机制是这样的：首先引导用户进入公众号的活动页面，然后用户可以领取一个礼盒，但礼盒是不能由自己打开的，必须分享之后由好友（通常是3~7位）帮助打开，而这些好友看到了这个分享活动，其中的部分好友会继续参加活动，这样就实现了爆炸式的传播，如图2-41所示。

“分享有礼”能带来什么价值？

粉丝增长：只要活动配置得合理，礼物有足够吸引力，活动就可以疯传起来，带来粉丝数量的裂变式增长，从而能发展不少新粉丝；

带动老客户：有趣又有利的活动总是能让人“动起来”，“分享有礼”就是让老用户动起来的活动；

品牌植入：在活动中植入品牌理念和文化，除了礼盒中礼品设置外，在活动图片的设置上可以花点心思，随着粉丝数量的增长，植入的宣传效果也会更好；

新品体验：新品上市可以采用试用活动，通过分享，在礼盒中推送新品，通过游戏的方式发放新品。

### 4. 打折优惠也不能少

打折优惠也是促进分享的一个重要因素。微信公众号作为一个促销平台，当然要发布最新产品促销和优惠信息、限时活动等，给品牌粉丝送去福利，同时也为关注打折的潜在用户提供有价值的信息。

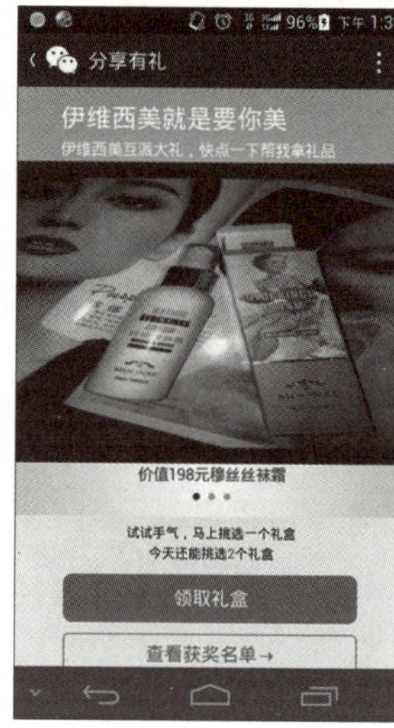


▲ 图2-41 “分享有礼”活动

巴黎欧莱雅官方微信在这方面的做法很聪明：每个月的月底会发布一期次月的促销信息，让自己的品牌粉丝早知道，以便早点抢购自己喜欢的产品，如图2-42所示。

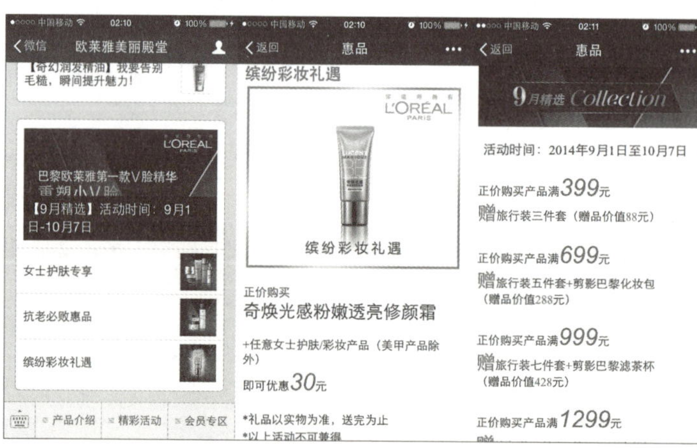


▲ 图2-42 必要的优惠打折信息

虽说打折优惠活动并不算什么奇招，但不能否认，这种活动不但能增加关注量，还能增加粉丝量和用户黏性。化妆品行业经常发布打折优惠活动信息是很有必要的。

## 2.5　个人通过微信公众号赚钱的方法

各个行业均可在微信中找到自己的赚钱方式，那么普通用户是否也可以在微信里找到赚钱方法呢？深入挖掘微信的特性就不难发现，个人用户通过代理的方式就可以轻松地在微信做买卖；另外，也可以苦下功夫，培养一个拥有良好粉丝基础以及公众形象的公众号来获得广告商家的青睐。个人通过公众号赚钱的方法还是很多的。

### 2.5.1　培养公众号做广告

对于整块时间不多或者资本不够的个人而言，培养一个公众号，吸引较多粉丝后，再做广告代理，是一条不错的赚钱之路。

微信公众号“云科技”的所有者程苓峰，号称自己的微信有2万真实用户，其中包括数十位互联网上市公司的CEO、总裁、CXO，以及风险投资合伙人，上百位上市公司总经理、创业公司副总裁等人群。于是，他于2013年1月28日正式对外叫卖广告，价格为1万元1天，3万元5天，截止到2013年2月4日程苓峰已有8个广告主，包括唯品会、金山猎豹等。

公众号“黎贝卡的异想世界”的所有者是一个娱乐记者，她分享的关于穿衣搭配的时尚心得与众不同，用她自己的话来讲就是“分享一些实用的东西，如选购的经验和教训，就像闺蜜间聊天一样”。她的第一篇文章阅读数突破了1 000，第二篇成功翻倍，第三篇“谈林青霞的穿衣之道”，累积点击量超过了10万次。此后，只用了短短7个月的时间，粉丝就积累到了26万。

**小知识**

同样是1万粉丝的公众号，其广告费用也是不同的，这取决于阅读量。同样是1万粉丝的公众号，有的号发布一篇广告的阅读量是一两千，有的则是几百，后者的广告费自然比不上前者。

有广告商透露，目前自媒体的软文推广费用价格不菲，想在这些大号上推一条广告基本都要万元以上。可见，只要踏实做好推广工作，积累足够多的粉丝，个人账号也是能赚大钱的。不过积累粉丝是一个长期的工程，没有耐心每天付出，是很难成功的。

## 2.5.2 为商家代写微信软文

随着微信的流行，微信软文的重要性不言而喻。用户每天刷微信朋友圈时会看到好友从各微信公众号转来的千奇百怪的文章和内容，这些内容的传播就是微信软文营销，目的是让大家喜欢他们的内容，从而达到从好奇到信任，从信任到成为客户的目的。

对企业公众号来说，每一个粉丝都是潜在营销对象，企业通过推送软文向粉丝传播企业信息、产品信息，树立良好的企业形象和产品形象。

不过，维持稳定的软文创作，需要专门的作者团队，对一些中小型企业来讲，似乎负担过重了，相对而言，中小型企业向个人写手购买软文更为划算。

而个人写手只要文字功底不差，善于思考、借鉴，创作软文也并不是很困难。写手可以申请自己的公众号，并留下相关信息，最好能展示成功案例，这样就可能有商家联系软文写作；当然也可以在相关网站及贴吧里打广告，或者建立专门的软文写作网站，均可收到一定的效果，如图2-43所示。

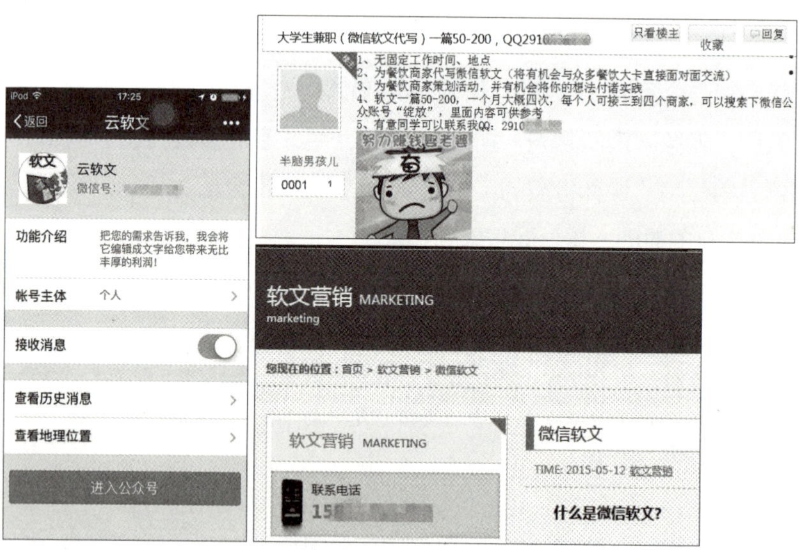


▲ 图2-43　个人软文写作公众号

软文的价格目前来说并不是很高，关键是要看写作质量，写手写作一篇质量好的软文能有七八百的收入，普通的软文则数十元起。

### 2.5.3 线下商品微信卖

很多在经营自己小店的个人用户，可以把原本面对面交易的商品，如水果、点心等，“搬”到微信上来卖，扩大受众面积，取得更好的销售效果。

刘宏是一名白领，父母经营一个进口零食店。刘宏每天晚上都要去店里帮忙，同事们得知他家的情况后，就纷纷要刘宏介绍些零食。刘宏觉得单独一个一个地给同事发送信息很麻烦，后来想微信里的好友大多是同事，不如就直接把新到的商品信息发布到朋友圈，结果反响很好，同事们纷纷订购。于是几乎每天刘宏都在朋友圈发布信息，同事在评论下面告诉他自己选购的零食，第二天刘宏上班再把零食带给同事们。

刘宏于2014年1月开始为同事带零食，第1个月竟然赚了22 000元，这超乎了他的想象。2月收入为8 000多元，3月收入也为8 000多元。

网络上走红的“杭电蛋糕哥”和“果哥”，也都是将原本经营的产品“搬”到线上售卖，取得了不错的成绩。

**专家提点**

个人用户在微信上卖货，其实是以自己的人品来做担保的，因此切不可卖假货、“杀熟”，相反，要营造出一种豪爽、大方、诚实的形象，才能把生意长久做下去，并且越做越好。

### 2.5.4 寻找生意接单

个人的微信公众号最便捷的生意接单方式就是加入各种微信赚钱群。这些群里存在一些广告主或公关公司等，你只需传播你的微信公众号信息或关注群里消息等待接单机会即可。

## 2.6 微信软文策划与创作

微信的营销离不开高质量的软文。无论是朋友圈分享，还是公众号推送，一篇好的软文总是能引起读者共鸣，从而产生认同，自觉自愿地购买产品，或者分享文章。

要写好微信软文，作者要从产品或营销目的出发进行策划，确定软文的“主攻方向”，再使用各种写作技巧，将软文的“卖点”呈现出来。

## 2.6.1 了解微信平台软文的特点

软文在网页、论坛、博客和贴吧等互联网平台里随处可见。微信营销中软文也必不可少。并且微信上的软文有自身的特点，掌握这些特点后，作者在创作微信软文时会起到事半功倍的作用。

### 1. 微信软文篇幅较短

众所周知，手机使用是比较“碎片化”的，也就是说，手机用户习惯于频繁地浏览信息，不停地在各种软件和网页间切换，吸收的信息量很大，但内容很零散。

微信主要在手机上使用，因此微信上的软文也要遵循“碎片化”的规律，篇幅不能过长。一般来说，如果能控制在3~4页，且内容不枯燥，那么大部分用户都能看完。内容越精简越好，能够一页就讲完的，就最好不要拖到两页。

电脑上的软文可以比较长，因为电脑的屏幕大，同样的内容，在电脑屏幕上显示只要一页，而在手机上显示可能就需要六七页。用户用手机浏览推广的软文时要不停地翻页，容易产生厌倦感而中途关闭页面，这就起不到广告效果了。因此，短小精悍是微信平台软文的首要特点。

### 2. 微信软文中的图片分辨率相对较低

屏幕尺寸的差异，决定了手机屏幕上不适合显示分辨率较高的图片，因为高分辨率的图片在手机上根本看不清细节。同样的一张图片，在电脑上可以看得很清晰，在手机上则基本看不清细节。

虽然在手机上可以使用“放大”手势将图片放大后浏览，但放大后图片会超出手机屏幕，需要多次移动才能完成完整的浏览，这些额外的操作会严重影响用户阅读软文的兴趣。

微信软文的配图，应该大小适中、构图简单、色彩鲜明，在手机上不必放大就能清楚地浏览，并能将要传达的信息准确地表现在用户眼前。图2-44所示为一个成功案例，其文字说明与配图都很清楚明白，无须放大就能让用户读懂要表达的意思；图2-45所示，则是一个失败的案例，其配图不放大就看不清，并且图片色调与背景色非常相近，不易区别，影响观感。

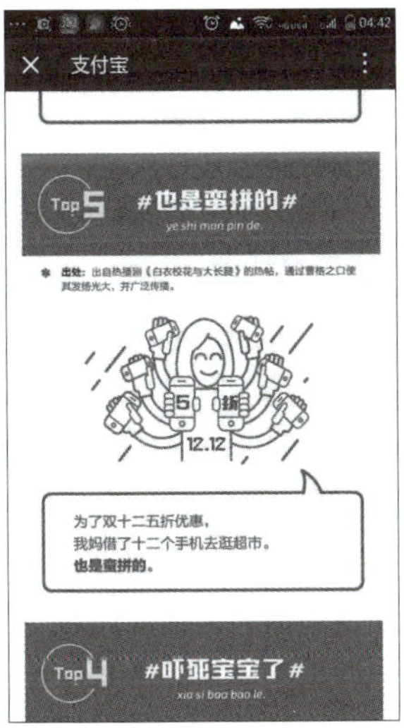


▲图2-44　成功案例

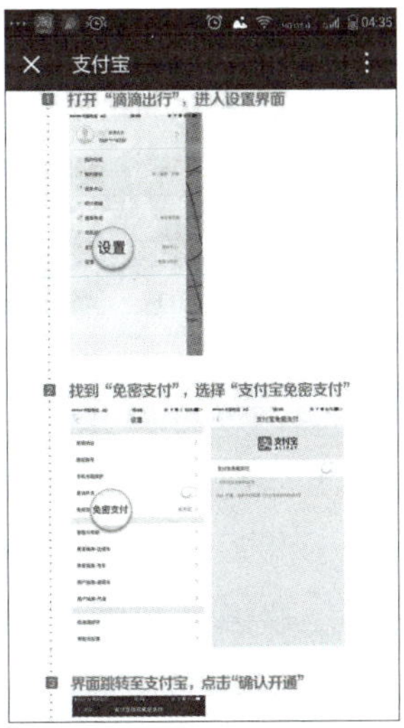


▲2-45　失败案例

**专家提点**

如果微信软文有配图，最好先使用3.5~4英寸屏幕的手机进行预览，如果能够看清配图，那么在大部分手机上浏览该软文应该就没有问题了。

### 3. 微信软文中的超级链接不宜过多

电脑的网页或文章可以带有数十甚至上百个超级链接，用户浏览时可以随心所欲地点开多个链接，从而打开多个带有标签的网页，如图2-46所示。用户点击不同的标签，就可以在不同的网页间进行切换。

▲图2-46　电脑上浏览器的网页标签

但在手机上，情况就有些不同。由于手机屏幕较小，无法像电脑一样显示很多标签，并且微信内嵌的浏览器也不支持标签，因此在微信平台上发布软文时，最好不要在文章中嵌入很多超级链接，以免让用户多次跳转，最后跳得“不知所踪”，起不到广告宣传的作用。

专家提点

微信软文中，数量适当的超级链接也是必要的。例如，最常见的就是在文章末尾附上购买链接，指向商品的销售页面，引导用户去浏览。

**4. 微信软文的发布时间要符合手机端用户的浏览习惯**

微信软文的发布时间和电脑端软文的是有较大区别的，因为电脑的使用时间多集中在上班、晚饭后这两个时间段；而浏览手机的时间则较多是在上下班路上、午饭和午休时间、晚饭和晚休时间以及凌晨。

商家发布微信软文时，要考虑用户的浏览习惯，例如，在午饭和晚饭前发布一些餐饮信息，效果比较好，在晚饭后发布一些健身、购物、美容的信息，效果比较好。

## 2.6.2 微信软文策划

企业在推广一个产品时，不要一拍脑袋就开始写软文，这样写出来的软文效果往往不尽如人意。正确的做法是企业要先针对产品进行调研，在充分了解产品特点的前提下，策划出推广软文。

针对产品或概念来策划软文，通常要完成以下工作。

**1. 了解产品特点**

了解产品特点并不是一句空泛的口号。由于微信软文篇幅较短，因此不太可能一次性将产品特点介绍完毕。最好的办法是每次推送消息时，软文着重介绍产品的一个特点。这就需要作者充分了解产品特点。

作者了解产品特点时可以借鉴的方法是，在一张白纸中间写上产品名，然后从“功能”“原料”“价格”“特色”等方面，分类列出其特点。然后将各特点按照重要性进行标注，最重要的特点通常是产品的主打功能，那么第一篇软文毫无疑问就应围绕该特点进行创作。最后作者再围绕产品其他特点创作软文，按顺序发布即可。

**专家提点**

作者不要将产品所有特点都创作成软文，选择最重要的两三个特点进行创作即可，如小米手机反复强调“廉价”和“自创UI”，就是典型的例子。甚至作者也可以只围绕最重要的一个特点创作多篇软文，如某品牌面膜虽然有多种功能，但其营销团队反复围绕“深层保湿”进行宣传，导致用户一提到保湿就想起该品牌的面膜，这样的效果要比铺开介绍每个特点更容易给用户留下深刻印象。

### 2. 考虑受众情况

一个产品的受众往往是多样化的，在策划软文时要充分考虑受众的多样化。如一个防晒护肤品，既可以向女性用户推荐，也可以向户外运动爱好者推荐。很显然，向这两个群体推荐时使用的软文是不一样的，各有针对性。例如，针对女性用户的软文，标题可以是《美白肌肤老公爱》或《三伏天女性生存秘诀》之类，针对户外运动爱好者，软文标题可以是《高原徒步必备品清单》，在清单中着重介绍本品牌防晒霜。软文写作中作者对受众的情况考虑得越全面，营销的效果越好。

### 3. 比较同类产品

作者在创作软文前，要对同类产品进行调研，了解它们的优缺点，制作相应的表格进行对比，在创作软文时，可根据此表格扬长避短。例如，其他同类产品在价格上有优势，软文中则可以着重强调自己的产品原料“纯天然、无公害”；当同类产品功能比自己的产品多时，则可以强调自己的产品“专注于解决某个问题，不贪多，不浮躁”。

### 4. 结合流行元素

软文中加入流行元素不是必须的，但如果加上的话，会更加受欢迎。支付宝的文案就非常善于利用流行元素，基本都是第一时间把各种网络热点、热词加入到软文中，推送给用户。例如，最近的“我有100种方式帮你圆梦”，其中的“100种方式”就是出自于网络热点“叶良辰语录”，知道这个热点的用户看了此文案自然心领神会，品牌与用户之间的默契就是这样一点一滴加深起来的。

### 5. 注重SEO友好性

软文要考虑SEO（Search Engine Optimization，搜索引擎化）的推广，文中尽量使用与产品或品牌相关的关键词。商品或品牌名称最好要完整（包含品牌、中文、英文、正确型号），方便百度、360等国内搜索引擎蜘蛛读取，并且完整商品或品牌名在软文中至少出现2~3次。

## 2.6.3 写出精彩的微信软文

微信软文与电脑软文不同，篇幅较短，插图也比较简单，不适合像电脑软文一样讲究文章的结构布局，起承转合，因而微信软文要更直接，从标题、主题、价值内涵等方面着手来吸引用户。

那么，要写好微信软文应该遵循哪些要点呢？

**1. 主题积极，起到振奋人心、激励勇气的作用**

一个积极向上的主题总是能够鼓舞读者，同时也可以悄无声息地推广产品或品牌。创作积极主题时，作者最好写一个已经完成的事例，包含非常具体的例证（过程、数据，细节），并且要有观点的总结，让读者看完觉得“我也可以”，最好有种热血沸腾的感觉。

典型的案例可以参考“创业日记：创业4个月，我到底做了哪些事情”这篇软文。文中作者讲述了自己建立教学网站后，通过努力在4个月内实现了月入万元的故事。案例充满“努力奋斗终于成功”的正面激励，读者看完后不免也心潮澎湃，受到感染。由于文章末尾附上了该教学网站地址，读者在钦佩之余，很可能就顺手点击链接去浏览网站了，这就起到了广告的作用。

**2. 让读者感到愤怒或恐慌**

喜爱固然是人类行为的动力，愤怒或恐慌也同样可以驱动人类行为。让读者感到愤怒或恐慌的写法，需要先陈述一个让人不安的事实，然后附上证据（图片、视频、录音等），将事件影响的人群列出来，然后给出明确的中心论点，即我们应该做什么，或者拒绝什么，同时在这个中心论点里再加上需要做的广告即可。

典型的案例可以参考公益广告“别让我们的眼泪成为最后一滴水”这个视频。这是一个关于水资源保护的视频。视频中对水污染和水浪费做了解读，水资源的枯竭让人感到恐慌，从而使观众产生要节约用水的想法，这正是作者所期望的。虽然这不是一个微信软文，但其思路值得借鉴。

**3. 让读者感到有哲理或有教育意义**

如果一篇软文能够让读者感到有哲理或者受到了教育，那么说明读者已经同意了软文的价值观，那么读者也就能够较好地接受软文所推荐的产品或品牌了。

这种“有哲理”或“有教育意义”的软文，俗称“鸡汤文”。鸡汤文的创作，首先应讲述一个确实发生过的故事，并从故事中得出一个明确的观点，让读者看完后很受启发。

典型的案例可以参考“什么是真正有效的教育？从一个奖项说起”这篇软文。文章花了较长的篇幅来讲述一个有启发的故事，最后其实是推广该奖项的申请页面。

**4. 介绍实用且容易记住的内容**

软文中在向读者介绍一些实用又好记的内容的同时，推销产品或品牌，也是一种常见的策略。读者在记住这些实用性内容的同时，也就接受了这个产品或品牌。

这种写法要求语言要干练，内容要贴近生活，贴近大众，具有资料性，可供反复查询。例如，“关于书的那些事”公众号的拥有者就写了一篇软文《24本营销书籍，一次性送给你》，文中简短地介绍了24本著名的营销书籍，并告诉读者，只要关注自己的微信号就可以免费得到这些书籍的下载地址，于是很快该微信号的好友数量就激增了数百位。

**5. 让读者自觉自愿转发**

一篇软文如果能够让读者自觉进行转发，其宣传效果是不可小觑的，读者转发造成的扩散效果，远比作者到处推广省力且快速。

读者自愿转发软文，其实是有一定的心理因素在起作用的。例如，某些读者期望给予他人“消息灵通”的印象，因此会倾向于转发含有热点事件、热点词汇的文章，对于软文作者来说，如果创作一篇包含热点事件或热点词汇的软文，那么被转发的可能性就非常大。

通过对数千篇被转发的微信软文的统计，具有“冷幽默”“提升格调”“讲环保”“亲情/爱情/友情”和“保健”等因素的软文转发率较高。

## 赚钱秘技一点通

### 1. 自营微信小店赚钱

淘宝上可以开店，微信上同样也可以。当个人用户完成微信公众号的申请后，可以通过以下两种方式实现微信开店赚钱的梦想。

### 方法1：利用微信公众平台的“微信小店”插件

微信小店基于微信支付，包括添加商品、商品管理、订单管理、货架管理、维权等功能，在“添加功能插件”操作页面中即可找到“微信小店”进入按钮，如图2-47所示。但要注意的是，个人微信公众号要申请开通微信小店，需要先申请开通微信支付，但是微信支付的申请又需要提供相应的商户基本资料。所以理论上来说，微信公众平台自带的这个“微信小店”功能更适合有实际营运的商家或企业使用。

▲ 图2-47　功能插件中的微信小店

### 方法2：使用第三方开店工具

手机应用商店里有许多辅助用户在微信中开店的工具，用户直接用自己的微信账号登录开店工具后即可开始设置自己的微信店铺。例如“微店”就是开店工具中的一款，有网页管理和手机客户端管理两种方式，如图2-48所示。

▲ 图2-48　微店官方主页

微店的开店功能还是非常强大的，可以让用户像淘宝开店一样自由定制自己的店铺页面，包括设置店名、店招、商品分类、运费等，并且可以简单实现商品的添加，包括添加商品图片、描述、价格以及库存。用户创建好店铺并添加好商品后可以直接使用其分享功能，将商品信息分享到微信朋友圈、QQ、新浪微博等处，如图2-49所示。微店的使用非常方便和省心，大家可以自行研究一下其相关管理功能。

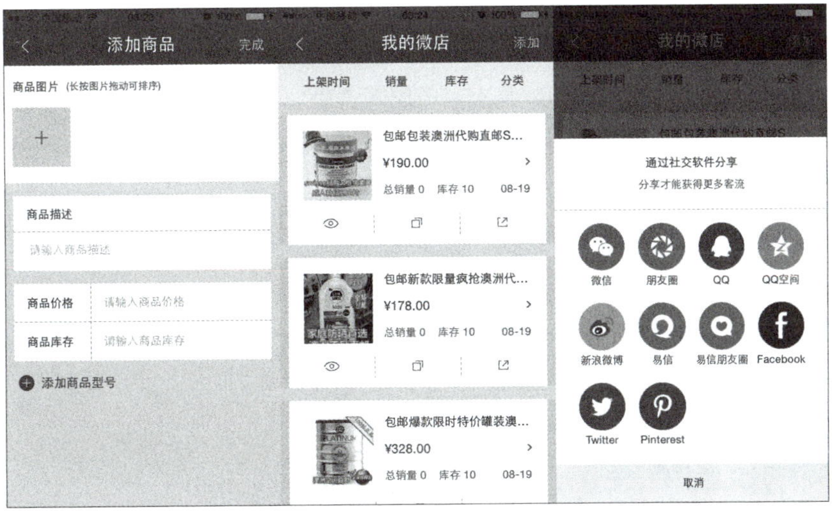


▲ 图2-49　微店手机端界面管理示意

## 2. 白酒行业的微信营销经

微信卖酒，其实是将圈子从线下搬到了线上，最后卖酒的过程则是从线上回到线下。通常圈子内部人间的信任感很强，互相之间的推荐可以被圈子内其他成员所接受，这就为利用微信圈了团购卖酒提供了可能。那么，白酒行业如何在微信这个圈子里进行实操性的营销赚钱呢？下面为大家分享几个观点。

**观点1：营销首先从自己做起**

商家自己的营销团队里的所有人都登录微信，并将微信头像以及个性签名都设置成与营销的产品相关；公司内部人员也相互关注起来，转载相关的营销软文，实现全方位的互动。营销管理者自己的个人微信公众号更是要注意每天在朋友圈里分享一条有关酒文化、喝酒与健康相关的信息。

**观点2：学习借鉴其他公众号**

营销管理者用个人微信号关注关于“酒”“白酒”“酒文化”等已经运营得不错的同行业公众号，接收他们的信息，从而让自己的营销团队加以学习和借鉴。

**观点3：主动出击推广二维码**

营销人员可以把营销公众号的二维码印制在自己的名片上，发给别人，并且交换名片的时候温馨提醒一下对方及时扫码，即使对方会把名片扔掉或遗忘在某个角落里，但是微信上他已经可以接收相关公众号推送的内容了。

**观点4：合理掌握公众号推送时间**

发送信息的最佳时间段也就是大家最闲暇，最想互动的时间，据互联网访客数据显示，9:00~10:00、16:00~18:00、21:00~24:00这几个时段内上网的用户相对较多。

**观点5：以微博带微信涨粉丝**

商家在创建微信公众号的同时可以申请一个微博官方账号，每条博文后面都加上公众号的二维码，从而吸引微博原有粉丝加入微信，成为微信公众号的第一波粉丝，同时吸引不断增加的微博新粉丝加入进来，不断扩大微信公众号的粉丝群。

## 实用技能拓展

### 1. 个人微信公众号的涨粉练习

对于一般用户来说，想要增加公众号的粉丝只有靠内容去征服用户，但实际上高质量的微信内容不可能每天都制造得出来。所以，当你的微信公众号有一定的内容基础之后，想要再增加粉丝还是要靠走出去多做宣传。以下的宣传涨粉的练习，供大家参考。

**利用个人微信号为微信公众号宣传**

用户运营微信公众号也可以用个人的微信号来帮忙。个人微信有附近的人、摇一摇、漂流瓶、朋友圈等功能，可以更有效地进行信息的扩散。用户要将这些功能结合起来使用，把用户引到公众号上。

**利用论坛社区宣传微信公众号**

论坛社区是一个言论开放之处，同时也是各兴趣人群的聚集地，用户可以选择推广与内容相关的社区，并时常发布一些交流帖，再随机将微信公众号推广出去。

**利用分类信息网宣传微信公众号**

赶集网、58同城这类网站就是分类信息网，大家可以在这类平台发布一些和你的公众号相关的信息，引导用户去关注你的公众号。用户要做到只要能发布的类目尽量都发，而且要每天坚持发布一条信息。

**利用微信导航网站宣传微信公众号**

微信导航网站现在有很多，有的可以免费，有的则需付费做推广，用户可以把自己的微信公众号提交到这些平台，如图2-50所示。公众号被提交到导航网站后也能被百度搜索到，从而增加用户的微信公众号被搜索到的概率。

▲ 图2-50　提交公众号到微信导航网站

**利用微信发红包宣传公众号**

微信的发红包也是一个不错的推广方式，用户创建一个红包输入祝福的话时，就可以把公众号宣传的信息加进去。用户通过送红包带给粉丝小福利，从而吸引粉丝的关注和加入。

## 2. 利用卡券功能为粉丝发放优惠卡

企业微信公众号管理后台有一个“卡券”功能，一经开通后就可以“自制”出一些优惠折扣的卡券，再通过微信公众号将卡券推送给粉丝用户，即可完成一次优惠促销的活动。开通和使用该项功能的操作比较简单，大致分为以下几个步骤。

**步骤1：** 先在“添加功能插件”页面里找到并单击“卡券功能”选项，然后在右方页面中单击“开通”按钮，如图2-51所示。

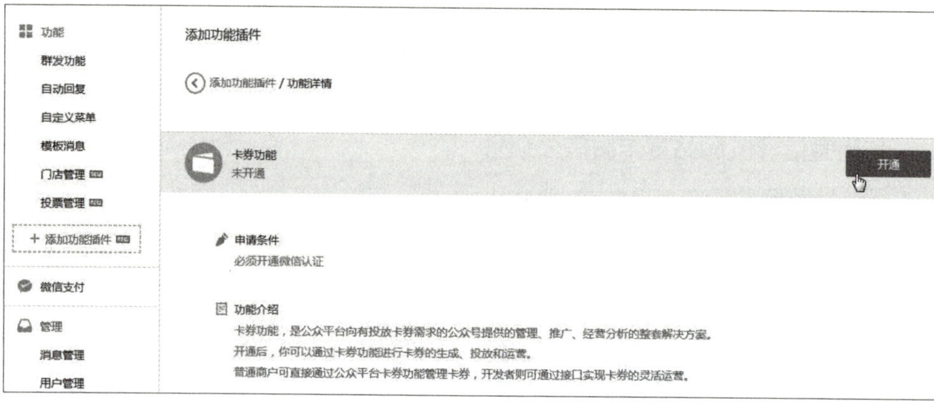


▲ 图2-51　开通卡券功能

**步骤2：** 在“填写信息”页面填写卡券的相关信息，包括商户名称、商户LOGO、申请的卡券类目以及对于该卡券的说明等，如图2-52所示。微信官方会要求商户根据所选的卡券类目提供相应的资质证明，例如，商户要发放话费充值卡就要提供电信业务经营许可证资质。商户完成这些信息的填写并提交，待微信官方审核无误后，赠优惠卡券活动就可以上线了。

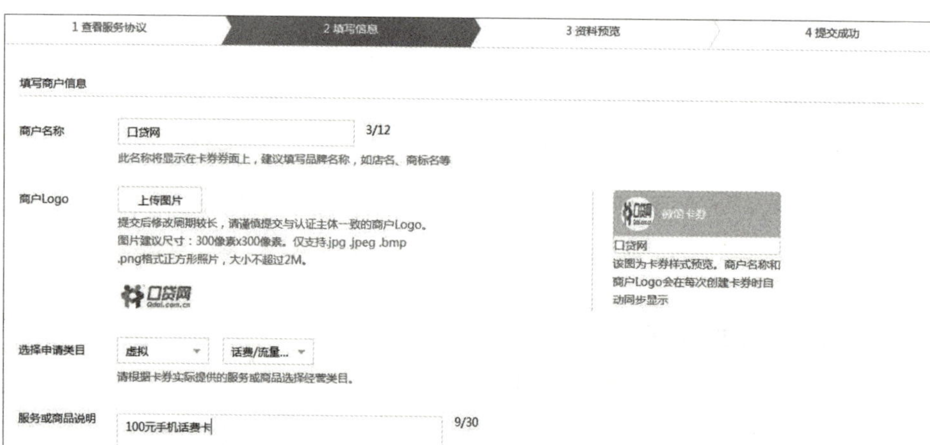


▲ 图2-52　填写卡券申请的相关信息

**小知识**

可以发放的卡券类型主要包括以下两种。

- 不带储蓄功能的普通卡券：免费领取的代金券、折扣券、礼品券、团购券、通用优惠券以及门票、电影票、飞机票、红包、无储值功能的会员卡。免费、付费领取均可，可采取任何支付工具，与微信公众平台无直接关联。
- 带储蓄功能的储值卡：如有储值功能的会员卡。需提交预付卡备案，审核通过后开通。

CHAPTER 03

# 新浪微博 粉丝哲学的大本营

△ 新浪微博是一个由新浪网推出，提供微型博客服务的网站，给广大网络用户提供图片、视频和音乐等分享功能。就平台属性而言，新浪微博有着较为明显的新闻特征，其活跃用户没有随着微信的兴起而没落，反而因为其媒体属性与其开放性被用户广泛接受，和微信一道成为当下流行的两大网络社区。

△ 企业想要通过新浪微博实现营销赚钱，就要充分运用好新浪微博强大的粉丝基础，将"粉丝哲学"运用到极致。本章将从微博的内容、微博工具的使用以及营销监测等方面，为大家详细分析基于新浪微博的赚钱经。

## 3.1　赚钱的前提是有粉丝数量基础

对于一个网络社区平台来说，用户基础是其存在的基本条件，没有活跃用户的社区就谈不上营销推广。微博平台有多个，如新浪微博、腾讯微博和搜狐微博等，但新浪微博是用户量最大的平台，目前已经具备亿级体量的用户基础。

对于企业来说，在新浪微博的平台上建立官方微博（以下简称官微）后的一个首要工作就是有效地扩充自己官微的用户数量。有用户关注，企业传播的信息才有展播的价值。

### 3.1.1　微博的内容生产很重要

一个新创的企业官方微博，要想获得最大化的信息曝光，必然需要用户去传播、去转发，而如何让陌生的微博用户对企业发布的信息感兴趣呢？最重要的就是从产品层面去挖掘内容并向用户推荐。

一个比较成熟的内容生产方法是：企业官方微博的内容信息尽量多样化，而且最好每条微博信息都附带相关的图片或视频等多媒体信息。这样的内容具有较好的浏览体验，相较于干巴巴的文字更具有吸引力，如图3-1所示。

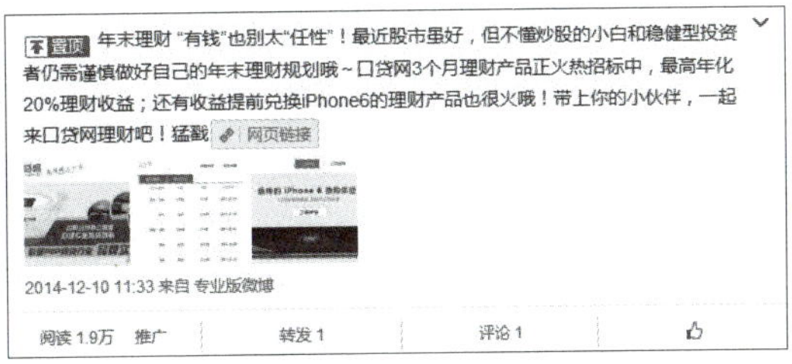


▲ 图3-1　图文并茂的理财产品广告

**案例回放**

**口贷网图文并茂的理财产品广告**

微博的内容应尽量含有当下热门话题的关键词，这样会非常利于在微博搜索时得到曝光的机会。只要发布的内容有价值（不管是娱乐价值还是阅读价值，甚至与产品和品牌无关也可），那就可以为该微博账号带来不错的传播效果，如图3-2所示。

图3-2中，婚礼公司的微博号分享热门明星婚礼的LOGO图集，在当时盛大婚礼吵得火热，这样的图文内容必然会吸引粉丝眼球。

▲ 图3-2 充分利用热门事件

当然，微博内容最好是结合热点又能融入自己的产品信息从而实现营销，如此既能引发用户的兴趣，又能趁机推广品牌，这比单纯发布热点内容更有价值。

**案例回放**

### 可口可乐结合热点与产品的营销

在“星球大战”第7集进行全球预热的时候，可口可乐也适时推出了相应的微博广告，如图3-3所示。这样的产品营销内容，既紧跟热点，又有效传递产品价值，并且制作难度不大，制作成本也不高，可谓是物美价廉的广告。

▲ 图3-3 可口可乐集合热点与产品的营销内容

**专家提点**

另外，企业还要注意微博内容更新的频率，应该每天有规律地更新官方微博信息，数量建议每天控制在10条左右，一小时内不要连发几条信息，善于抓住上下班高峰时间更新信息（随后章节会详细介绍）。

## 3.1.2 主动去“发现”粉丝

要提升企业官方微博的粉丝数量，除了以优质内容吸引粉丝外，还要善于寻找新浪微博中的各个传播入口。主动关注是基本的一个操作入口，在新浪微博“发现”频道下有一个“找人”的分类，如图3-4所示，这里就是发起主动关注的最佳场所。

▲ 图3-4　新浪微博找人功能

主动发现粉丝，也要讲究策略和步骤。例如，一个理财类的企业官方微博，首先可以搜索并关注一些业界的专家和名人，如图3-5所示。根据关注业界专家的博文，可从中得到行业发展信息，有助于自己企业的发展。

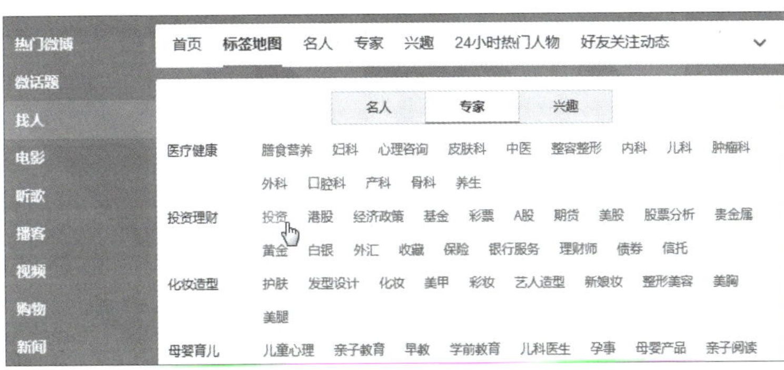


▲ 图3-5　率先关注行业专家

另外一个可以去主动发现的对象就是时下的热门人物，如图3-6所示。微博热门人物不仅在一小段时间里可以成为话题热点，而且企业微博如果能够与其互动，则可能和关注这些热门人物的更多粉丝产生互动。这相当于就是利用名人、热门事件来借势传播，这样的传播效率是相当高的。

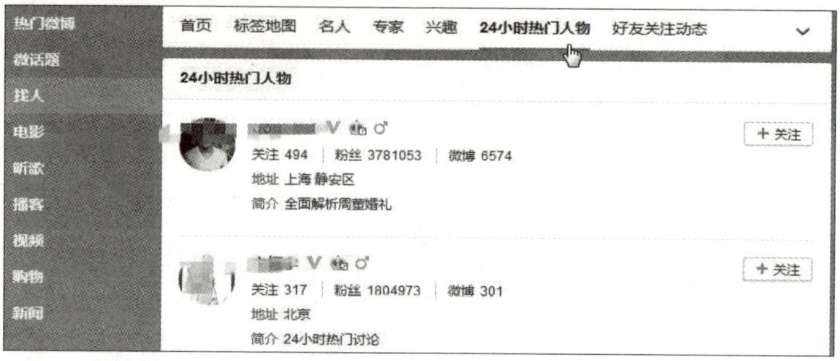


▲ 图3-6　关注热门人物

**小知识**

新浪微博关注人数有上限（关注人数最多2000），在通过关注他人来增加自己粉丝数量的过程中，应当有所节制，不要在短时间之内将关注人数达到上限。增加粉丝数量是一个漫长的过程，需要循序渐进，应当做到：每天都关注，每次少关注，这样远比短时间的效果要好。

### 3.1.3　利用转发和评论进行互动

仅靠主动去关注对方，如果不和对方产生持久的互动，那这种单方面的关注，对于企业官方微博的有效扩散也没有太多帮助。

当企业微博已经初具粉丝基础后，接下来的一个工作重心就是要善于进行转发和评论。转发他人的微博，可以大大增加对方的好感度；认真评论他人微博，可以增加与他人的互动，吸引更多人来关注正在营销的微博。

#### 1. 转发行业新闻

营销企业每天要做的一件事就是有节奏地更新企业微博的内容，但是每天的微博内容不可能都由企业自己逐条编写，有时也可以从其他行业微博中转发一些新闻消息。这样一方面可以丰富自己微博的内容；另一方面也会大大增加对方的好感，对方也可能会主动转发己方的微博内容，这样就可以增加互动的机会和曝光度。

**案例回放**

**二手车微博转发行业新闻进行互动**

一个做二手车的企业微博，可以去新浪财经这样的行业微博中发现一些与自己行业相关的微博内容，转发该内容的同时，还可以一并巧妙地配上自己的营销内容并评论给新浪财经，如图3-7所示。

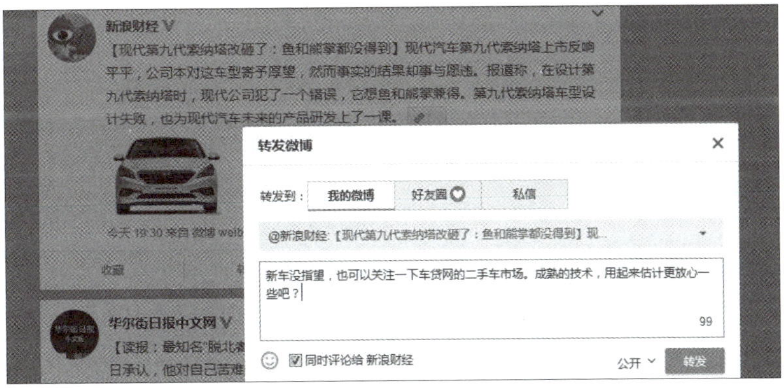


▲ 图3-7　转发行业新闻并评论

这样的转发效果会比较好，因为有相当一部分微博用户很喜欢看热门微博下的评论，当他们看到该企业微博转发时的点评，如果能正好满足他们眼下的一些需求，那么他们就会有兴趣去点开该企业微博，而且还有可能会关注，这就增加了微博的粉丝数量。

### 2. 评论的同时别忘了点赞

微博应用中的点赞是表示认同某个观点，获赞越多，越有机会扩大知名度。同时，收到点赞多的微博排名会靠前。因此，除了在热门微博后面加之言语犀利的评论外，还要用自己的小号为自己点赞，或者采取自己为自己点赞的方式提升排名。给自己的评论点赞，这其实是一种评论的技巧，可以提升评论的排名名次。企业微博抓住眼下热门的微博进行评论，评论的内容不一定非要加入品牌信息，只要观点独特、言语犀利一些就可能被大家关注到；评论完了再通过增加点赞数量提升名次让更多人看到，这是成为热门微博中热门评论的一种有效方式。下面来看一个具体的实例。

**步骤1：** 先从热门话题中寻找一个最热的话题进入。例如，“带着微博去旅行”的微博话题，已经受到了11.3亿人的关注和评论，这样的话题当然是最热的一种，如图3-8所示。

▲ 图3-8　寻找热门话题

**专家提点**

通过"发现"页面下的"微话题"就能轻松找到每日新浪微博中的热门话题排行榜。评论这样的热门话题，比较容易被更多的微博用户看到。

**步骤2：** 选择并进入话题页面后，①输入对话题的评论，要注意语言的合理运用，尽量使评论语言网络化一点，观点独特一点，戳中大家的看点才会被人关注到；②评论完毕后单击"同时关注主持人"复选框，这样也能增加曝光概率，最后单击"发布"按钮。

**步骤3：** 从热门话题下方的评论栏中找到自己的评论，并点赞，如图3-9所示。这样做的目的是巧妙地运用新浪微博的排行机制，来让自己的评论排序更靠前，增加曝光机会。

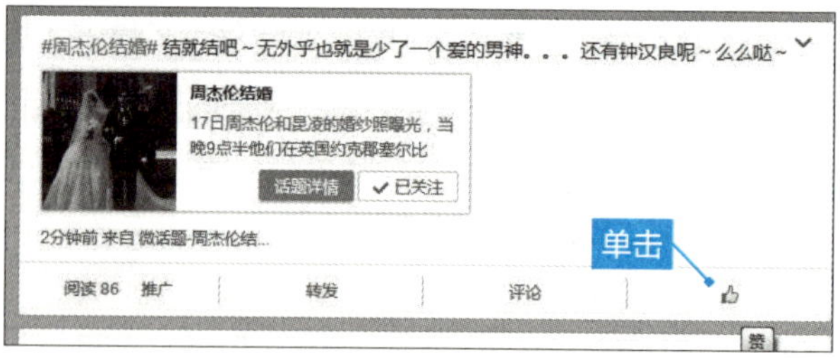


▲ 图3-9　点赞自己评论的话题

## 3.1.4　巧用互粉方法提高人气

在微博上，关注他人的行为称为"粉"，互相关注则叫"互粉"。"互粉"是增长微博粉丝的重要方法，如何才能在短时间里获得更快的粉丝增长？其实可以利用新浪微博的插件工具，如“互粉小助手”，就是通过“关注得金币”的激励机制，来促使更多的微博用户关注。具体使用方法如下。

**步骤1：**打开微博应用广场，①在右上方输入“互粉小助手”；②单击“搜索”按钮，如图3-10所示。

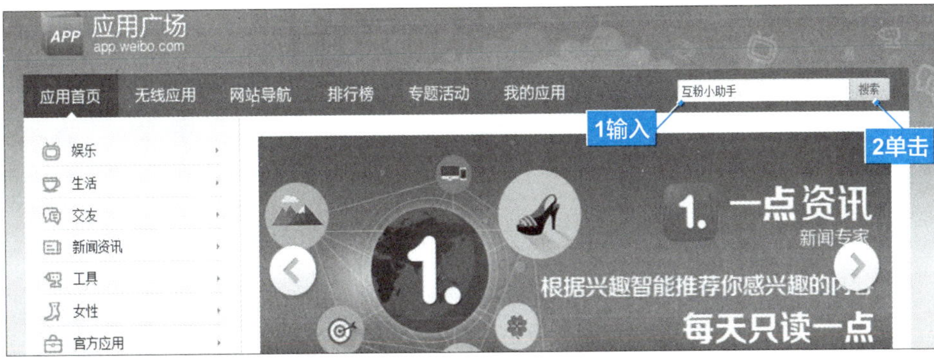


▲ 图3-10　进入微博应用广场

**步骤2：**①从搜索结果中单击“互粉小助手”，如图3-11所示；②在应用授权页面下单击“授权”按钮，如图3-12所示。

▲ 图3-11　单击互粉小助手

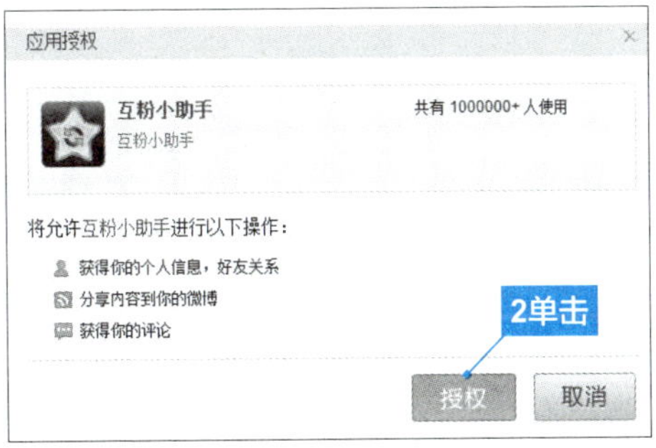


▲ 图3-12　单击授权按钮

**步骤3：**进入“互粉小助手”管理页面，单击“一键关注全部”按钮来主动关注下方推广区中的微博账号，如图3-13所示。

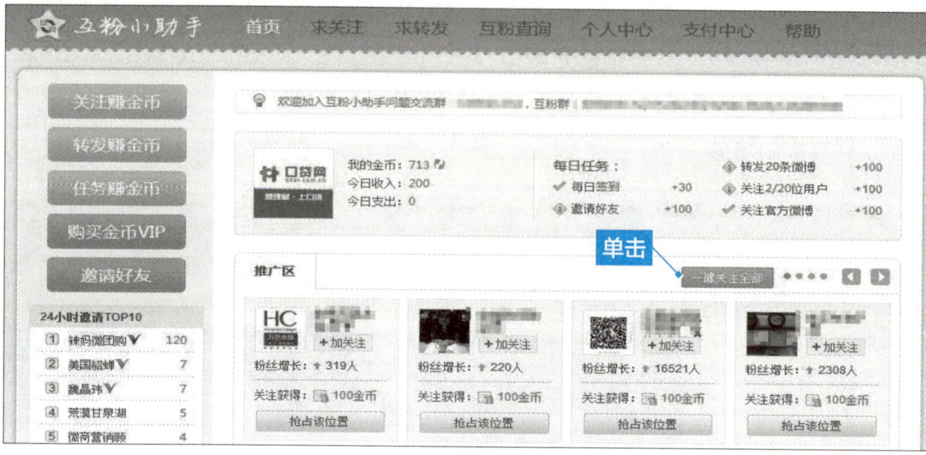


▲ 图3-13　单击“一键关注全部”按钮

**步骤4：**①在页面上方单击“求关注”标签项，如图3-14所示；②设置关注奖励与关注总数等项目；③完成后单击“修改”按钮，如图3-15所示。

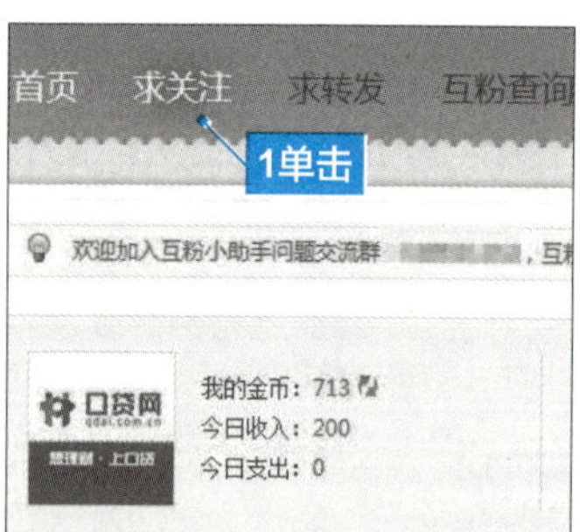


▲ 图3-14　单击“求关注”

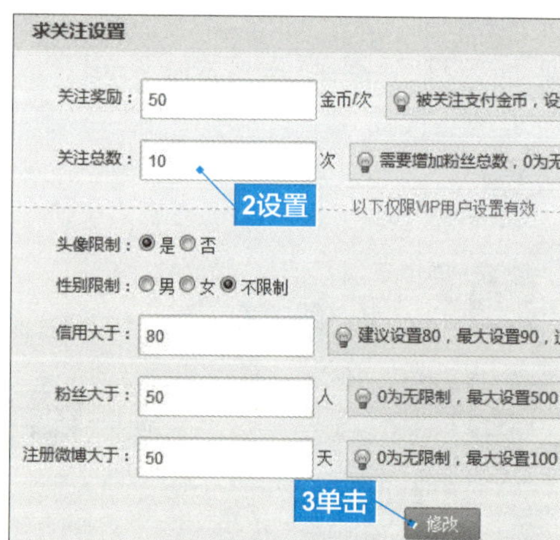


▲ 图3-15　设置关注参数

**步骤5：**完成上述设置后再返回互粉小助手的首页，再次单击“一键关注全部”按钮，然后单击自己微博账号“我的金币”后的刷新按钮，会看到自己的金币在增长，如图3-16所示。而这个增长的金币反过来又可以用于自己微博账号“求关注”

的“开销”。

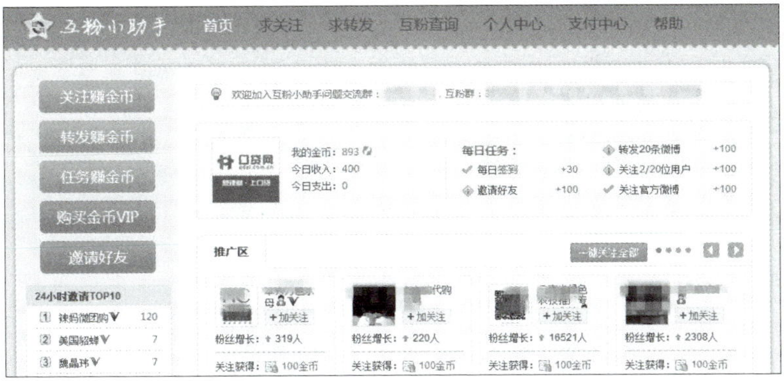

▲ 图3-16　每日金币收入显示

**小知识**

对个人微博而言，可以用“互粉小助手”先赚取金币，赚取的方式就是去关注其他微博账号；当赚取到一定数量的金币后，就可以创建一些关注任务，这样其他微博账号在关注自己微博的同时也能获得金币。正是通过这种互惠互利的方式，利用“互粉小助手”可以在小范围内很快让自己的微博人气得到提升。当然，如果企业有专项营销资金，也可以直接购买金币来获取关注，效率会更高。

## 3.1.5　善用标签紧跟热门话题

标签是一种简单的词语，用来标注一条微博的特点。例如，发表一条关于教育儿童的微博，则可以在微博中带上“育儿”的标签；或者发表一条关于美食的微博，则可以带上“美食”的标签。其他人在搜索标签“育儿”或“美食”时，带有相应标签的微博会被集中地呈现给用户。

在新浪微博中规定，夹在两个“#”号中间的文字均会被识别为标签，如图3-17所示。

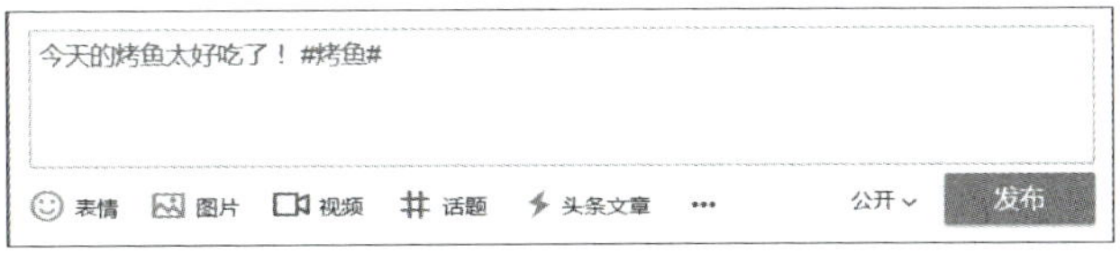


▲ 图3-17　在微博中加入标签

**小知识**

一条微博可以添加多个标签，标签和标签之间最好使用空格进行间隔。一条微博附带的标签不宜过多，一般1~3个即可，否则会让看到该条微博的粉丝觉得标签太多，视觉上很繁杂，影响阅读感。

带标签的微博发表后，即可在自己的微博首页看到。其中标签呈现出不一样的颜色，并且可以被点击，如图3-18所示。

▲ 图3-18　微博的标签可以被点击

当单击图3-18中的“烤鱼”标签时，就会跳转到相关的话题页面，该页面显示的全部是带有“烤鱼”标签的话题，如图3-19所示。

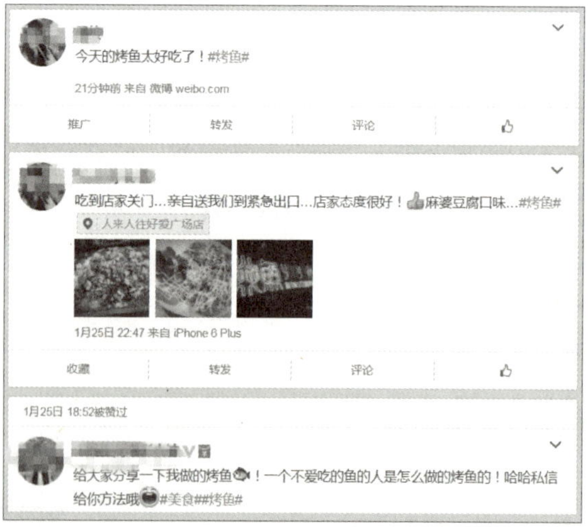


▲ 图3-19　具有相同标签的微博

这样，本来不太可能看到自己微博的用户，因为在其他微博中单击了“烤鱼”标签，从而跳转此页面，就有可能看到自己的微博，这就扩大了自己微博的接触面，受到关注的可能性也增大了。

**专家提点**

通过紧跟热门标签，也可以在热门微博里露一小脸，增加“出镜率”。要查看热门标签，可以在微博首页右上方单击“发现”超级链接，跳转到相应页面进行查看即可。

## 3.2　草根微博的赚钱之路

草根微博是指身份普通的网友使用的微博。这类微博通常是用户个人根据自己兴趣创建起来的。草根微博用户在和网友分享自己的心得、眼界的同时，其实也可以通过自己微博不断增长的网络人气，来赚取一些收入。本小节即和大家分享一些草根微博的赚钱思路。

### 3.2.1　主动联系商家合作实现共赢

一个普通的个人微博账号，想要获得商家的青睐，需要有一个精心准备的过程；同时也需要对自己的微博有一个“养”的过程。

首先，这个准备过程可能需要一点时间来组织自己的微博内容，具体包括微博内容的定位、找准几个准备合作的商家对象等，也就是要“对症下药”，针对想要合作的商家来建设自己的微博内容，这样才最有针对性。通常说来，对于普通用户而言，最简便易行的方向就是食、住、行这些方向。下面从几个步骤来具体说明草根微博用户如何做好准备来主动出击。

**步骤1：**选择内容方向。对于男性用户而言，可以考虑数码、游戏、旅行一类的商家；而女性用户则可以倾向于化妆品、美食、影音和育儿一类的商家。用户针对自己可能比较感兴趣、或是容易实施的方向来制作微博内容，会更得心应手一些。

**步骤2：** 选定方向后，制作微博内容。例如，对于一个美食分享类的微博而言，博主自己每天接触的美食以及每天在家制作的美食，都可以拍图分享出来，一定要注意附上自己的心得，如图3-20所示。微博每天都需要有内容更新，这样做1~2个月，微博内容就非常丰富了。平常博主再注意转发一些类似微博的消息过来补充，这个自成一体的美食自媒体也就初具形态了。

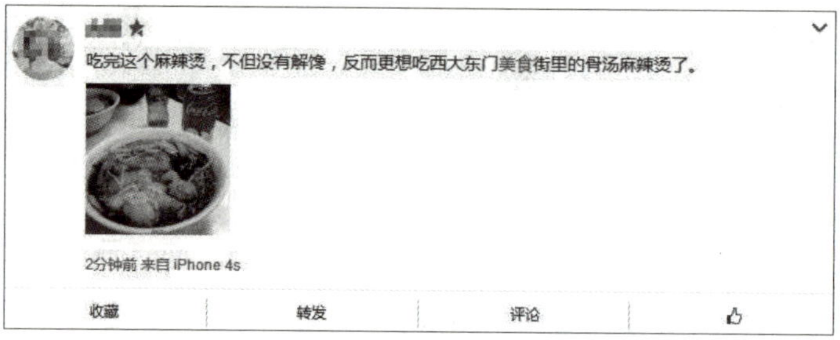


▲ 图3-20　分享美食心得

**步骤3：** 发展粉丝。这个除了常规方法外，还可以走一些捷径。例如，现在网上有许多地方提供加粉的服务，通过QQ群搜索也能找到许许多多微博互粉的交流群；用户多加一些互粉交流群并且每天多发言交流，这样对于增加自己的微博粉丝数量会非常有帮助。

**步骤4：** 主动联系商家。现在是一个酒香也怕巷子深的时代，用户要主动向商家展示自己的微博，提出自己微博的诸多有特色之处，特别是要提到商家营销的一些诉求点正好可以在自己的微博上得到满足。对于有意通过网络营销的商家而言，也会去关注一下对方的微博内容，发现对方的粉丝够多，微博内容吸引人，自然也就愿意进行合作。

**专家提点**

关于合作的方式，初期时个人微博可以不用太考虑赚钱的问题，可以从提升人气的角度来营销。例如，用户说服商家通过自己的微博来搞一些线上活动、纯义务为商家的美食在微博上做推荐等，通过这些免费义务的劳作来带动商家相关的其他商家来关注你。后期赚钱的门路自然就会广起来。

## 3.2.2　登录微博微任务接单

微博有商家宣传的价值，那么自然也就有普通用户的赚钱空间。伴随新浪微博开放微博任务，普通用户通过微博来赚钱也成为可能。也就是说，普通用户只要拥有一个有不错粉丝量的微博账号，然后再登录新浪微任务页面，按下述步骤操作来接单即可。

**步骤1：**登录新浪微博微任务官方页面，①输入微博账号和密码；②单击“提交”按钮，如图3-21所示。

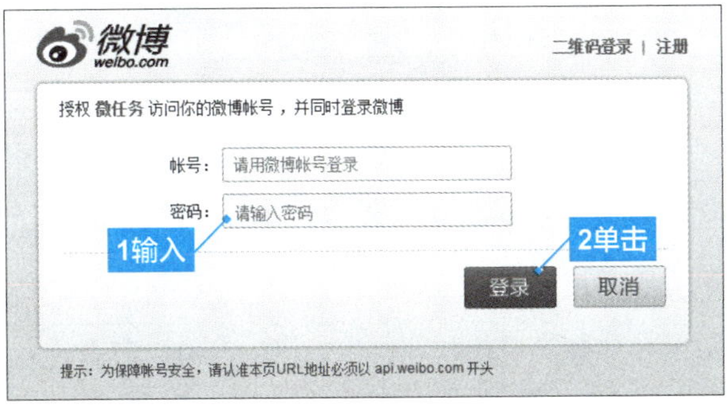


▲ 图3-21　登录微任务

**步骤2：**单击“授权”按钮对微任务进行授权，如图3-22所示。

▲ 图3-22　授权微任务

**步骤3：**①按要求输入需要的信息并用真实手机号验证；②单击“提交”按钮，如图3-23所示。

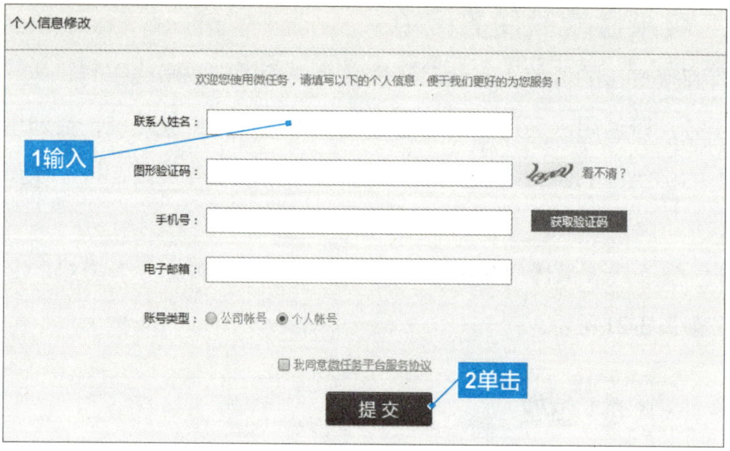


▲ 图3-23　完善个人信息修改

**步骤4：** 接下来是选择接受任务的界面，如图3-24所示。界面中有3个选项，分别对应于有不同需求的用户。“个人用户”是用户需要推广自己微博时选择；“企业用户”则是商家们投放推广微博时选择的一项。要通过微博赚钱的个人用户就单击“自媒体账号”下的“我要接任务”按钮即可。

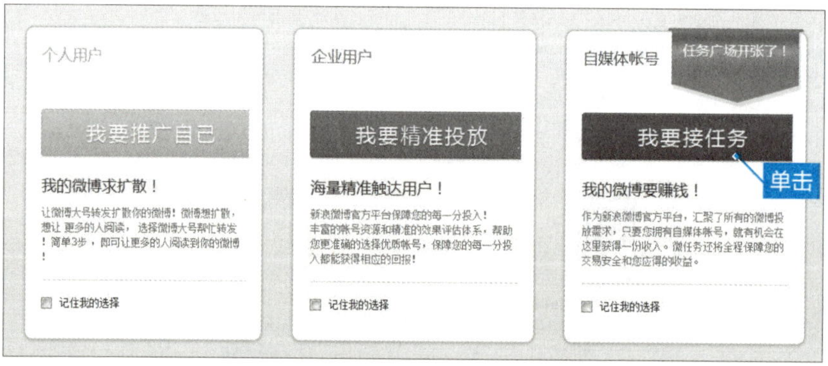


▲ 图3-24　单击“我要接任务”按钮

**步骤5：** 进入个人接单任务管理页面。初次使用会提示开通相应的接单方式，有“直通车接单”“任务通接单”和“账户托管”3种方式，如图3-25所示。第一次接触微任务的用户建议采取“任务通接单”的方式先进行操作尝试，待熟悉流程了再转向其他两种方式。

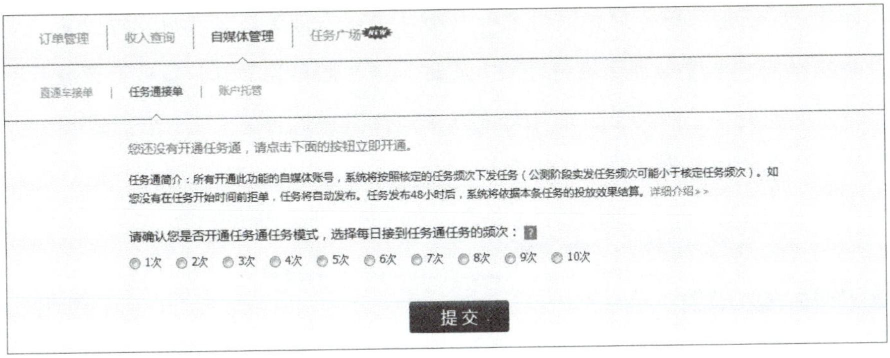


▲ 图3-25　开通任务接单的方式

**小知识**

“直通车接单”属于一种竞价接单模式，需要用户自己设定一个价格范围，设置不当的后果就是接单概率非常小，对于初次接触微任务的用户而言建议不采用这种方式。另外，微任务在任务成功完成后，收取任务结算费用的30%作为平台服务费。

**步骤6：**上述步骤中选择任务接单方式是一种被动的任务接收，新浪微博其实还给普通用户提供了一个“任务广场”即用户可以主动领任务的地方，如图3-26所示。在“任务广场”页面下，用户挑选相应的任务后，单击“马上就赚”按钮即可。

▲ 图3-26　任务广场页面

**步骤7：** 任务广场为用户提供了一个相对宽松的接单模式。用户可以马上发送这条赚钱微博，也可以自己定个时间来发送。这样的微博信息，赚钱的原理就是将这条信息发布到自己微博后，其他好友点击这条微博链接就有收入了，如图3-27所示，这条信息的任务价格就是0.56元/点击。

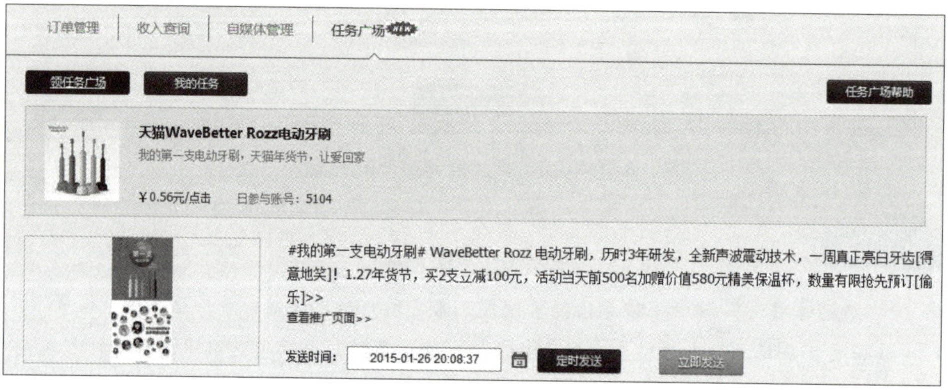


▲ 图3-27 定制任务发布时间

**专家提点**

目前任务广场提供的赚钱任务并不是很多，但只要自己的微博平常互动活跃的粉丝数量较多，那么用这样的方式来赚取一些零花钱还是没问题的。当然，在选择这些任务时要注意基本贴合自己的微博风格，例如一个一直专注于3C数码领域的微博，就不要去接关于育儿产品的任务。

### 3.2.3 威客任务也是微博赚钱路

“威客”这种赚钱方式其实由来已久，简单地说就是通过互联网把自己的智慧、知识、能力、经验转换成实际收益的一种网络商业模式。威客同样也是一种任务驱动模式，有能力的人可以在专门的威客网站上通过接单的方式来实现“能力赚钱”。当然，如果你有一个自己的微博账号，也可以在威客网站上接下相应的微博任务，来赚取分享转发的报酬。下面以在“猪八戒”这个威客网上的操作为例介绍威客赚钱模式。

**步骤1：** 注册和登录猪八戒网。如图3-28所示，猪八戒威客网提供了多种登录方式，如果不想重新注册，那就用淘宝账号、新浪微博账号或是QQ账号来关联登录。

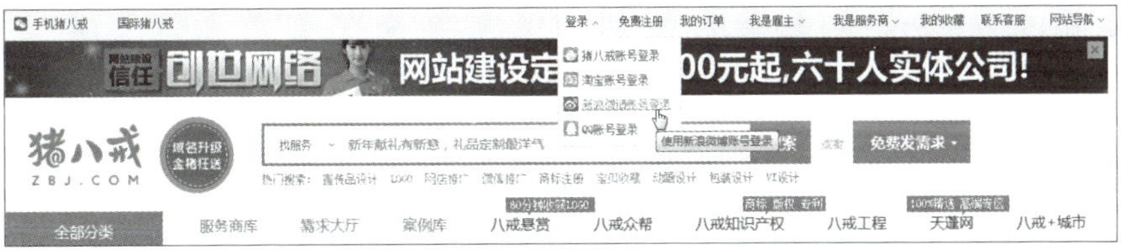


▲ 图3-28　注册和登录猪八戒威客网

**步骤2：** 接下来寻找任务，①先在任务搜索栏左方选择“找需求”一项；②然后输入关键字“微博”，表示要找的是与微博相关的赚钱任务；③单击“搜索”按钮；④从搜索结果中单击一项感兴趣的任务。操作步骤如图3-29所示。

▲ 图3-29　搜索威客任务

**步骤3：** 进入任务页面后，用户首先应该关注的就是发布任务方（也就是雇主）提供的任务报酬，以及基本的接任务要求，如图3-30所示。

**步骤4：** 接下来的重要工作就是根据雇主的要求来做任务和交任务。用户一定要仔细看清楚任务条件里列选的每一项，满足哪些条件才能接任务，哪些微博账号不能接任务，看清楚再决定是否接下任务，如图3-31所示。

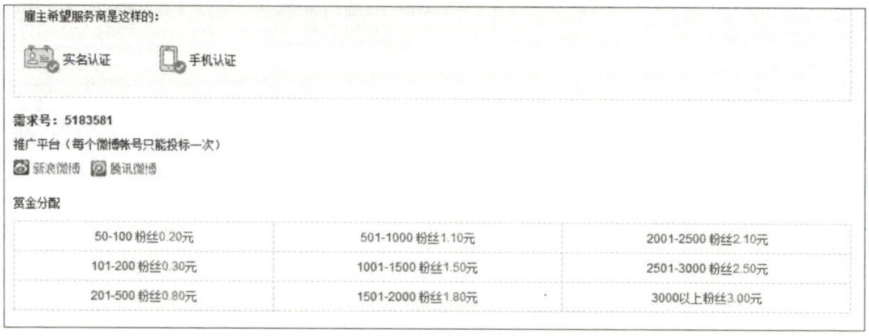


▲ 图3-30　看清任务报酬

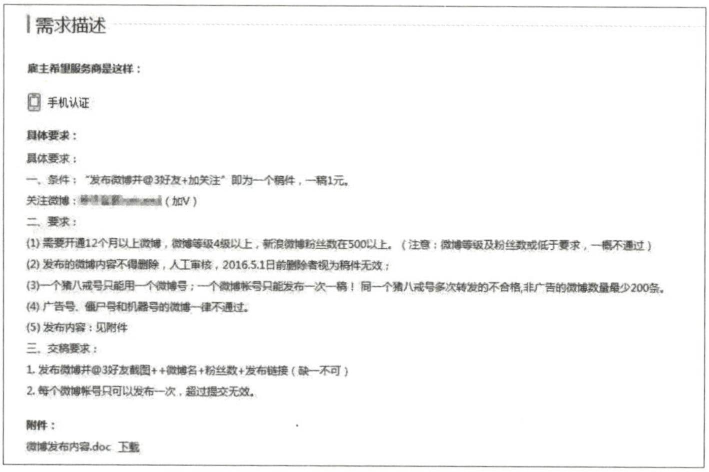


▲ 图3-31　注意雇主提出的任务条件

**小知识**

威客任务通常都有一个时间范围，一般为7~14天。也就是说雇主在这个时间段里等待所有参与者提交任务；待设定的时限到达时雇主会统一进行审核，对于符合条件的接单人即会发放相应的任务报酬。

## 3.2.4　加入其他微博赚钱中介平台

其实，不管是新浪微博官方的“微任务”，还是3.2.3小节中介绍的猪八戒威客网，本质都属于一种微博赚钱的中介平台。类似这样的中介平台在互联网上还有很多，本小节就为大家再推荐一些。

### 1. 微推推任务平台

“微推推”和猪八戒类似，都属于一种以个人为媒介的微博营销平台，网站页面如图3-32所示。这个平台的赚钱操作比较简单，用户只要在平台上注册一个账号然后认证自己的微博账号，就可以开始转发微博赚钱了。用户收到的任务报酬满1元即可提现，第一次注册、邀请好友注册都有现金奖励领取。

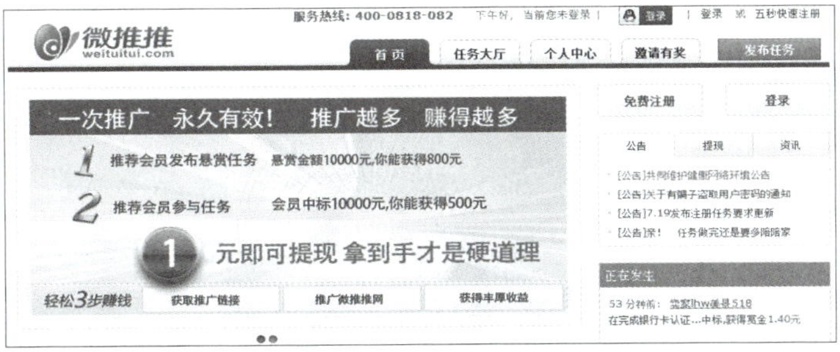

▲ 图3-32 微推推网站页面

### 2. 微势力网赚平台

微势力平台的资源比较丰富，拥有个人互联网资源（个人微博、个人主页、个人空间、个人网站等）的用户，都可以将自己的资源同步在微势力注册，然后领取符合自己要求的企业推广任务，完成任务后将获得相应的报酬。而且，用户不仅是可以通过微博转发来赚钱，还可以通过包括市场调研、外链推广、兼职编辑、注册用户推荐、广告接收等任务来获取任务报酬。微势力网站页面如图3-33所示。

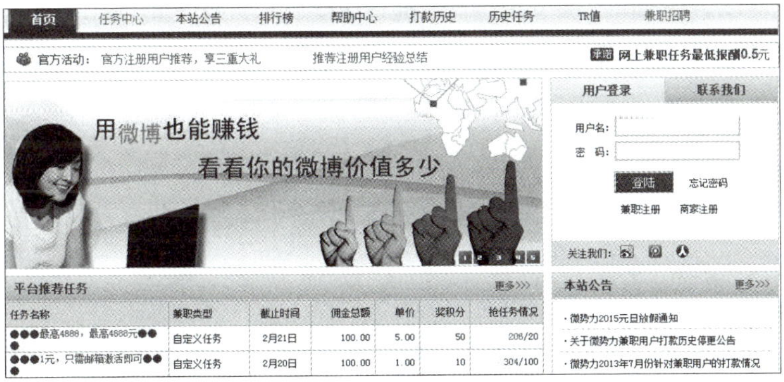

▲ 图3-33 微势力网站页面

### 3. 时间财富网威客平台

时间财富网的前身就是“威客中国”，属于国内比较早期的一批威客类任务平台，2006年9月就已经成立，网站页面如图3-34所示。发展到现在，时间财富网已经拥有非常庞大的用户基础，任务量以及任务金额也非常的可观；在该平台同样也能找到非常多的基于微博转发赚钱的任务。用户如果对于中小平台不太信任的话，时间财富网以及前面介绍的猪八戒网，都是不错的选择。

▲ 图3-34　时间财富网站页面

## 3.3　企业官方微博的赚钱策略

在新浪微博开通“微博支付”服务以前，企业官方微博的线上营销还并不能真正落实到“赚钱”上，仅能够实现基本的信息曝光目的。不过现在情况就大不一样，企业可以将自己的产品或服务直接通过微博展示，感兴趣的用户可以直接通过微博链接、微博钱包完成线上支付。

所以，企业想要通过自己的官方微博打通“赚钱”的道路，不管是微博“门面”的装修，还是微博内容的精心营造、甚至是每一次转发评论，都需要下足功夫揣摩到广大微博用户的兴趣点。本节即会向大家分享一些企业官方微博在运营过程中，应该要把握的一些赚钱策略。

### 3.3.1　为企业账号申请微博官方认证

企业需要通过新浪微博来做营销，并最终实现赚钱的目的，那么首先就要申请一个微博账号并进行官方机构认证（即加V认证）。经过加V认证后的微博才能真正称得上是企业官方微博，也更有品牌形象以及说服力。而且，当企业微博通过官方认证后，不仅能在搜索结果中优先显示，同时还可以使用专业版微博产品来获得更多高级营销功能。

下面就来看看，如何为一个企业微博账号申请官方认证。

**步骤1：** 打开微博认证页面，在页面左方单击“申请官方认证”按钮，如图3-35所示。另外，用个人微博账号登录后，从页面右下角也可以找到“申请认证”的链接入口，如图3-36所示。

▲图3-35　单击申请官方认证按钮

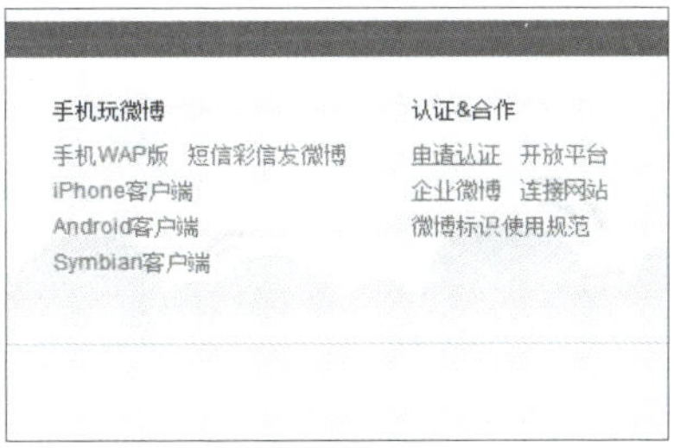


▲图3-36　单击申请认证按钮

**步骤2：** 进入新浪微博官方认证页面后，会看到4个相关的认证选项。企业需单击“企业官方认证”一项下面的“立即申请”按钮进入认证步骤，如图3-37所示。

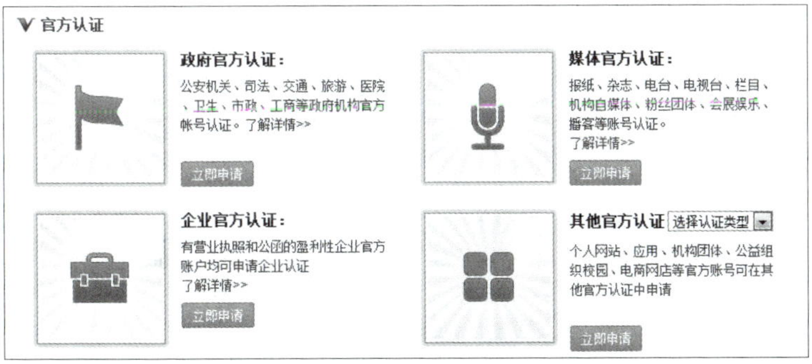


▲图3-37　立即申请企业官方认证

**专家提点**

申请新浪微博官方认证，也就是给微博账号旁边加上一个蓝V标志，有此标志的，表明微博官方已经验证该机构组织的真实性。这样的认证，最大的作用就是可以帮助企业通过微博来提升品牌公信力。要注意的是，微博官方认证是完全免费的，任何收费的认证行为都是虚假欺骗的。

**步骤3：** 接下来就是填写与企业相关的真实信息了，包括企业名称、营业执照、企业公函等信息，如图3-38、图3-39所示。填写时需要注意微博昵称须与企业营业执照登记的企业名称一致。

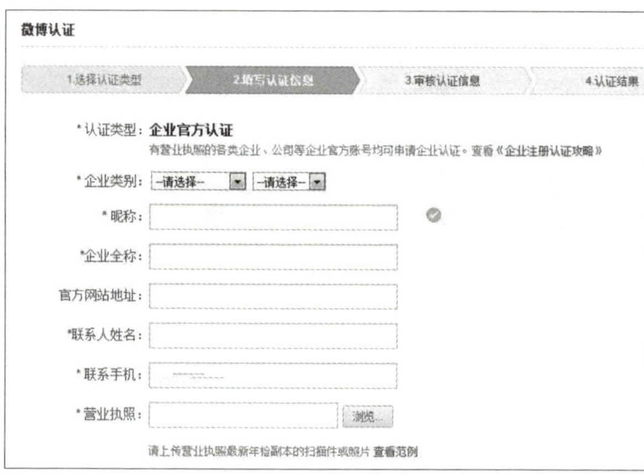


▲ 图3-38　填写企业全称上传营业执照

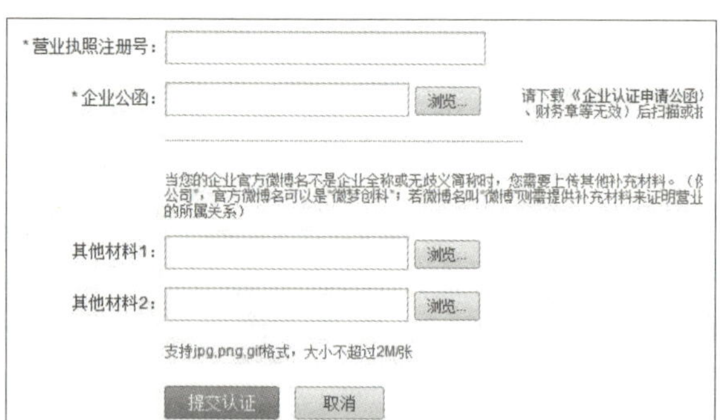


▲ 图3-39　上传企业公函等材料

**步骤4：**准备认证材料时相关的规则以及准备注意事项如图3-40所示。随后，企业继续按页面提示完成认证申请并等待审核通过即可。

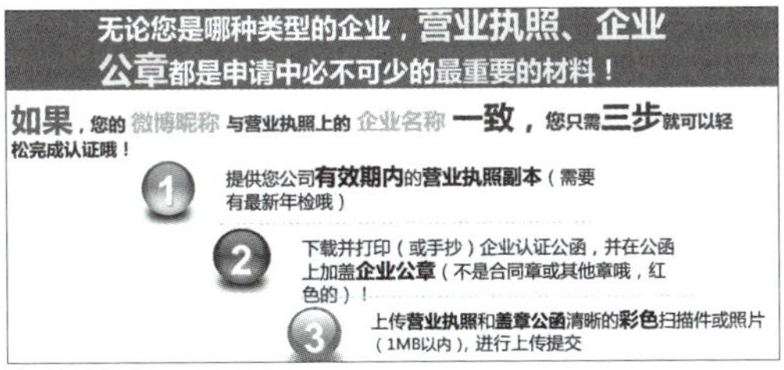


▲ 图3-40　认证所需准备重要材料

**专家提点**

在认证过程中碰到的相关问题，可以通过@企业微博助理以及@企业认证服务这两个微博号进行咨询，它们都是新浪官方的技术支持微博，如图3-41所示；另外也可以拨打4000980980客服电话进行咨询。

▲ 图3-41　企业认证服务咨询

### 3.3.2　装点门面突出营销卖点

企业官方微博的主页也是品牌形象的一个展示地，作为企业"门面"之一，应当注重其美化处理，将企业的服务核心精练地表达出来。除了微博头像这个基本的美化点之外，企业微博还可以通过以下简单的步骤来自定义微博主背景画面。

**步骤1：**登录企业官方微博账号后，进入企业官方微主页，单击页面右上角的"模板设置"彩色按钮，如图3-42所示，即可进行主背景画面的调整。

**步骤2：**然后，页面下方会出现一个编辑框，如图3-43所示。新浪微博为用户准备了“套装”和“自定义”两种调整方式。其中“套装”方式，提供了新浪微博官方内置的为数不多的几套整体风格模板，点击即可快速完成调整。

▲ 图3-42　单击模板设置按钮

▲ 图3-43　直接应用套装模板

**步骤3：** 当然，如果想要更加鲜明地突出自己企业官方微博的特色，并且希望借官方微博来达到品牌信息的展播，那么也可以利用新浪微博提供的“自定义”功能，根据要求的尺寸制作并上传背景图，展示与对齐方式均可以在实时预览状态下进行修改和调整。

**小知识**

对于微博背景图，新浪微博有一些简单的规范要求。图片格式要求是JPG或是PNG，图片文件小于5MB为宜；另外，新浪微博建议的背景图尺寸为980 px × 1440 px，背景图选择居中锁定。

由于话题内容不断更新变动容易被错过，首页背景图则相对更持久也更容易被记住，其形象展示的作用是不应该被忽视的。当然，用户通常到达的地方是企业发布的微博消息页面，除非单独访问否则看不到企业微博首页，所以对于企业官方微博首页的装饰也只是营销的途径之一。

## 3.3.3　利用“免费试用”尝试发现潜在用户

新浪微博为企业官方微博提供了多种活动营销的渠道，具体包括有奖转发、免费试用等。其中免费试用对于大多数企业来说都是一种不错的营销手段。企业官方微博通过发起免费试用的活动，可以尝试发现感兴趣的潜在用户，将他们发展成企业官方微博的铁杆粉丝；然后，这些用户通过试用后的心得发布，即可实现一个基本的好友关系口碑网，更加有利于促进用户进行消费决策。该功能可以在管理中心的营销推广选项下找到，如图3-44所示。

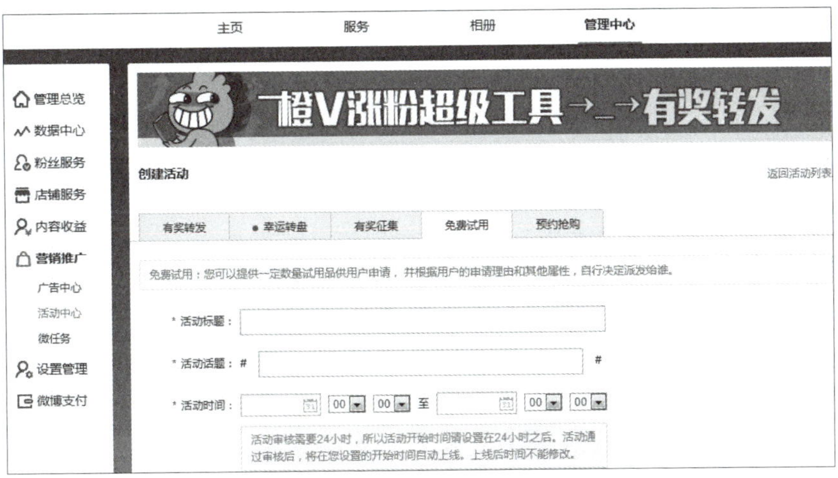


▲ 图3-44　新浪微博免费试用活动

基于微博的免费试用活动需要定义的项目主要有两项。一是参与资格的设定，通常都是关注官方微博并转发分享；二是试用产品的设置，这个必须要事先明确，如图3-45所示。实际上，对于非实物产品销售的企业来说，同样可以通过这种产品试用的方式来进行微博营销。

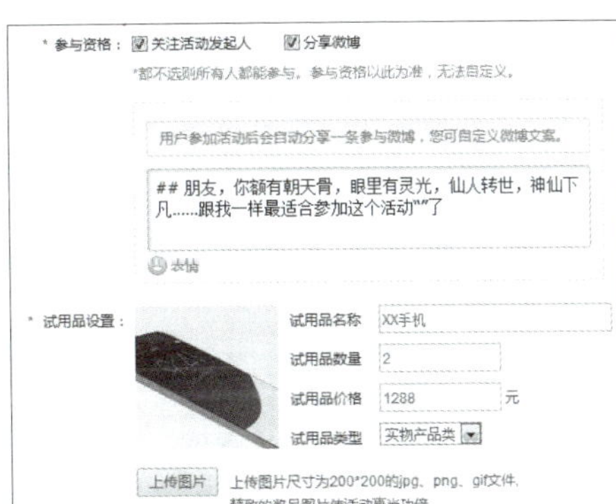


▲ 图3-45　免费试用活动条件设置

例如，一个手机APP应用的企业，可以免费提供两台智能手机并内置企业需要营销的手机APP应用，微博用户拿到手机自然也就接触到了这个APP。当然，最主要的营销效果还是这种免费的大奖带给微博用户的传播热情，企业品牌形象自然也在这种传播中得到了展现。

另外一种免费试用的方式就是不用新浪微博的“免费试用”活动插件，而是直接发布一个免费试用的话题，然后将试用参与的活动页面做到企业的官网上；并通过在微博内容中贴入活动页面地址的方式来引导粉丝转到企业官方网站去参与，如图3-46所示。企业用户可以根据自己的实际需要来灵活定制免费试用活动的开展。

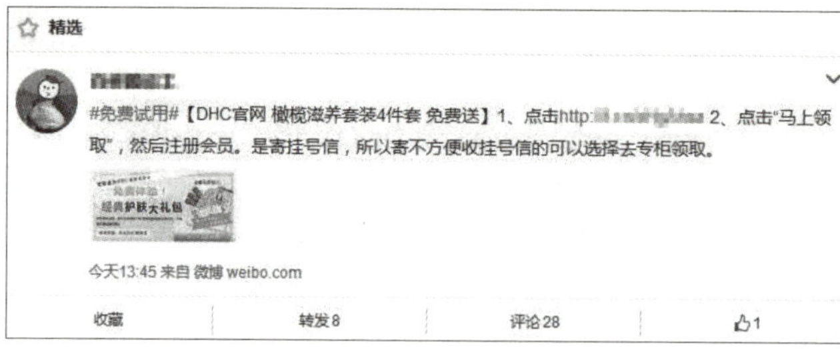


▲ 图3-46　其他形式的免费试用

## 3.3.4　利用新浪微博搜索排行榜制造热门微博

新浪微博搜索排行榜基本上可以说是每天网络热点的“晴雨表”，当前网络以及线下的一些热门事件几乎都囊括在这里。也就是说，这个排行榜里包括的关键词，就是当前微博最热的搜索词。那么，企业用户就可以充分运用这些关键词，将其加入自己的微博信息中，最大化被搜索的概率。查看热门排行榜，最简便的方式就是通过微博首页右边栏中的“热门话题”栏来查看，如图3-47所示。

▲ 图3-47　首页右方的热门话题榜

如果想要更加详细地查看和分析每天的热门搜索排行榜，可按以下步骤进行操作。

**步骤1：** 登录用企业微博账号后，单击页面最上方的“发现”按钮，如图3-48所示。

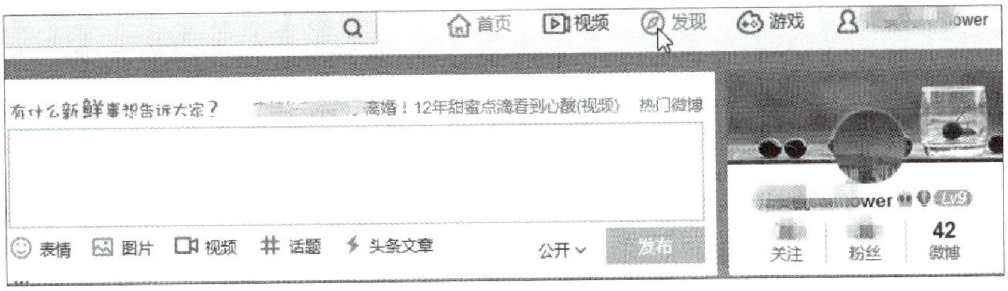


▲ 图3-48　单击发现按钮

**步骤2：** 在图3-49所示的发现页面下，会详细罗列实时的热门微博、热门话题等信息。例如，春节前后，新浪微博的“让红包飞”当仁不让地成为最为热门的话题之一，阅读人次和展现量已经超过数十亿。这样的热门话题关键字，当然可以很好地拿来用于企业微博内容的有效扩散。

▲ 图3-49　详细查询热门搜索排行榜

一般用户搜索内容远多过搜索微博账号，因此想让企业官方微博最大化地扩大曝光范围，那么内容搜索排名就不得不关注。而排名是否靠前，自然就与微博内容的热度关键字有关。那么，如何来将这些热度关键字加入自己编辑的微博内容呢？一个最简单的法则就是：把热度搜索排行榜里的前10位的热词都累积在同一条微博里面！当然这就需要一些技巧来编辑这条微博内容了。

例如，在图3-49所示排行榜里，前3位的热度关键字为“让红包飞”“有种你爱我”“最强大脑”，一个理财型的企业微博就可以融合出这样一条微博推广内容：有种你爱我！只要你爱我，虽然我可能会让红包飞一会儿，但终归会飞到你的理财账户上。最强大脑，最强理财，猛戳这儿了解详情。

**专家提点**

同样将所有热词串连在一条微博当中，不一定每个热词的搜索页面都能排名靠前。各个热词的布局，以及整条微博的布局也是影响关键词能被搜到的重要因素。由此也可以说明一点：一条真正高质量的微博内容，是需要通过精心策划的。

### 3.3.5 制造高质量的微博内容

3.3.4小节简单介绍了一条微博内容如何更大概率地被用户搜索到，方法是在微博内容中植入热度搜索关键词。实际上，想要长久地保持一个较好的被搜索概率，微博内容还必须要保障高质量；高质量的内容是吸引转发的最重要武器。那么什么样的内容算是高质量呢？

- 内容实用化。实用的有价值的内容更容易引起共鸣，转发的概率也会高很多。
- 图片趣味化。图片于微博的作用，就如脸对于一个人的作用一样。多数用户浏览微博，更多的是关注图片是否有趣，有趣即会细读，这样文字被看到的概率也会呈几何级增大。
- 文字诙谐化。轻松诙谐的内容总是会更加吸引用户阅读，谁都不想在本来轻松的微博环境下，还去绞尽脑汁地看什么大理论。
- 角度新奇化。寻找新奇的和企业微博品牌形象相关的内容并第一时间发上去。

有时，企业的品牌形象营销并不一定非要依靠各种硬广告。微博营销的目的是让广大用户随时都能看到、想到自己的微博，潜移默化的营销也同样重要。

例如一个显示器或是一体机电脑的品牌企业，由于日常都需要更新微博，如何换着口味让微博用户持续地关注呢？大家不妨换个角度利用“角度新奇化”来传播品牌意识。如图3-50所示，一条本来传播的是幽默GIF图的微博，如果用户在制作这个图片时把相机稍微向左靠一点，让这个电脑的品牌LOGO也能入镜，那样大家在转发这个轻松搞笑的GIF图片的同时，也就为这个品牌电脑做了广告了。

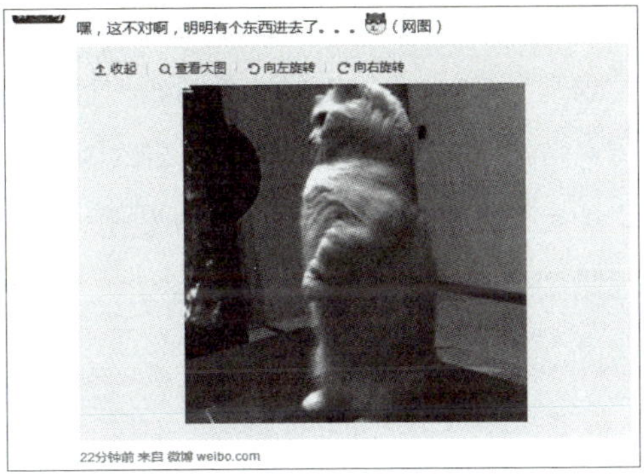


▲ 图3-50　轻松搞笑的GIF图片是高转载内容

## 3.3.6　提高微博转发率让别人帮自己营销

“微博转发”也是一种口碑营销的方式。一个新浪微博用户可以把自己喜欢的内容转发到自己的微博上，并且还可以加上自己的评论。转发后所有关注这个用户的粉丝就都能看到这条微博，他们也可以选择再转发再评论，如此多次扩散，信息就实现了传播。

微博要提高被转发概率，除了3.3.5小节中介绍的要努力提高微博的质量、善于抓住微博用户的喜好、善于利用微博搜索排行榜来提升被搜索的概率外，以下技巧点也同样不可忽视。

### 1. 和加V认证的微博主互动

最佳的营销效果就是和加V网络名人的互动，通过和名人互动会让更多的人关注到企业自己的微博，从而提高微博的转发率。不难想象，如果名人都在转发自己的微博，那么别人还会有理由拒绝么？只是，如何和名人完成对话以及让名人转发自己的微博，这需要大家付出高于常人的耐心去沟通。

### 2. 定期举行各类活动

新浪微博上最普遍的活动形式就是有奖转发，类似于“转发此条微博并@5位用户即可获得抽奖机会”这样的活动，每天在微博上都能看到很多。对于处于闲暇期的用户而言，如果这个转发的内容基本属于其感兴趣的方面，而且奖品的设置也比较诱人的话，大家也是乐于参与的。常见的活动包括以下几种。

- 转发赠送：活动发起方发出一条活动微博，要求用户按照一定格式转发，通常要求至少@3人，并留下邮箱地址，凡是转发者，发起方会往邮箱里发送一些有价值的信息资源，如媒体名录，各种工具软件，或者优惠券等。这样的活动响应人数一般。
- 转发抽奖：活动发起方发出一条活动微博，要求用户按照一定格式转发，通常要求至少@3人，并进行评论，最后在参与转发的用户中随机抽出一部分发放奖品。这样的活动会激起用户的一些兴趣，当奖品可观时，转发量也会相应较多。
- 抢楼活动：活动发起方发出一条活动微博，要求用户按照一定格式回复，通常要求至少@3人，并进行评论。然后在将特殊的排位的用户抽出来发放奖品，如排在第100位、200位……的用户，可以获得奖品。这样的活动通常会激起用户的疯狂回复，当然前提是奖品要足够吸引人。

#### 3. 讲究发微博的时间段

发微博也是讲究时间段的，在微博浏览人潮涌动的时间发微博，其传播效果当然比夜深人静时要好得多。那么哪些时间段是微博用户在线的高潮时段呢？

- 早上07:30~08:30，上班的路上，这段时间是看微博的高峰时间。
- 中午12:00~01:00，午休时间，边吃饭边看微博是很多微博控的习惯。
- 下午3:00~04:00；工作到下午3点左右，这段时间也是微博阅读的空闲期。
- 下午6:00~07:30，下班回家路，同样也是刷微博的高峰期。
- 晚上22:00~23:00，睡觉前，许多人都有翻翻手机看看微博的习惯。

**小知识**

提高转发率主要是提高粉丝的互动，让粉丝从互粉的心理转变到认可，从而主动转发消息，这才是提高转发率的真正目的。这个时候，企业再随机发布几条广告，那么效果便会很不错。提高微博转发也可以走点捷径，比如，找朋友帮忙转发、自己注册马甲转发以及花钱雇人转发等。

### 3.3.7 用“粉丝头条”获得最佳展现

新浪微博“粉丝头条”属于一种付费营销，这种方式对于用户造成的干扰比较小，而对于企业广告投放者来说展示效果又很不错。某条微博内容运用“粉丝头条”服务后，24小时内该微博内容会出现在企业微博自己所有粉丝信息流的第一位，同时在微博内容左下角会有“推广”字样，显示规则如图3-51所示。这种付费营销方式最显著的特色就是可以让所有粉丝在第一时间看到推广的微博内容。

那么，如何在新浪微博中使用粉丝头条营销手段呢？具体操作步骤如下。

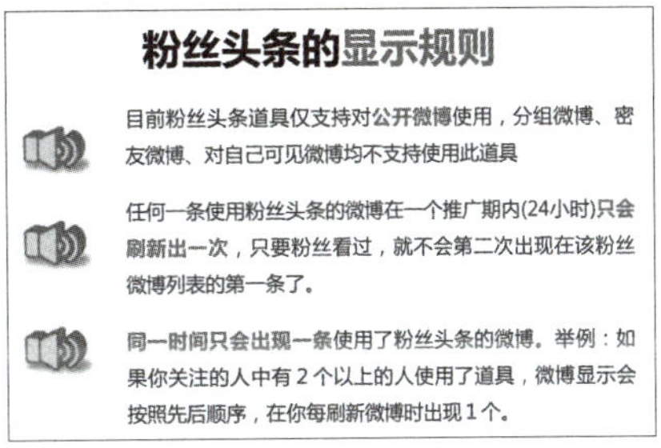


▲ 图3-51　粉丝头条的显示规则

**步骤1：** ①在已发布的微博信息左下角单击“推广”按钮，如图3-52所示；②弹出的“推广”对话框中在粉丝头条一栏中单击“购买”按钮，如图3-53所示。

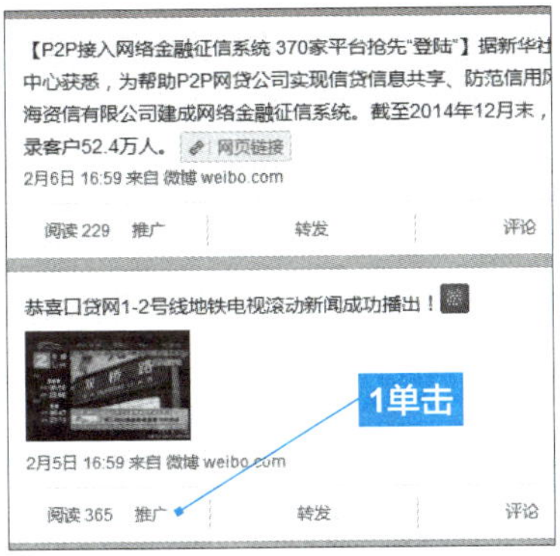


▲ 图3-52　单击推广按钮

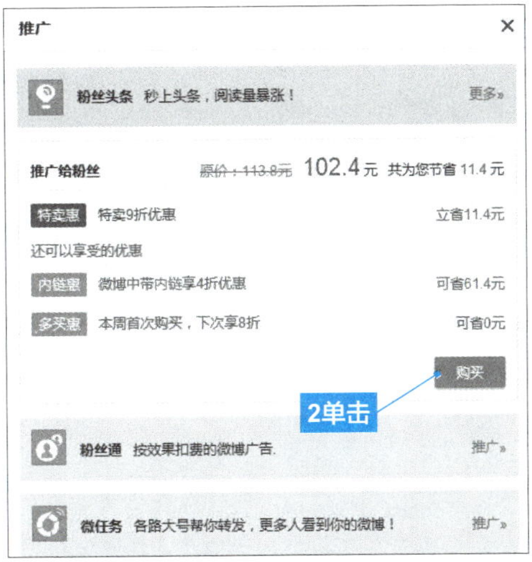


▲ 图3-53　单击“购买”按钮

**专家提点**

使用粉丝头条的服务费用其实不低，所以大家要明白其营销规则，有针对性地使用。例如，对于同一个用户而言，一次“粉条头条”推广的内容只会显示一次，用户看到后再次刷新时，该条微博不会继续置顶，会随正常信息流滚动不会对粉丝产生干扰。

**步骤2：** 新浪微博提供了多种支付方式来付费，其中“微博支付”是官方推荐的方法，而且会有很大的优惠空间，还可以使用支付宝以及银行卡网银支付，如图3-54、图3-55所示。选择相应的支付方式再单击付款按钮即可。

▲ 图3-54　微博支付

▲ 图3-55　支付宝支付

## 小知识

粉丝头条服务的定价，新浪微博有一套自己的计算标准：主要与微博主的粉丝数量和微博内容的质量有关。一般来说，粉丝数量越多就会被越多的粉丝看到，影响力也就越大，则价格就高一些；微博内容质量越高，越容易引发粉丝转发、评论，其价格就越低。新浪微博官方表示，在计算价格时会排除掉垃圾粉、机械粉、僵尸粉及不活跃的粉丝，以确保价格真实合理。

**步骤3：**按页面提示完成付款后，会有相应的付款成功的提示，如图3-56所示。

▲ 图3-56　付款成功的提示

**步骤4：**完成付款后返回微博页面，再次单击“推广”按钮，此时显示的即是该条微博在使用了“粉丝头条”后的营销效果监测数据了，如图

3-57所示。该监测数据表明，粉丝头条主要的作用就是增大微博内容的展现量。

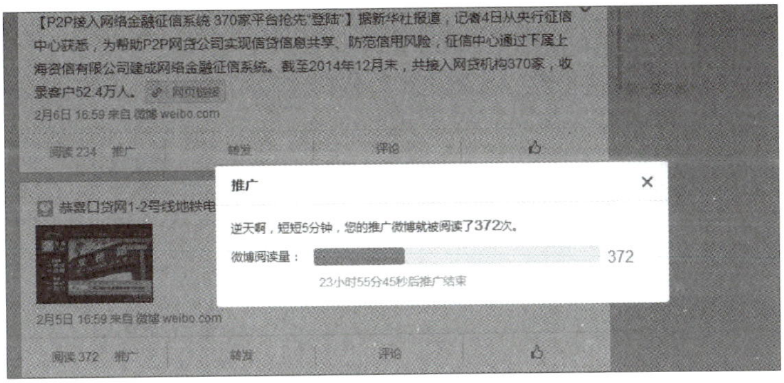


▲ 图3-57 粉丝头条效果监测数据

**小知识**

据新浪微博官方的一组数据报告显示，用户使用新浪微博粉丝头条功能进行的推广内容主要集中在购物、美文等其他杂项，占总推广内容比例的35%；而资讯、观点及数据等行业内容成为第二大占比的推广内容，达22%；生活类求助、转让、聚会等内容推广则占据了21%的推广份额。可见用户推广的内容十分丰富，并不仅仅局限于商业推广方面。也就是说，普通用户其实也可以用粉丝头条来向好友传递需要展现的重要信息。

## 3.3.8 用“粉丝通”进行按效果付费的广告投放

新浪微博的“粉丝通”是一种很直接的广告方式。企业用户可以根据用户属性和社交关系将信息精准地投放给目标人群，广告投放更加精准有效；而推广方式又包括微博内容和应用APP推广两种，企业自己的官方微博号也可以通过粉丝通来推广营销。

企业微博账号通过了新浪微博的企业官方认证，就可以自主申请开通粉丝通。企业开通认证时同样需要企业提供相关的证照资质，流程和要求与前文介绍的申请微博官方认证类似。具体申请过程就不再详述，下面我们主要讨论如何利用粉丝通来合理配置微博广告的传播。

### 1. 进入粉丝通推广页面

每条微博左下角都有“推广”按钮，单击该按钮后即会出现3个推广服务，第

2个即为粉丝通的入口，单击右方的“推广”超级链接即可进入，如图3-58所示。

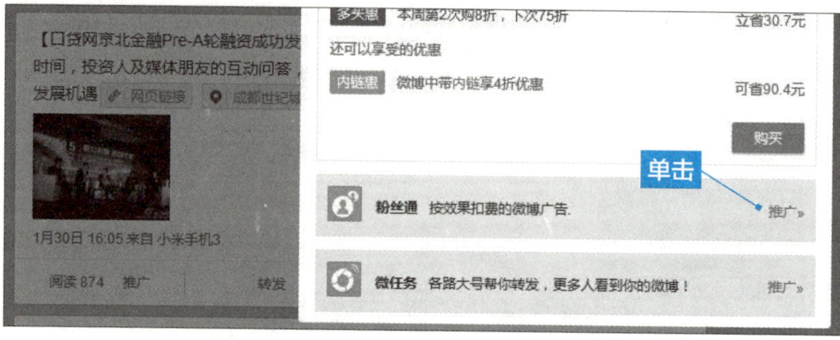


▲ 图3-58　单击“推广”按钮

随后进入的页面是新浪微博官方的推广中心主页，如图3-59所示。单击页面右方“进入广告中心”按钮即可打开粉丝通广告管理后台。用户熟悉后可以直接通过搜索新浪微博粉丝通广告中心来打开该页面。

**2. 熟悉粉丝通广告管理后台**

图3-60所示即为新浪微博的广告中心管理后台，即粉丝通管理后台。在该页面上方一共有4个管理选项。其中“首页”里可以看到当前账户的余额信息、已经投放的广告条目所产生的数据统计信息；“广告中心”里就是创建广告的地方；“数据中心”是方便广告主查看广告投放后的数据；“账户管理”里则可以看到每日广告费用的支出流水、已经提供给新浪微博的企业资质材料、系统推送的广告运营消息等。

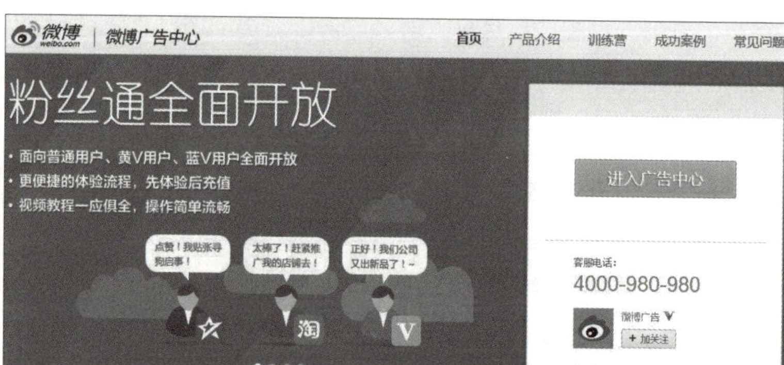


▲ 图3-59　新浪微博广告中心

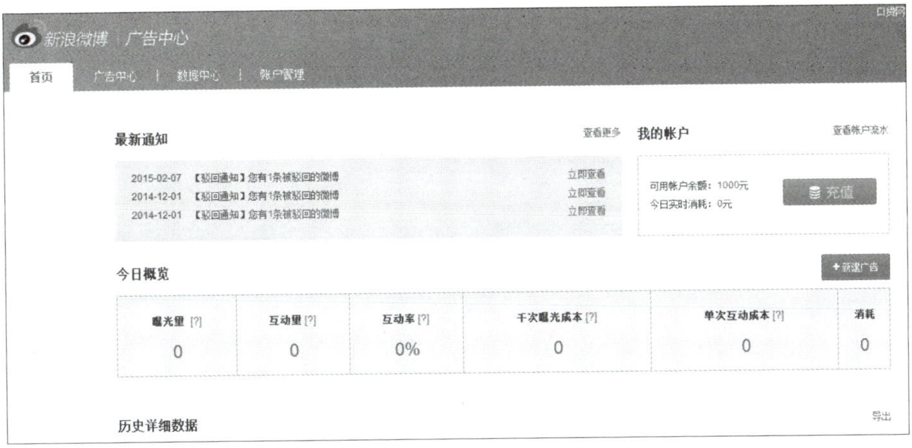


▲ 图3-60　新浪微博广告中心管理后台

### 3. 创建并投放广告

粉丝通广告可以分别对微博内容、手机APP应用以及微博账号进行推广，以下我们就以微博账号推广为例，来介绍如何创建并投放一条微博广告。

**步骤1：** 企业要通过粉丝通进行微博广告投放，申请开通此项服务后，要做的就是给广告账户充值。如图3-61所示，新浪规定最低充值金额每次不能少于1 000元，充值的渠道可以通过微博支付、支付宝支付或是网银支付等多种方式；选择好充值金额，单击“确认充值”按钮。

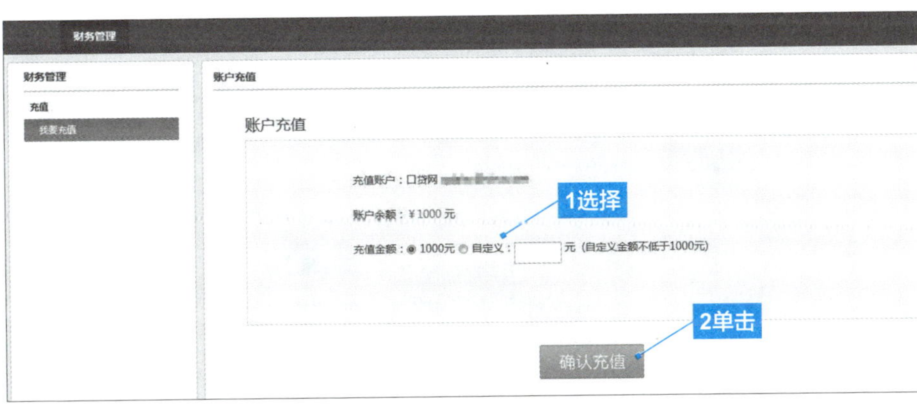


▲ 图3-61　为广告账户充值

**步骤2：** 完成账户充值后返回管理首页，在页面右下方单击新建广告按钮即可开始创建一条新广告。图3-62所示的广告中心中，提供了3种广告类型：将一条微博内容推广出去、将企业自己的APP应用推广出去以及把企业官方微博推广出去。如果企业官方微博刚刚建立，那么可以先应用第3种广告形式，以聚集粉丝提高关注度，单击最后一个“立即创建账号推广”按钮进入。

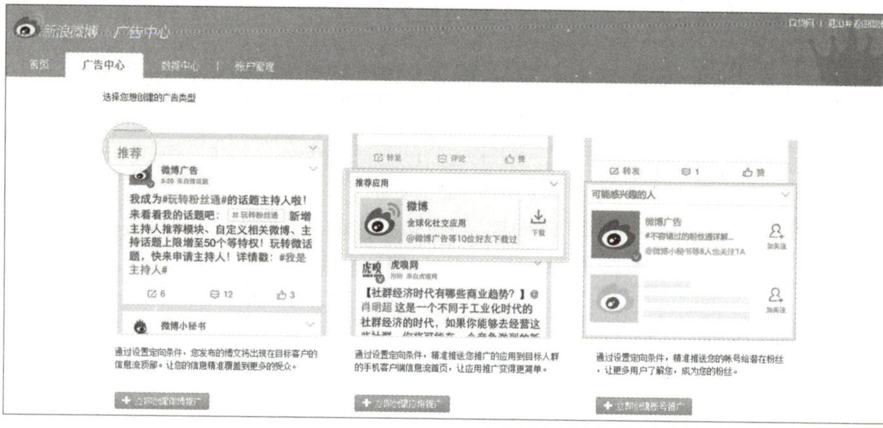

▲ 图3-62　选择要创建的广告类型

**步骤3：** 在图3-63所示页面里设置好推广账号的介绍信息后，单击“下一步”按钮。

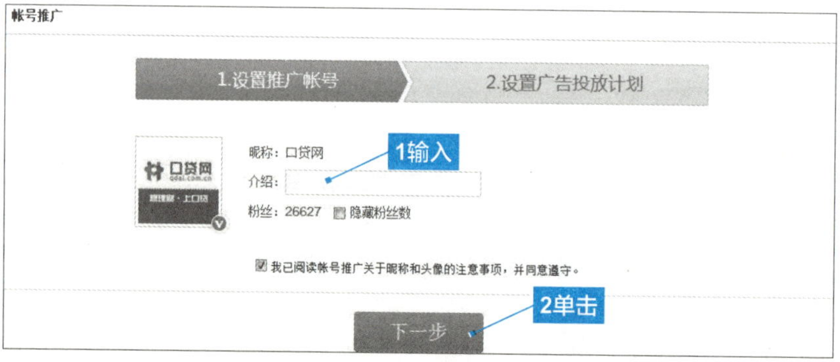

▲ 图3-63　设置推广账号基本信息

**步骤4：** 然后设置广告受众和具体的投放计划。广告受众设置是指广告主设置广告内容想要送达的目标用户群的属性，如性别、地域等，如图3-64所示。投放计划的设置中将账号推广限定为CPE方式（即每位用户单击账号图标并加关注就算一次成功的投放），单次投放金额需要用户自己设定，通常按最初设置即可（但要注意，设置为最初金额，数目较小会降低展现的概率），再设置好投放上线时间，单击“确定”按钮即完成设置。如图3-65所示。

▲图3-64　选择用户属性

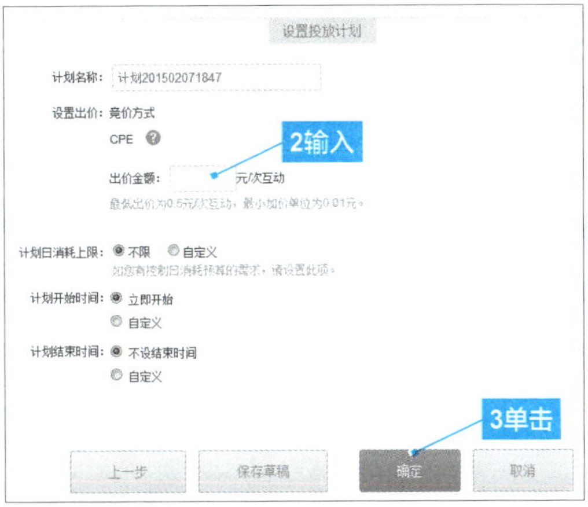


▲图3-65　设置投放计划

**步骤5：**完成上述设置后返回广告中心页面，在“账号推广”一栏下即可看到刚刚创建好的广告计划。广告名称是以创建广告时间命名，每日消耗上限金额、竞价方式以及投放排期等信息一目了然，如图3-66所示。

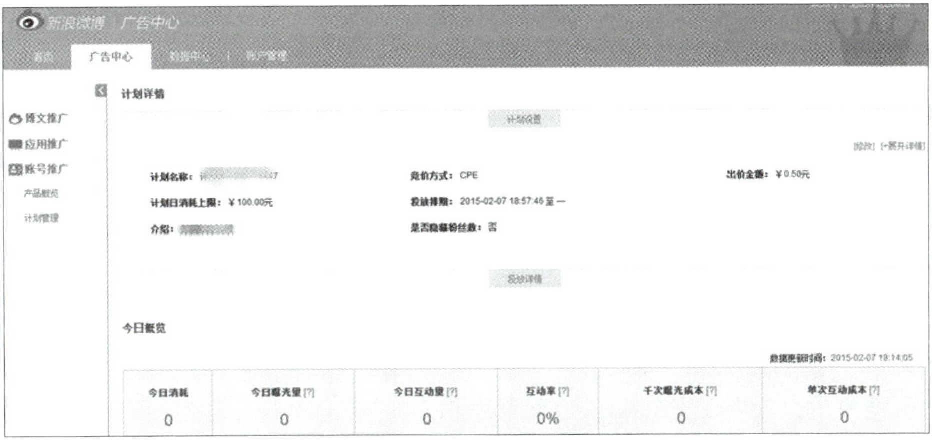


▲图3-66　查看广告计划详情

**专家提点**

关于账号推广中涉及的CPE竞价方式，其意思是按照该推广微博在用户信息流中发生的有效互动进行计费（互动包括：转发、点击链接、加关注、收藏、赞）。起投金额：CPE底价为0.5元/次互动，最小加价单位为0.01元。广告主可设置每日投放成本保证控制预算，出价不能低于系统起拍价。

### 3.3.9 用“微任务”精准投放广告微博

在3.2.2小节中介绍的微博微任务接单，是基于个人用户通过新浪微博赚钱的途径之一。本小节讨论的是，企业用户如何利用“微任务”来推广自己的微博信息，以及这种基于付费的任务推广方式为企业带来的实际营销价值。首先介绍企业用户如何利用微任务功能发起一项付费推广。

**步骤1：** 打开新浪微任务页面后用企业微博账号登录，然后单击“企业用户”一栏中的“我要精准投放”按钮，如图3-67所示。

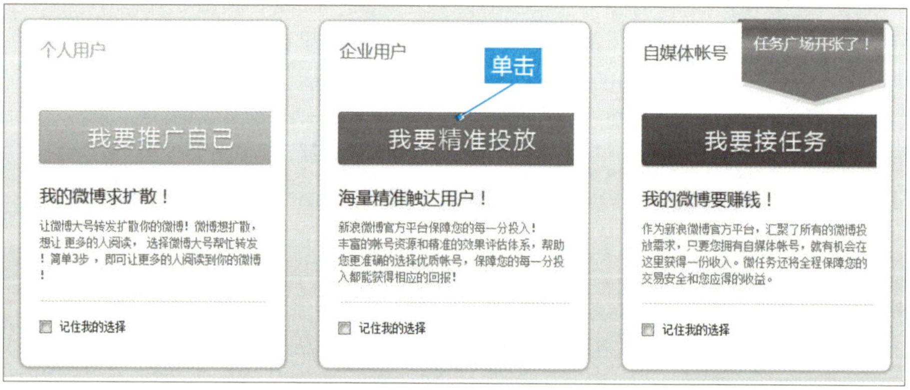


▲ 图3-67 单击“我要精准投放”按钮

**步骤2：** 进入微任务的投放管理界面，如图3-63所示，其界面和粉丝通后台管理界面会稍不一样，微任务主要是以任务的方式来进行推广。单击页面右上角“创建任务”按钮，如图3-68所示。微任务采用的是计件任务制，用户在广告主设定的时间段内完成内容推广就获得相应的报酬。

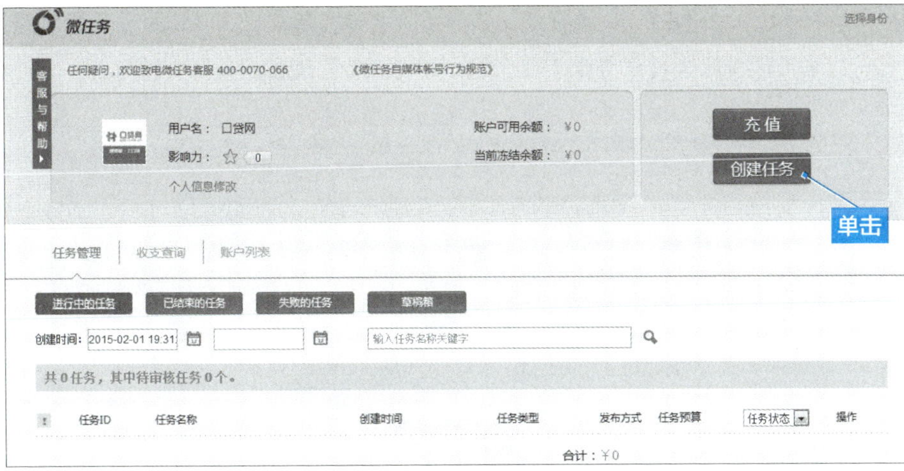


▲ 图3-68　单击创建任务按钮

**步骤3：**新浪微任务同样是基于微博内容的推广方式，用户创建任务后就要选择需要推广的已发布的微博消息，然后单击“确定”按钮，如图3-69所示。

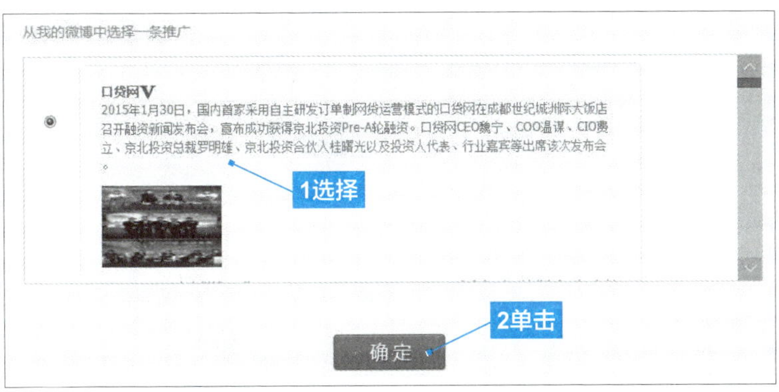


▲ 图3-69　选择要推广的微博内容

**步骤4：**在跳转的页面中设置推广的时间以及是否需要转发语，并单击“下一步”按钮，如图3-70所示。企业可以把推广时间设定于上下班的高峰时间，在这两个时间段内大部分用户才会有时间和耐心来阅读那些微博广告信息。

**步骤5：**推广微博账号的选择是整个微任务推广设置的重要环节。微任务的推广就是选择其他微博大号来有偿转发推广信息，这个选择也是相互的。广告主可以根据价格、微博等级或是微博所属主题类别来选择适合的微博号，而新浪微博官方也分别列举了微博账号的影响力、所属分类、明码实价的推广价格以及该微博号的粉丝数等信息。广告主选择适合的微博账号后，单击“下一步”按钮，如图3-71所示。

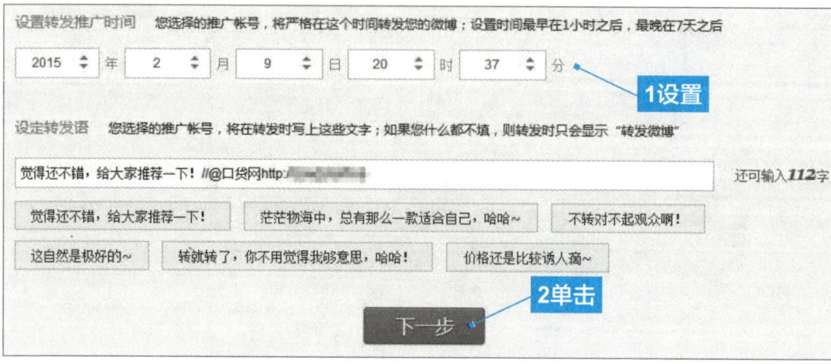


▲ 图3-70　设置任务推广时间

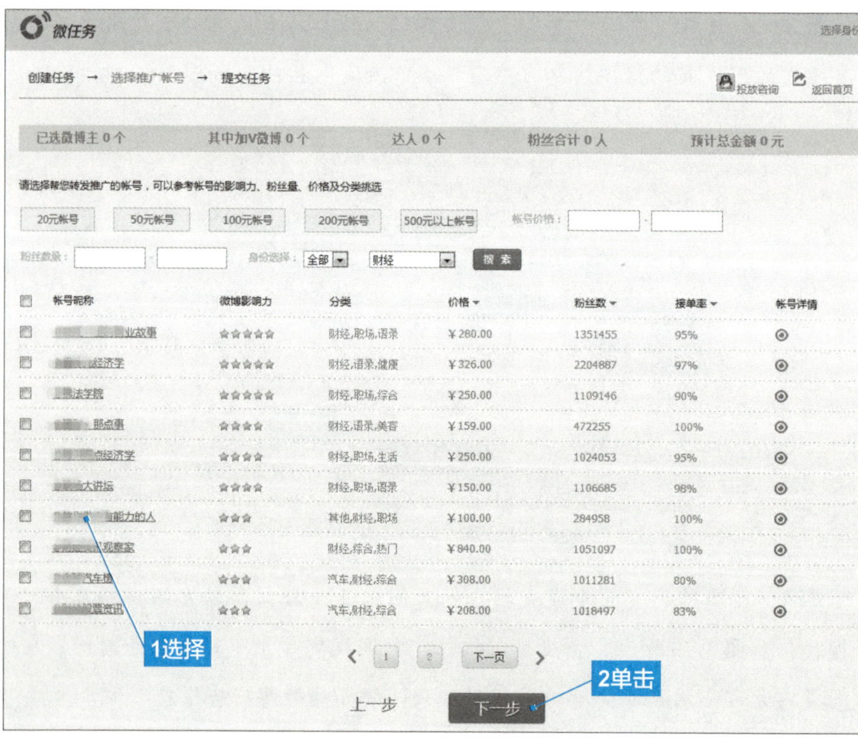


▲ 图3-71　挑选推广微博账号

**步骤6：**然后微任务会向广告主确认所选的微博账号以及推广价格，广告主确认无误后提交付款，该推广任务即会在设定的时间里，由对方微博账号拥有者接单并转发推广内容。

**小知识**

微任务应该说是为新浪微博打开了商业化赢利的想象空间。同时，对于希望通过微博来进行网络营销的企业用户而言，明码实价的微任务其实也不失为一种营销推广方式。通过微任务，企业单次投入较低的价格，就可以把微博内容主动地展现出去。微任务实际上达到的营销效果就是：借微博大号让推广内容得到最大范围内的展现。

## 3.3.10 在“数据中心”评判营销效果

企业用户每次登录新浪微博默认进入的页面就是管理中心，这是新浪为企业官方微博提供的一套强大的后台管理系统，本小节要介绍该系统中的“数据中心”，如图3-72所示。

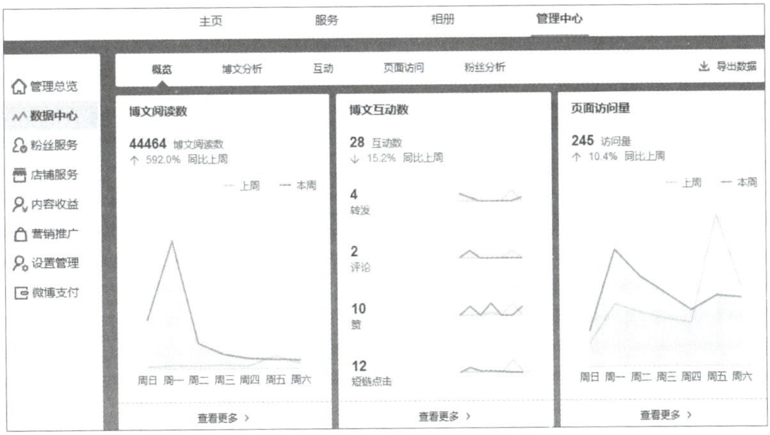


▲ 图3-72 企业官方微博数据中心

企业在数据中心里可以获得一些微博运行的数据展示，如博文阅读数与互动数、页面访问量等。企业用户可以根据需要在数据中心查询微博不同时间段里的数据表现，尽管可以查阅的数据项比较简单，不过基本可以从这些数据表里看到一段时间内企业官方微博的运行成效。

值得注意的一项数据是“粉丝分析”，如图3-73所示，这项数据统计会显示一段时间内微博粉丝的增长情况，这对于评判和总结该段时间内微博的营销效果有非常大的帮助作用；其还可以显示不同城市及不同访问方式的占比情况，企业用户可据此灵活调整某一时间段的营销策略，有针对性地进行下一阶段的微博营销工作。

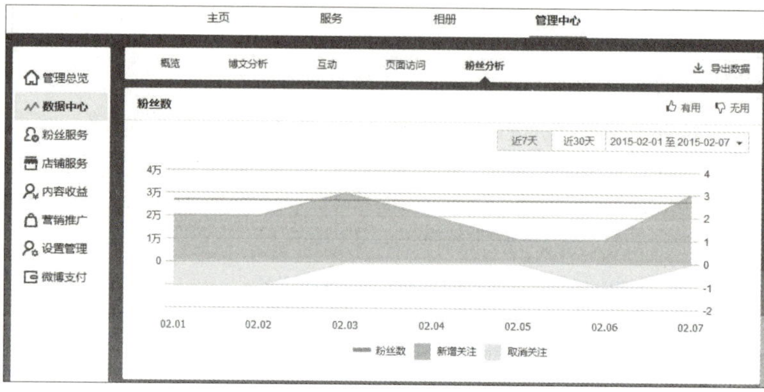


▲ 图3-73　粉丝分析数据展示

**专家提点**

数据中心也是企业营销人员一个不错的工作总结数据提取地，因为数据中心的所有数据都可以导出为Excel文件，可以更好地帮助企业营销人员制作阶段性的营销总结和营销计划。

## 赚钱秘技一点通

### 1. 个人微博要有跳跃思维才有赚钱可能

新浪微博就是一个粉丝哲学的大本营，而粉丝哲学本来也是一门“经济学”。企业用户利用新浪微博和粉丝做推广，最终吸引粉丝关注自己，是为了激发关注用户的购买力。那么普通用户的个人微博，是否也能将这个粉丝经济学转化为自己的赚钱门路呢？答案当然是肯定的，在本章3.2节里其实我们已经有所介绍，当然，更加高明的赚钱途径还需要个人微博主们思维活跃起来去寻找。这里和大家分享一个精妙的案例，学一学，想一想，赚钱路才更广阔。

在新浪微博刚出现的那几年，就有一个个人微博主做了一件颇有创意的事。他将微博两边的空白处分成1万个小方格，然后将这些小方格出租，租金是每个格子20元，有效期是一年。没想到这个创意很快便有人买账了，不到一个月时间，已经有四十多个广告主找上来，这些人中有个人微博账号，也有《创业邦》、UC浏览器等企业广告主。这样的个人微博赚钱思路，你想得到吗？

小知识

有心通过新浪微博实现个人赚钱的用户，不妨看看目前市场的一些行情：微博背景、微博头像都是潜在广告资源，当然最常见的是广告转发。据某网络营销公司的报价单显示，粉丝数在10万~30万的微博账号，转发广告的价格可以达到500~800元/条；粉丝数超过60万的个人微博，帮助广告主转发一条消息就可以轻松挣到2 000元。当然，这个也需要广告主认可该个人微博才行。

### 2. 用长微博营销图书

新浪微博每条信息被限定在140字以内，有些传播内容140字又概括不完整，于是就有了将文字做成图片的长微博形式。这种长微博方式，在图书行业的微博营销中运用得非常广泛。

图书微博营销的方式多为新书推介、文段选发、读编微博互动等。图书营销人员绞尽脑汁将所要发送的微博内容精而又精，如果分数条发送又影响了连贯性。在这种情况下，不受字数限制的长微博图书营销就应运而生，营销人员将超过140个的文字转换成清晰的图片形式发表，这就突破了字数的限制。

不仅仅是作者身份的张嘉佳，他从2013年7月起在微博上发表33篇睡前小故事，转发量超过200万次，阅读量超4亿人次。同年11月，以睡前故事为内容的书籍《从你的全世界路过》出版。该书一经出版，上架6个月销售就超过200万册，至今总销量超400万册。

## 实用技能拓展

### 1. 个人申请微博V认证

对于有一定社会影响力或是希望通过新浪微博提升个人形象的用户而言，微博个人V认证是一个不错的展现途径。用户申请V认证通过后就相当于在新浪微博开设了一个专栏，能够享受到更多的个性化服务，如更丰富的粉丝互动形式、方便的行业交流等。个人申请微博V认证其实和企业申请官方认证的步骤类似，具体操作步骤如下。

**步骤1：** 打开新浪微博认证页面，单击右上角的“V立即申请”按钮，如图3-74所示。

▲ 图3-74　单击“V立即申请”按钮

**步骤2：** 新浪微博的个人认证称之为“橙V”认证。个人认证的实质就是对从事的职业的一个认证，所以，新浪微博除了要验证申请人的身份信息外，工作信息的验证也是重要方向。如图3-75所示，新浪微博会要求用户填写所在公司的名称以及具体职位等，同时需要上传相关证明材料，如用工合同等。

**专家提点**

新浪微博还附加了一种认证辅助方式：可以让已经通过橙V认证的微博好友来帮忙认证。这个需要对方确认相关信息才行。用户填写完上述信息后就可以提交认证申请了，然后需要几天的审核期才知道最终的申请结果。

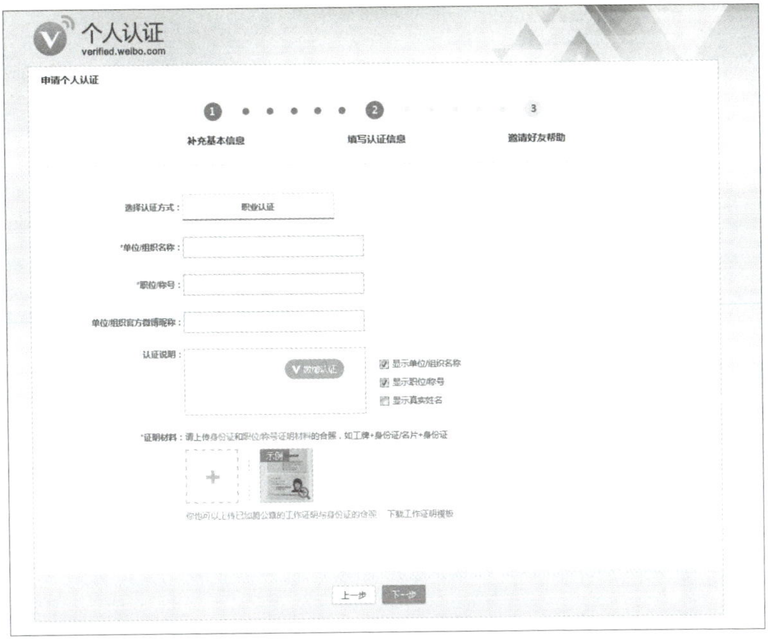


▲ 图3-75　填写认证信息

## 2. 使用粉丝服务为用户提供售前咨询及售后服务

“粉丝服务”是新浪为企业官方微博专门设置的一个类似售后服务的管理体系，其主要作用仍然是帮助企业用户提升与粉丝的互动效果，在粉丝群中建立起更加良好的品牌形象。新浪微博的粉丝服务包括“群发私信”“自动回复”等特色服务，新浪微博有专门的粉丝服务频道予以介绍，如图3-76所示。

▲ 图3-76　粉丝服务专题介绍

另外，用户通过官方微博的管理中心也可找到粉丝服务一项，并且可以具体设置并展开与粉丝的良好互动。如利用“群发私信”功能就可以定期地向所有订阅用户推送商品上新或促销活动信息进行二次营销，如图3-77所示。而“自动回复”功能则有利于向用户建立一个“微博随时在线”的良好服务印象。

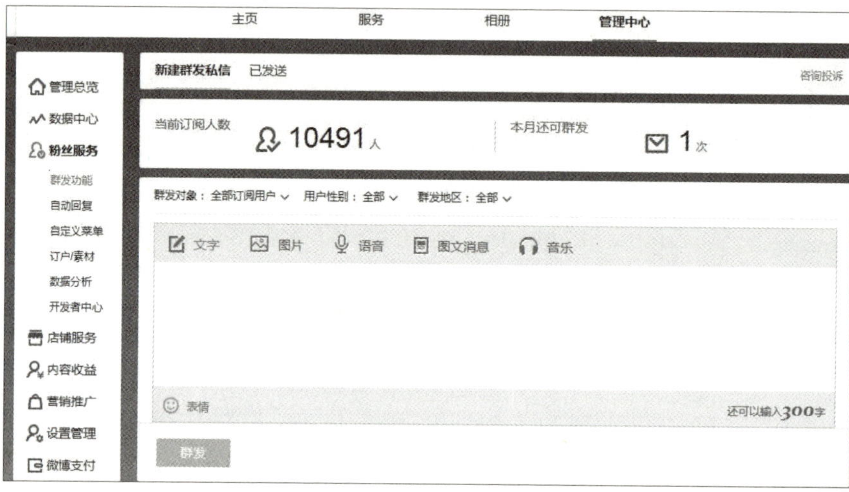


▲ 图3-77　编辑群发私信内容

企业用户可以好好研究一下粉丝服务的各个选项，结合新浪微博提供的文字帮助，设置好自己的“售后服务”。特别是“自定义菜单”一项，可以帮助企业和微博粉丝之间建立起一个更加智能便捷的沟通渠道，企业用户可以多多研究并设置一下。

CHAPTER

# 04 QQ空间 悄无声息的推销

△ QQ空间是腾讯QQ用户用于展示自我的一个平台，其性质和个人博客类似。由于QQ用户众多，所以QQ空间用户的数量也相当惊人。2014年4月，腾讯官方发布了一组调查数据显示，腾讯QQ同时在线用户数突破2亿；有QQ的用户绝大多数都开通了QQ空间。

△ 不少QQ用户喜欢去家人、朋友或同事的QQ空间看看日志、说说之类，以了解他们的最新动态，其实这样的习惯蕴藏着很大的商业价值，不管是个人还是企业都可将其利用起来开展营销。

△ 本章将从如何快速打造QQ空间人气、企业如何完善自己的QQ空间以及如何寻找赚钱机会等方面，向大家详细介绍基于QQ空间的赚钱路。

# 4.1 如何快速打造QQ空间人气

个人的QQ空间不是因为自己有多少QQ好友就会变得很有人气，QQ好友再多，别人不访问自己的空间，也谈不上人气。除了每日登录一下QQ空间转载一些文章或发表一点说说、上传一些容易吸引眼球的图片外，如何把自己的QQ空间主动推广出去也是要考虑的。毕竟，对于个人QQ空间来说，有人气才能寻到赚钱的机会。

## 4.1.1 QQ空间与腾讯微博打通关联

腾讯的线上产品系里有一个腾讯微博，用户把QQ空间里发布的每一条消息同步至腾讯微博，能够将要传播的信息以更广阔的范围进行传播。想要打通关联形成同步更新，可按以下步骤进行。

**步骤1：** 打开并登录自己的QQ空间，然后在右上角自己的昵称旁边单击“权限设置”命令，如图4-1所示。这一步的意思是先要确保自己空间访问权限是对所有人可见。

▲ 图4-1 单击“权限设置”命令

**步骤2：** 如图4-2所示的“空间设置”页面，单击选择“所有人”一项，然后再单击“保存”按钮。经过这样的设置，自己的QQ好友可以同步看到空间里更新的所有信息。

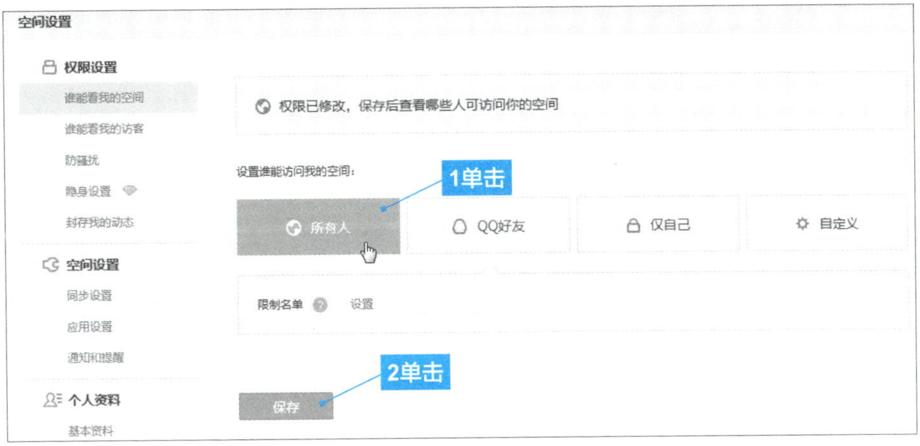


▲ 图4-2 设置访问权限为所有人

**步骤3：** 完成上述设置后，再到日志页面里打开一篇已经发布的日志，单击页面上方编辑工具栏中的分享按钮，即可将该空间日志直接分享到腾讯微博，如图4-3所示。当然，前提条件是大家已经登录了QQ并且开通了腾讯微博。

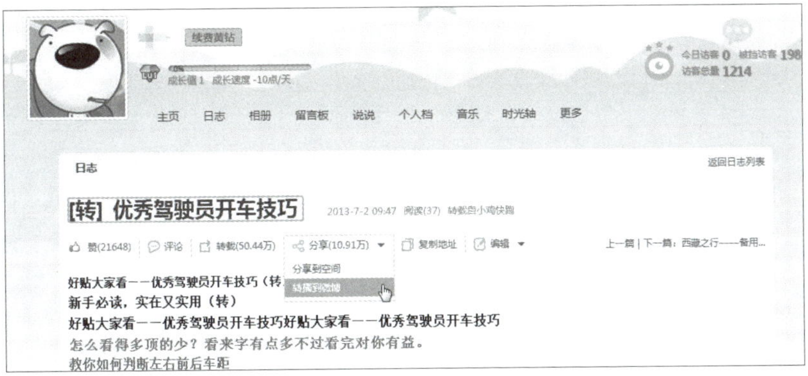


▲ 图4-3 将空间日志同步分享到腾讯微博

另外，用户也可以充分利用互联网分享的特性，将一切感兴趣的内容便捷地分享到QQ空间里。分享热门信息到自己的QQ空间，一方面可以极大地丰富QQ空间的内容，另一方面，通过这样的分享转发也能提升自己QQ空间被搜索到的概率。如图4-4所示，如今各大网站的新闻文章中都带有便捷的分享按钮，其中便有QQ空间的分享选项。

▲ 图4-4　将网络热点新闻一键分享到QQ空间

## 4.1.2　别忘了对QQ空间的装扮

QQ空间作为QQ聊天软件的一个重要的组成部分，其内容和趣味性越来越丰富。用户装扮的QQ空间的风格体现了其品位和个性，所以特别要注意谨慎对待QQ空间的装扮。因为如果用户是基于打造QQ空间人气然后实现赚钱的话，精致的QQ空间才能吸引更多人关注。QQ空间的页面装扮其实很简单，如图4-5所示，腾讯提供了一键装扮等便捷的操作。

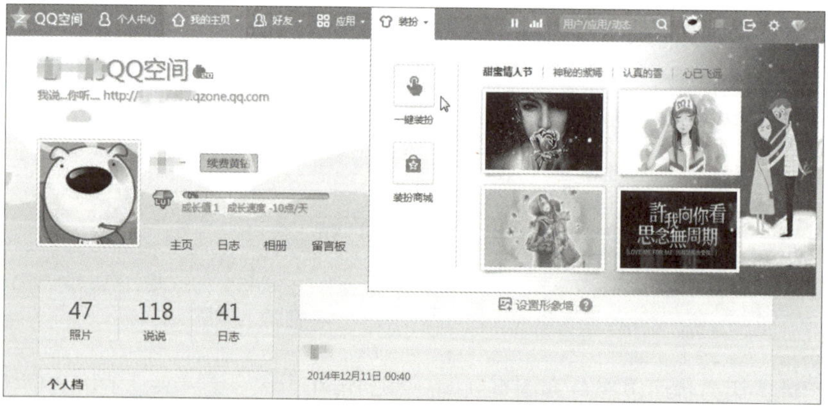


▲ 图4-5　一键装扮QQ空间

QQ空间免费使用的页面装扮较少，一般都需要支付Q币才可以使用。QQ钻石级会员可以免费使用。有营销需求的QQ空间，值得花费必要的小费用来装扮好这个营销阵地。

## 4.2 QQ空间怎样进行有效营销

QQ空间是一个多功能的社交平台，不仅可以在空间里写日志，还能贴照片、传背景音乐，还有方便的分享和评论功能，充分利用这些功能，可以达到比较理想的营销效果。下面就来介绍如何在QQ空间中进行营销。

### 4.2.1 多写原创少转载

QQ空间其实就是一个博客，要利用QQ空间做好营销，原创文章的写作是最基本的功力。注意QQ空间跟商业博客的定位是很不同的，商业博客要多写商业、经济方面的文章，而QQ空间更加私人化，所以可以多写一些接地气的内容，如心情日志、护肤心得、育儿经验等，这样比较容易打动QQ好友，能够取得潜在客户的信任。

但是，内容全部原创的话，工作量也是不小的，用户要适当转载一些精品文章到自己的QQ空间里来。转载文章的数量不宜过多，与原创相比，保持在2：8或3：7的比例是比较合适的。

空间内容转载过多的话，容易让人对此空间失去兴趣，如图4-6所示的QQ空间，几乎每篇文章都是转载的，阅读量非常少，不得不说该空间没有充分利用好日志板块做营销。

▲ 图4-6 转载文章较多的QQ空间不受欢迎

另外，给日志起一个好的标题是非常重要的。标题足够吸引人，才会吸引人浏览，总会增加一些评论量、转发量和点赞量。标题要足够有冲击力，有新鲜感，有悬疑，够幽默，对读者的刺激要强烈，这样才能引起访客注意，吸引其点击浏览。

### 4.2.2 日志别忘加上产品链接

QQ空间营销的本质是要将客户吸引到产品购买页面上，从而促进交易，如淘宝网店的页面。因此，用户就必须在文章里留下详细的联系方式，最好在每篇文章的结尾为产品购买页面做一个超级链接，并用醒目的颜色和字体标出。

**专家提点**

有些不符合QQ空间规范的广告内容，也可以单独存放在其他网页上，然后通过QQ空间日志中的超级链接，跳转到该网页，进行宣传。对于转载的文章，用户也要重新编辑，在末尾加上超级链接，吸引网友去点击，让转载文章的利用率达到最大化。

### 4.2.3 充分利用相册

QQ空间的“相册”是一个上传照片和图片的地方。一般人都知道可以在相册里上传产品图片，但实际上也应上传个人的生活照片。这是因为上传产品图片可以让潜在客户了解产品；上传个人生活照片，则可以让潜在客户更加了解QQ空间的主人，增加信任感，这两者缺一不可。作为企业QQ，在相册中也可以上传一些展现企业内部动态和风采的照片，这样访客也能通过这些照片增加对企业的了解与信任。

相册里的照片和图片不仅可以直接被访客浏览，而且可以插入到QQ日志中，结合文字内容，形成更加有说服力的营销效果。对比有图与无图的日志，大家可以明显看到，无图的纯文字日志密密麻麻让人望而生畏，没有读完的欲望，而有图的日志则显得更容易阅读，哪怕配的图和文字内容完全无关，也比没有图要显得更加亲和，如图4-7所示。

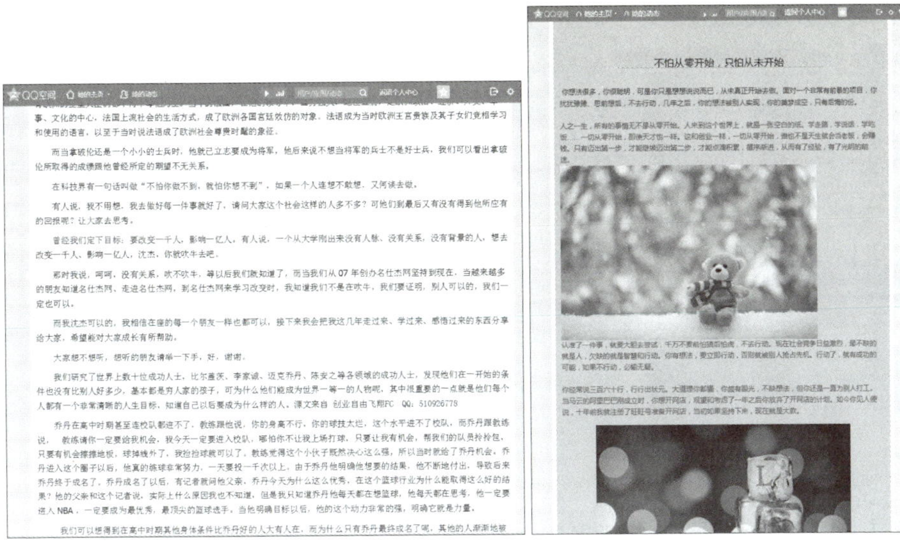


▲ 图4-7 有图与无图的区别

## 4.2.4 利用QQ说说与签名吸引访客

QQ说说是QQ空间里的一个功能。QQ说说可以显示在好友动态里面，内容可以包括文字、动画、图片、视频、网址等。QQ说说和QQ日志最大的区别就是：QQ日志可以详细介绍和表达想法；而QQ说说的字数有一定的限制，只能利用短短的140个字来表达想法。实际上，我们可以把QQ说说理解为一个依附于QQ空间的微博，很多在微博中使用的营销技巧都可以应用于QQ说说中。

QQ说说可以显示在好友动态里面。每当用户更新了说说的内容，就可以在好友的“动态”里看到，如图4-8所示。

QQ签名可以在QQ好友列表里好友名字的后面显示。QQ签名只能显示文字，不能加入超级链接、图片等多媒体，如图4-9所示。

▲ 图4-8 说说更新后可在好友动态页面里看到

大多数人在QQ说说与签名上留的是产品信息、联系方式，而且长期不变，这样做有一定的局限性，因为这两个地方很好的展示渠道，如果其内容长期不变，就没有充分利用起来。

▲ 图4-9　QQ签名显示在好友名字后面

**专家提点**

有的用户可能担心自己写了说说或签名，也不会有人注意到，但其实好友的QQ上有新的签名时，往往很快就会被发现。因此用户要经常更新QQ签名和说说，引起好友关注。如果用户在QQ空间里发表了新日志，也应该在QQ签名上写出来，这样可以引导好友们第一时间来看新日志。

说说和签名的内容最好不要写个人的心情，以及一些鸡汤文和名言警句，因为作为营销号，大多数好友与自己都不是很熟悉，别人并不太愿意看你的个人心情；其次鸡汤文和名言警句这两年也泛滥成灾了，大众已经有了免疫力，因此这3类内容最好不写。用户可以多原创或转载一些幽默、搞笑的段子，以及夹杂生活技巧和产品信息的内容，进行营销。

### 4.2.5　升级黄钻或会员会有更多方便

基于盈利的考虑，QQ普通用户受到诸多的限制，如QQ空间不能装修，QQ相册空间不够大，不能建立超过500人的群等。因此，用户想要为QQ和空间增加更多功能，不妨考虑升级黄钻或开通会员。

开通黄钻后，用户能免费使用很多商城物品，也能对QQ空间进行装修。装修完成后的空间效果与天猫店看上去差不多，看上去更加专业，能够给访客一种信任感。

**案例回放**

**小店利用QQ空间装修提高成交率**

一家售卖眼镜的小店，在淘宝、QQ空间都分别开设了网店。在QQ空间的小店最初只采用了基本装修，店主每天发一些介绍眼睛保健、眼镜知识的日志，半年时间，访客虽然有不少，但是成交量始终上不去，日均销售额始终在数十元左右。经过高手指点，店主开通了三级黄钻，对QQ空间进行了装修，使之看起来与淘宝、天猫店差不多，如图4-10所示。

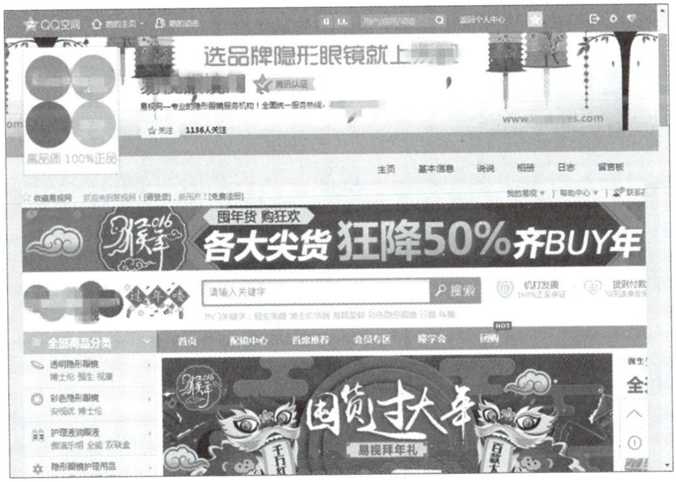


▲ 图4-10　装修后的QQ空间

QQ空间装修过后，产生的效果还是比较明显的，次月的销售量增加了20%，接下来的3个月里，每个月的销量都在缓慢地提升。

QQ升级会员或超级会员则可以加速等级升级，网络硬盘、QQ相册等容量都有扩充，还可以注册一个VIP邮箱地址名，创建最高容量达2000人的高级群等。其中，上千人的大群特别便于营销。

**专家提点**

关于会员与超级会员建群的详细区别，可以在QQ会员官方网站的“功能特权”版块下的“分等级特权”版块中看到。开通黄钻或会员都是需要钱的，不过并不是一笔太大的开销，如果营销经费充足的话可以考虑开通。

## 4.3　个人QQ空间做淘宝联盟赚钱

通过4.1小节的介绍和自己一段时间的经营，再加上自己固有的那些QQ好友基础，相信你的QQ空间已经具备了一定的人气，访问量与浏览量也有了一定的提升。那么，接下来就可以考虑在继续优化QQ空间人气的基础上进行一些赚钱的尝试了，淘宝联盟推广，就是个人QQ空间最好的一个赚钱途径。

## 4.3.1 创建淘宝联盟导购推广位

“淘宝联盟”的赚钱方式在个人站长中很流行，用户把推广商品放到自己的空间页面里展示，有人点击或是购买后，提供这些商品展示位的个人用户即可获得展示报酬。当个人QQ空间拥有不错的访问流量后，就可以通过“淘宝联盟”这种推广方式来达到赚钱的目的。我们可以在个人QQ空间页面的左右两边，放上几个导购的推广位，通过展示或买家的交易来获得相应的佣金；而这个导购推广位需要事先在“阿里妈妈”网站去申请。下面就来看看详细的申请步骤：

**步骤1：** 登录阿里妈妈主页，①单击页面左上角“请登录”按钮，如图4-11所示；②输入淘宝会员账号；③单击“登录”按钮即可登录阿里妈妈个人管理后台，如图4-12所示。

▲ 图4-11 单击登录按钮

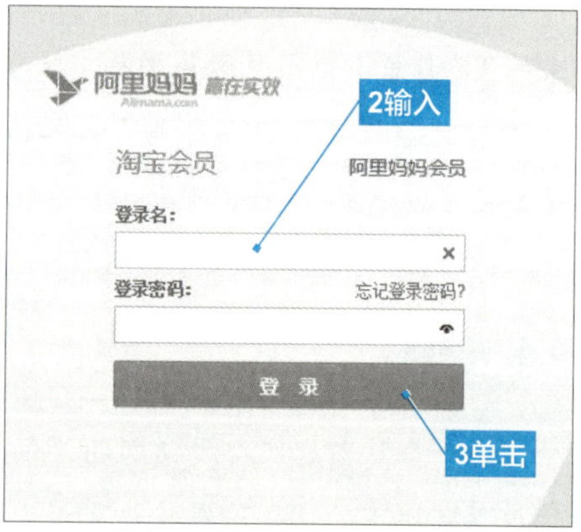


▲ 图4-12 登录阿里妈妈

**步骤2：** 成功登录后将鼠标移至页面左上方登录用户名处，从弹出的菜单页面里单击“淘宝联盟”图标按钮，如图4-13所示。进入淘宝联盟推广管理后台后，在“推广管理”右方操作页面中单击“渠道管理”一项，再单击“新建渠道”按钮，如图4-14所示。

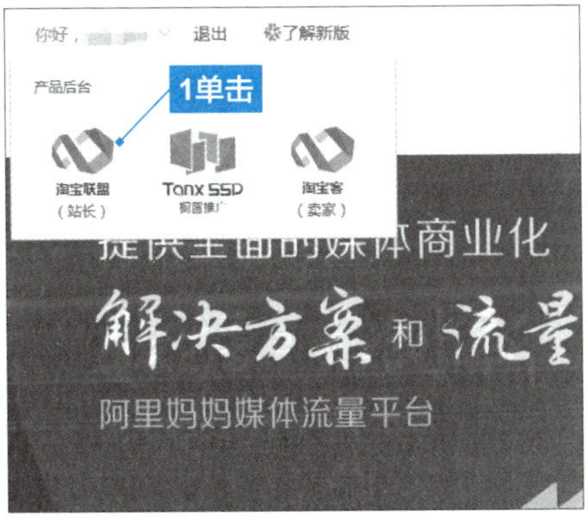


▲ 图4-13　单击淘宝联盟图标

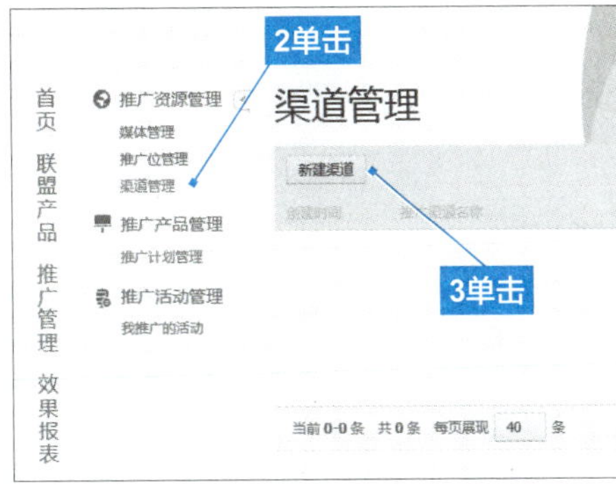


▲ 图4-14　单击新建渠道按钮

**步骤3：** 为便于区分渠道名一栏直接以QQ空间命名即可，如图4-15所示，因为实际要进行的推广赚钱也是基于QQ空间的，其他各项可保持默认选项，单击“保存”按钮即可。

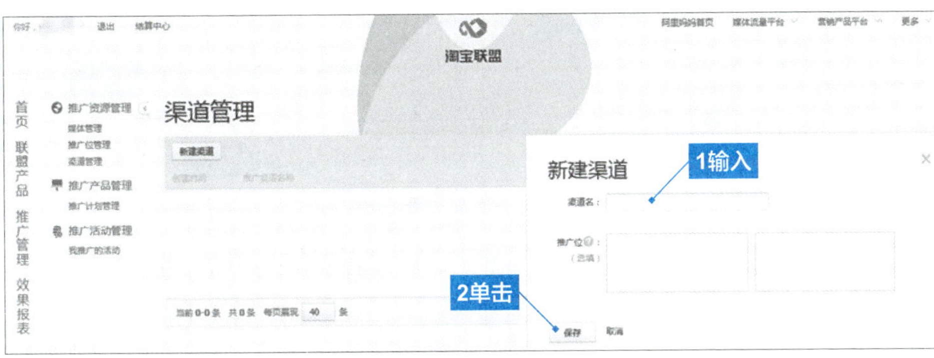


▲ 图4-15　新建渠道名称

**步骤4：** 单击“联盟产品—自助推广—单品店铺推广”一项，然后再在右方单击“立即推广”按钮，如图4-16所示。实际上淘宝联盟还包括很多推广方式，初次使用该推广赚钱的用户可以先从这个单品推广开始，不仅后台管理更加方便，后期费用的统计也会更明晰。

**步骤5：** 弹出“设置推广单元”对话框，选中“导购推广”一项，再单击“新增导购推广”红色链接文字，如图4-17所示；随后将媒体类型选择为QQ，然后输入自己的QQ号码，最后单击“确定”按钮，如图4-18所示。

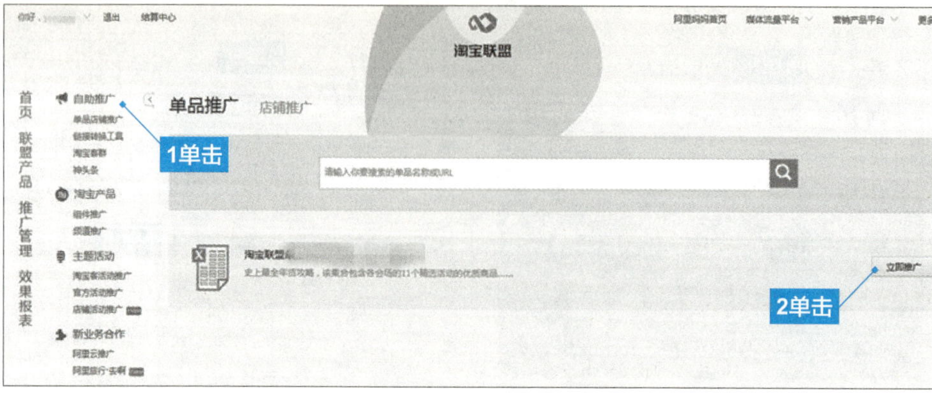


▲ 图4-16　立即推广单品

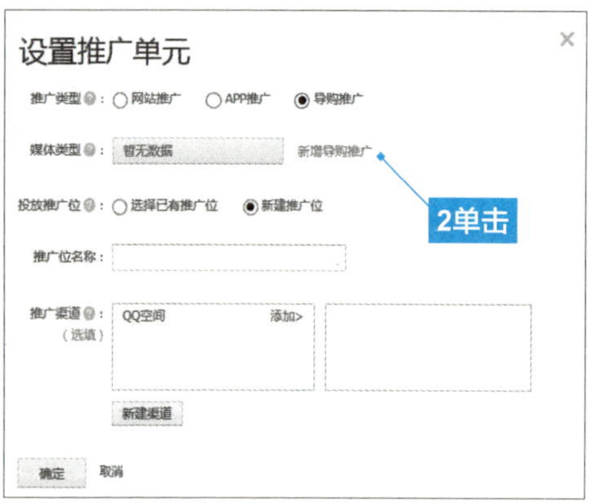


▲ 图4-17　单击“新增导购推广”

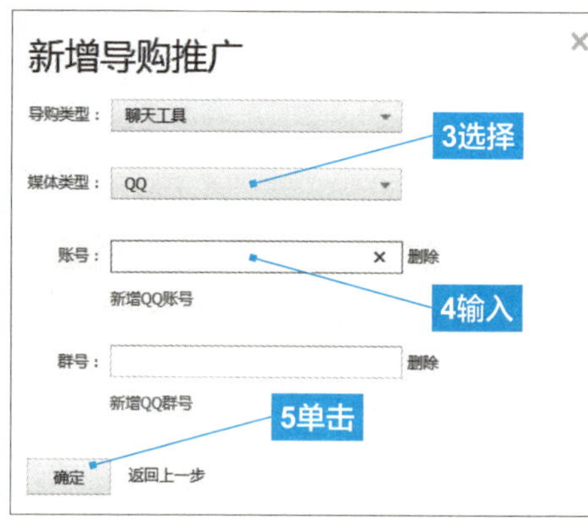


▲ 图4-18　设置导购推广参数

**步骤6：** 返回设置推广单元对话框后，先在“推广位名称”中输入QQ空间，然后单击“确定”按钮，如图4-19所示；然后会弹出如图4-20所示获取代码的对话框，鼠标单击代码区即可将这段代码复制下来。

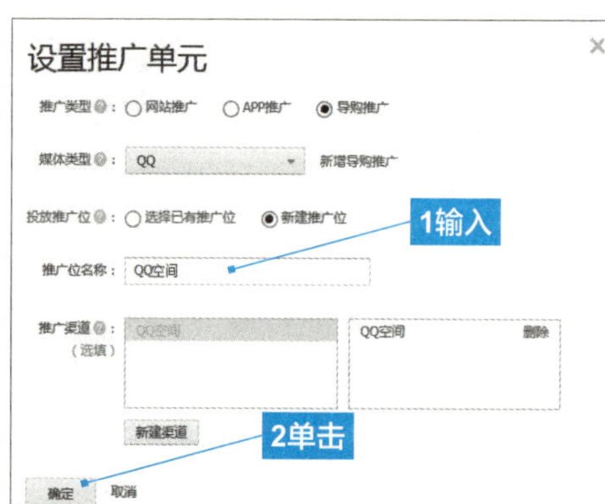


▲ 图4-19　确定推广单元的各项设置

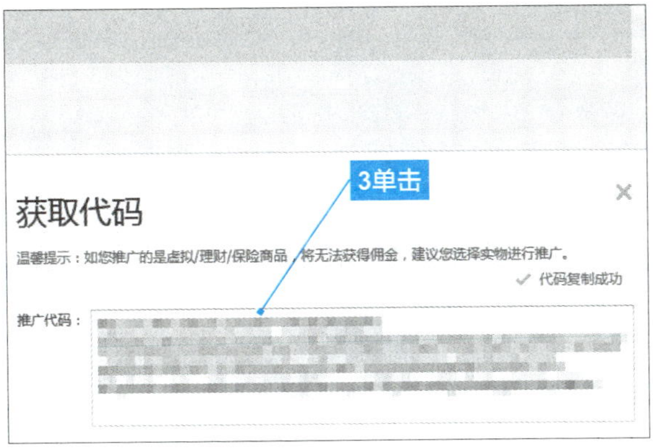


▲ 图4-20　单击获取推广代码

## 4.3.2　粘贴推广代码到QQ空间

在4.2.1小节进行的阿里妈妈的配置和创建，相当于就是去银行开户，获得一个可以收款的账户，并同时得到一组赚钱的代码；然后再把这组代码带回自己的QQ空间并展示出来。只要触发相应的规则，那么你的账户里就会有报酬产生了。所以，接下来的步骤就是将推广代码粘贴到自己的QQ空间里，具体操作步骤如下。

**步骤1：**在自己QQ空间页面右上角单击选择“主页排版”一项，如图4-21所示。

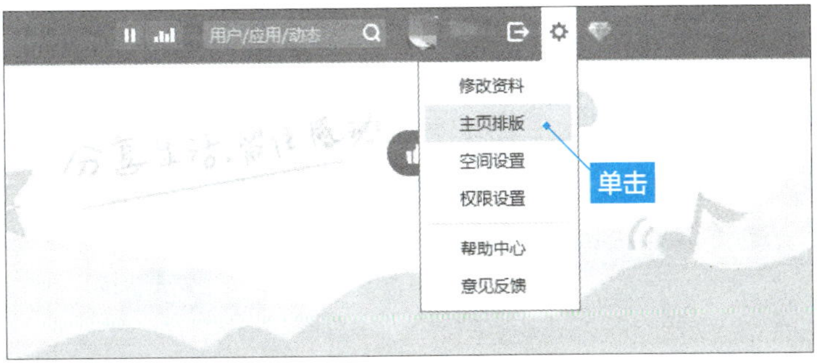


▲ 图4-21　单击选择“主页排版”一项

**步骤2：**在“选择排版”一栏中单击“模块拼贴”项，单击“保存”按钮，如图4-22所示。

**步骤3：**再次进入主页排版操作页面，在“调整布局”一项下单击“自由”布局，选定后再单击“保存”按钮，如图4-23所示。

▲ 图4-22　选择模块拼贴一项

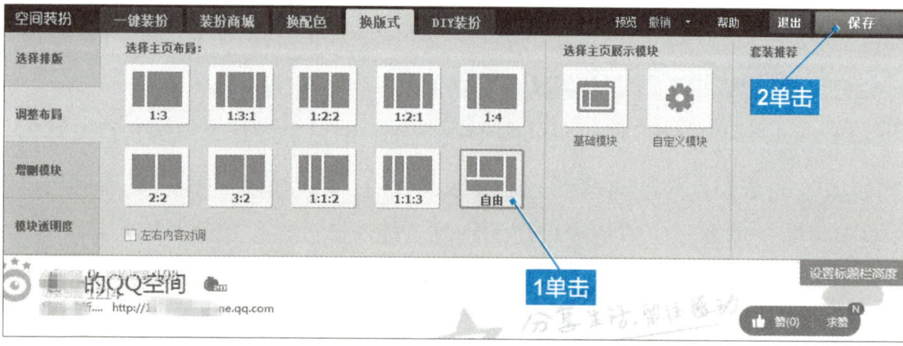


▲ 图4-23　选择自由布局方式

**步骤4：** 然后在“增删模块”一项下单击“新建模块”按钮，如图4-24所示；在出现的添加自定义模块对话框中，单击“大图模块”一项，如图4-25所示。

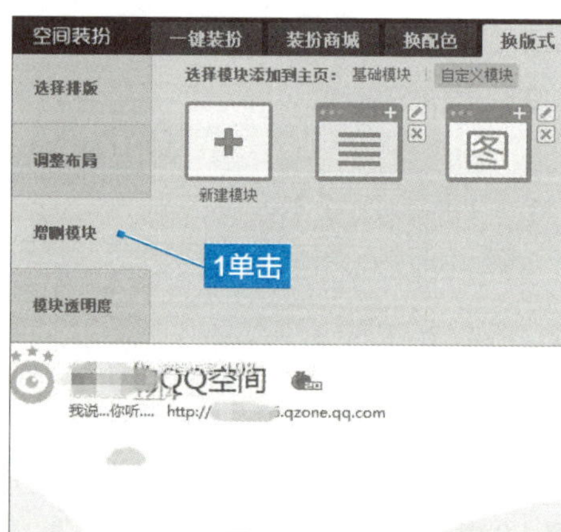


▲ 图4-24　单击新建模块

▲ 图4-25 单击大图模块

**步骤5：**在图4-26所示的编辑对话框里，上方的标题可以随意输入，图片地址一栏也可以通过网络搜索到，图片链接地址处就是粘贴推广代码的地方，将其复制进去后单击“确认”按钮；返回QQ空间主页面即可在相应位置上看到推广的商品图片了，如图4-27所示。

▲ 图4-26 粘贴推广代码

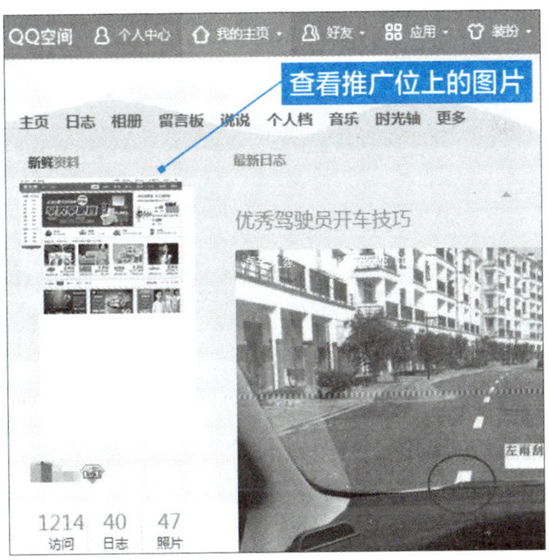


▲ 图4-27 查看推广商品

**步骤6：**再返回淘宝联盟管理后台，在“推广管理—推广资源管理—推广位管理”的导购推广位页面中，即可实时查看到放在QQ空间里的推广商品的展示效果以及收入情况，如图4-28所示。淘宝联盟同时还提供了“效果报告”让收取佣金的用户能够随时监测广告位的表现情况。

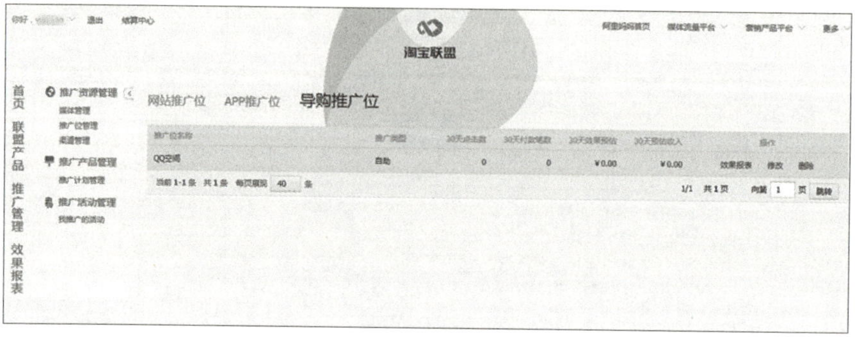


▲图4-28　查看导购推广位的佣金

**小知识**

淘宝联盟就是所谓的“淘宝客”，是指通过推广淘宝卖家的商品来赚取佣金的行为。淘宝联盟不同于一般的广告联盟，因为它是阿里巴巴集团旗下产品，依附于淘宝网信誉可靠、支付无障碍，只要买家通过淘宝客的广告链接买下宝贝，佣金就会自动打到淘宝客（也就是以上提到的QQ空间的拥有者）的支付宝账户中。所以淘宝联盟是一个可信的平台，只要认真做让自己的QQ空间保持一个高流量访问的状态，那么通过淘宝联盟是真的可以赚到钱的。

## 4.4　企业如何通过QQ空间营销赚钱

企业通过QQ空间来营销赚钱的方式和方法则要灵活多样一些，因为企业不仅可以充分利用员工的个人QQ空间来完成人气积累以及信息传递，更可以通过腾讯企业空间来实现官微空间的全方位展示。本小节即会向大家介绍企业在QQ空间营销赚钱方面的一些思路和做法。

### 4.4.1　通过空间日志软性植入商品信息

空间日志是用于QQ用户以长篇幅的形式记录心情、摘录事件的地方，而从营销赚钱的角度来考虑的话，空间日志又是一个不错的企业营销软文发形式。一篇巧妙植入营销信息的软文就像是一个会传播的导购员，它可以把企业想对消费者说的话，用软文的方式表达出来，然后形成一种口碑，一种品牌的效应。随之带来的就是更多用户对于企业品牌、企业服务以及企业产品认知度的提升。那么，如何不说教、又不让阅读者觉得这是一篇广告日志呢？主要掌握以下几个方面。

### 1. 好标题就是好标签

“题好一半文”这是初中语文老师就教给我们的文章写作要领，对于一篇希望尽量多的用户来阅读的空间日志软文来说，更要让你的标题出彩才行。如何才能让软文标题成为内容点睛之笔呢？可尝试插入具有吸引力的词，如免费、秘诀等；通过不断的积累和分析逐步发现什么样的文章用什么样的标题更具吸引力。另外，标题还可用疑问句和反问句从而引起读者的好奇心。

### 2. 精彩的开头是成功的前提

以前我们写作文时就曾遇到过这个问题：标题写好了却久久开不了头，不知道怎么下笔为好。这其实也从侧面反应出了一篇文章开头一段的重要性和不好规划性。对于软文来说，好的开头更是决定阅读者是否有兴趣继续读下去的关键。如图4-29所示，这是一篇临近中秋佳节由某公司员工抢月饼遭开除事件引起的营销。事件火热进行，各大网站的网友各抒己见，在事件传播过程中，某月饼也就为自己做足了广告。软文采取讲述故事的角色为开头，突出自己的产品。

▲ 图4-29　精彩的软文开头

### 3. 正文内容巧妙展现产品

“软文”的意思就是要让文章内包含的宣传内容不像广告那样直接，而是通过一些事例或是相关事件的讲述，关联式地带出营销内容；而且，这样的关联又要很自然。软文比较常用的办法就是通篇文章都围绕标题的意思而展开，仅在最后段落的结尾少量地加入营销信息即可，这就是点到即止，但这样的展现又是顺势而为的。如图4-30所示，这个文章看似是讲自驾游该如何省心的心得分享，实际上在文章最后加入了某某旅行社字眼，这就是这个文章要宣传的产品了。

> 去年国庆我曾经问过一个即将自驾到厦门旅游的朋友："自己开车去?"他乐呵呵地说："对啊，不受你们的气了。"我知道他是开玩笑，但是又不好扫他的兴，于是只好笑笑祝他一路顺利。
>
> 晚上突然接到他的电话，十万火急的样子："老兄，赶紧帮我定3个房间，条件是中山路边靠轮渡码头，300 元以内，三星级以上。"我哭笑不得："有房间就不错啦还那么多条件。"结果，处理到十一点多，托这个帮忙托那个帮忙，终于在一个离市区十多公里的集美给他找到了3间房。回来之后，他大吐苦水：吃饭等了半个小时，找停车位找了一个小时，在鼓浪屿买东西给人家骗了，汽车放酒店外面给划花了，酒店去景区花在路上的时间超多，在厦门不熟悉路违章了3次。"下次还是参加你们的旅游团好了，打死也不自驾车了。"
>
> 我跟他说，也不要因噎废食啦，自驾游还是有自驾游的乐趣啦。但是，像这位朋友一样碰到问题的游客不在少数。每个黄金周，我都经常为这些游客临时救急，订房是最经常的，但是往往很难拿到满意的酒店。自驾游游客不像旅行社，提前十多天做好各种计划，下了各种定金，自以为自己到了当地就有吃有住。当然，作为有车一族来说，自由是他们的优势，要求这些车友像旅行社一样操作是不可能的。
>
> 所以，我们建议自驾游的游客在出发前(最少5天)联系旅行社，至少先预定酒店，确保住宿问题。新旅程旅行社每年的黄金周都策划了相关的产品，比如今年的云霄云顶五星温泉度假二天，就是专门为这些游客设计的，自己驾车到景区，旅行社包五星级酒店住宿、温泉票、自助日式料理，并且价格为家庭打包价(即二个大人和一个小孩)，非常受欢迎。游客可以自由驾车前往，享受真正的度假。还有仅仅预定酒店的，如京明度假村，每年都是汕头自驾游游客的热门选择。

▲ 图4-30　宣传软文中的产品展现

## 4.4.2　空间说说也是一个商品推销地

QQ空间说说可以发表的字数有限，其功用其实和微博类似。QQ空间说说可以发布文字、动画、图片、视频、网址等内容，而且还可以通过@用户实现精准消息推送。企业用户通过个人QQ的空间说说，每天发布一些简单有趣的和企业相关的内容，通过这种简短的"小广告"起到潜移默化的宣传作用。如图4-31所示，把红牛饮料的"小广告"用一个小小的事例引出来，这样的话题诙谐又生动，可以勾起大家的话题讨论。

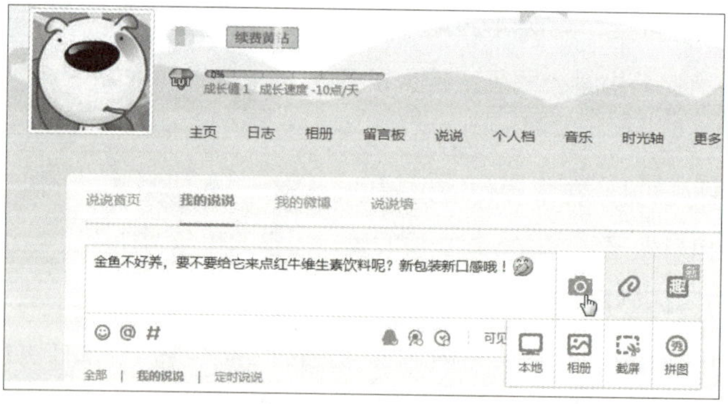


▲ 图4-31　空间说说的"小广告"效应

很多人玩手机QQ都很习惯地去看看自己QQ空间里有什么新动态，又有哪些人发布了QQ说说等，而QQ空间中更新的说说内容，会显示在好友动态里（注意开启空间说说到QQ签名的同步，如图4-32所示，这样就便于好友在其好友列表中及时看到空间更新内容），所以空间QQ说说其实也是一个不错的营销地。

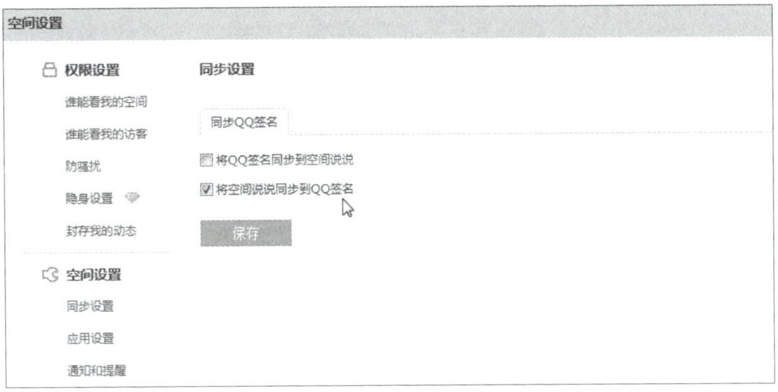


▲ 图4-32 将空间说说同步到QQ签名

企业内部的员工们可以利用空间说说来宣传产品，企业的营销团队还可以通过一些任务网站来发起空间说说的赚钱任务，支付费用让其他人接任务帮忙宣传，如图4-33所示。这样的营销能够以低成本实现不错的营销效果。

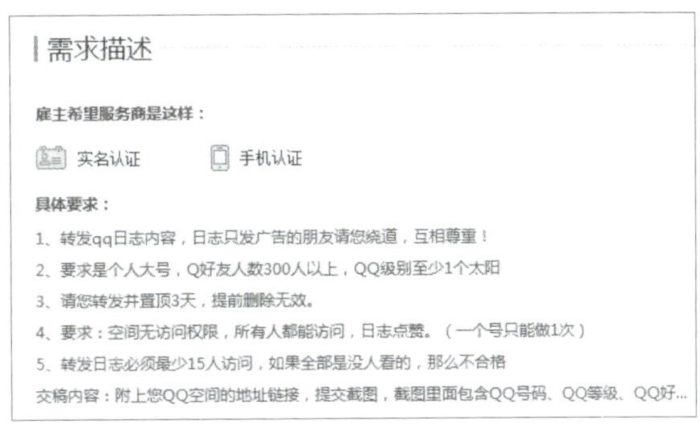


▲ 图4-33 发布空间说说赚钱任务

## 4.4.3 在腾讯企业空间真实展播信息

企业用户很有必要申请一个企业QQ客服，由此可以建立起专业客服热线以及团队，也可以利用腾讯企业空间进行企业品牌展示、新闻发布以及产品信息展示。企业用户通过登录腾讯企业产品页面即可完成企业QQ的咨询和购买，如图4-34所示。

企业用户拥有了企业QQ和企业空间后，在企业账户中心页面，用分配的管理员账户登录后，就可以完善商家的各项信息。如图4-35所示，企业用户在后台管理的“企业空间”标签页面的空间外观栏中，可为企业空间主页自定义一张宣传图以及企业宣传语。

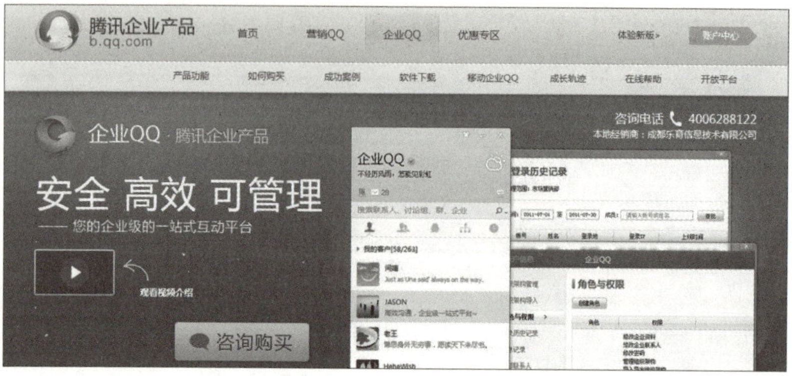


▲ 图4-34 咨询购买企业QQ

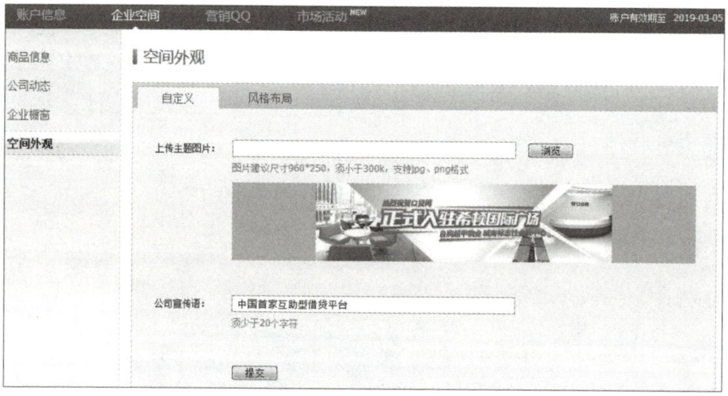


▲ 图4-35 调整空间外观

**小知识**

腾讯企业空间在百度搜索中也占有不错的搜索权重，特别是企业空间主页，算是腾讯带给企业用户的一个免费主页空间，可以集中展示企业最核心的品牌价值。在实际操作过程中，用户设计企业空间的主页面时可以多听听设计部门的意见，从而制作一个更加符合品牌定位的主页样式。

然后在浏览器地址栏中输入网址http://企业QQ号码.114.qq.com/，就可以打开企业空间的主页，查看到效果，如图4-36所示。其中，页面下方的“关于我们”和“联系我们”是系统生成的，涉及的资料是申请企业QQ时提交的；后期可以在管理后台的“账户信息”一栏中进行调整修改。

▲ 图4-36　腾讯企业空间主页面

## 4.4.4　在腾讯企业空间发布企业新闻

腾讯企业空间算是一个比较正式的品牌展示地，而且它也提供了一个“企业动态”的功能。这个功能的作用就是当咨询客户和企业QQ客服对话时，在聊天窗口右方显示企业当前的一些动态消息，所以企业宣传部门在这里实时更新发布企业新闻，也有利于品牌服务的有效传播，如图4-37所示。

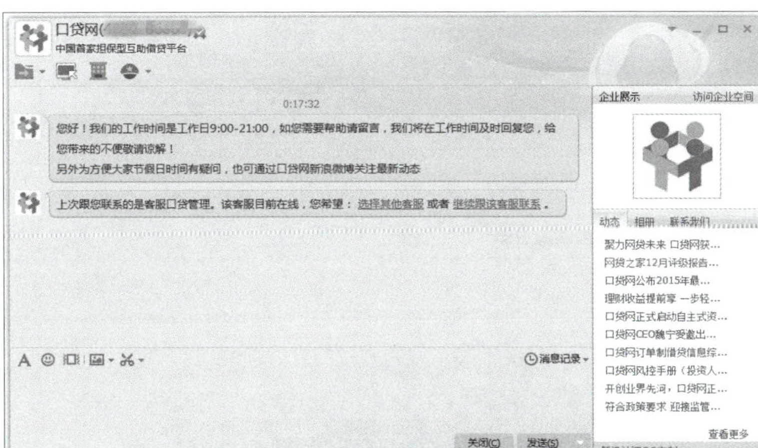


▲ 图4-37　企业QQ聊天窗口右方的动态显示

单击“企业空间—公司动态”页面下的“发布新动态”，即可要更新发布企业动态消息，如图4-38所示，并且可以再编辑或删除已经发布的新闻动态。由于聊天窗口展示的新闻动态数量有限，所以在此处发布的企业动态消息应该主要以重大事件为主。

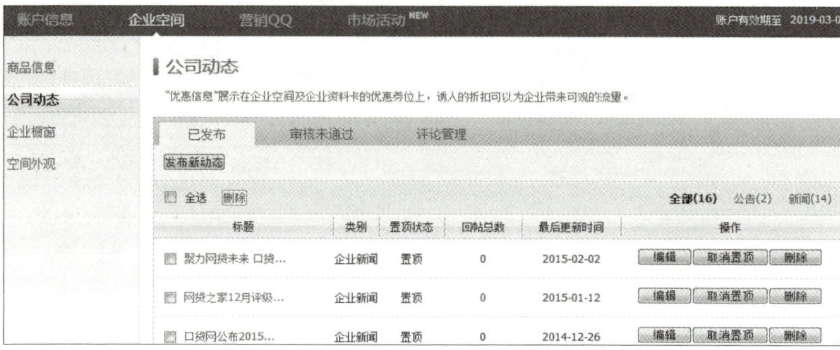


▲ 图4-38　单击发布新动态按钮

发布新动态编辑界面其实就是一个功能完备的文章后台发布系统，如图4-39所示。输入标题，并选好类别，再录入或复制一些重要的新闻内容，注意勾选下方置顶一项以便让更新的内容靠前显示，最后单击“提交”按钮即可。

▲ 图4-39　录入并提交企业新闻

## 4.4.5　腾讯企业空间图片的合理放置

企业空间后台有一个“企业橱窗”功能模块，企业在这儿可以通过图片来展示企业形象和实力，如资质、厂房、店面、办公环境、员工形象、成功案例等；并且也可以展示具体的商品货服务，发布商品或服务形象，如图4-40所示。

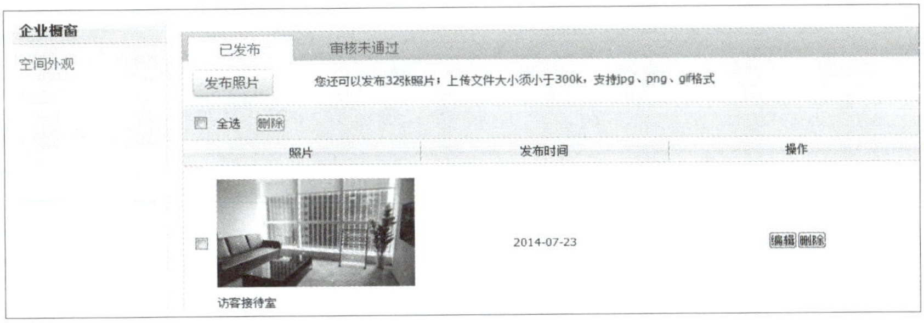


▲图4-40　企业橱窗功能模块

完成上传后的企业空间页面的展示效果如图4-41所示，上传的图片会显示在“企业相册”分类标签下。办公环境或是相关的产品介绍，都可以在这里得到展示。图片营销也是企业日常营销工作的一个重点，在上传图片前建议先为图片加上品牌LOGO的水印，这样会更利于后期转载传播时展现企业的品牌。

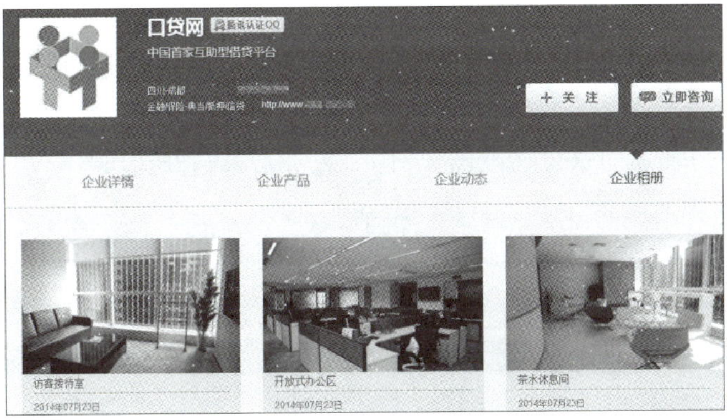


▲图4-41　通过企业相册展示

**专家提点**

企业相册不能创建分类，图片按上传时间先后排序。为了让图片展示更有序，可先准备好所有图片，然后按照展示的重要性排好序再上传。上传时先传最后的分类，确保最需要展播的图片在第一页。

## 4.4.6 把商品信息发布到腾讯企业空间

企业要将线下产品或是自己的服务内容在网上“售卖”，通常采用的方式是在网上开店，建立线上销售渠道，国内目前有淘宝、京东等线上平台，不过这些平台都需要经过前期严格的企业资质审查。其实，通过腾讯企业空间，企业也可以便捷地将企业产品信息发布出来，实现产品展播。腾讯企业空间为大家提供了一个更容易传播产品服务信息的空间。如图4-42所示，用户在企业空间管理后台的“商品信息”一栏中，不仅可以发布新商品，还可以进行商品分类管理。

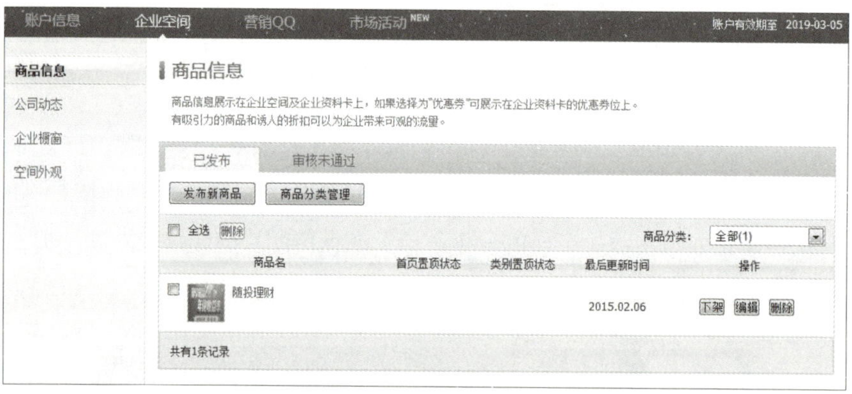


▲ 图4-42 企业空间商品信息页面

例如，一个理财型的企业用户，需要先配置好理财产品分类信息，再分别上传每个分类信息相应的理财产品信息。如图4-43所示，通过“新增类别”按钮即可创建多个不同的商品分类。

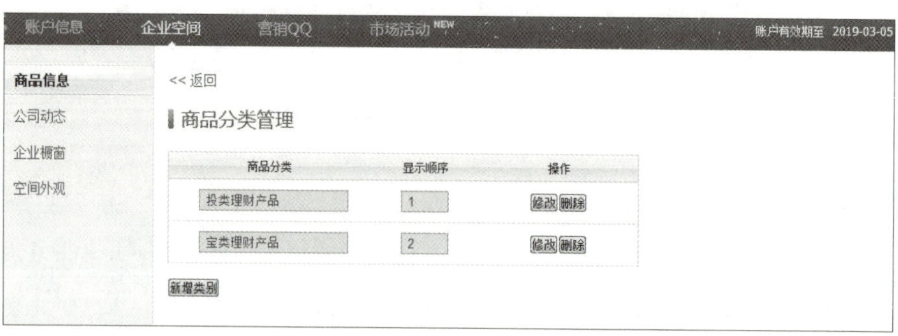


▲ 图4-43 创建多个商品分类

企业用户发布产品前，要在如图4-44所示的新产品发布编辑页面下完善信息，具体包括商品名称、类别、价格、展示位置以及商品介绍等。完整的信息有助于更好地向广大用户展示商品，展示的图片也尽量做到精美。

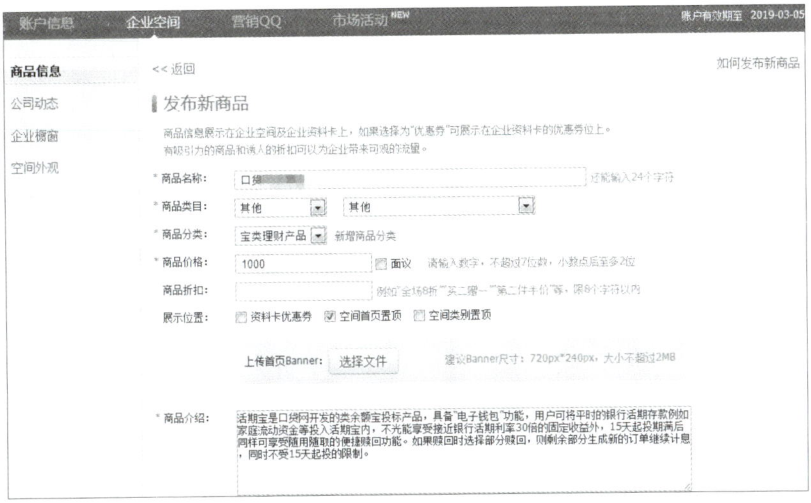


▲ 图4-44　录入产品信息

当用户单击感兴趣的产品列表图片后，即可进入如图4-45所示的产品详情页面。这样的页面展示，可以很清楚地向用户传递企业的各项产品服务信息，虽然本页面不能支持支付购买，但营销信息的到达率还是相当高的。

▲ 图4-45　查看产品详情

## 赚钱秘技一点通

### 1. 个人通过QQ空间发布日志卖茶叶

通过QQ空间实现赚钱的计划，有一个很成功的案例值得借鉴：一位用户仅仅通过发布一些有价格的文章，就完成了茶叶产品从信息传播到产品售卖的过程。总结起来其赚钱的路径主要包括以下几个流程。

**步骤1：** 申请QQ号码广加QQ群

个人同时申请多个QQ号码，然后每一个QQ号码再搜索添加多个QQ群，QQ群的添加原则是寻找与茶叶产品相关，或是有品茶兴趣的用户群，如汽车类、探险类、商界类、高尔夫类等，这类稍高端的用户更容易接受与茶叶相关的信息。用户可以通过此方法来完成QQ好友的积累，为后期的信息扩散做准备。同时注意，在权限设置的个人资料里屏蔽掉自己的Q龄一项，如图4-46、图4-47所示；这样做的目的是：很多人在看到陌生人添加好友尤其是Q龄为0的人，会认为这是推销号码而拒绝添加。

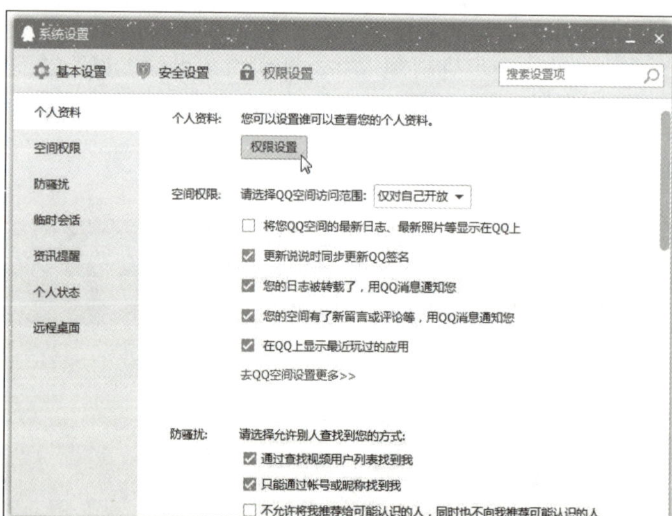


▲ 图4-46　单击权限设置按钮

**步骤2：** 精心制作传播内容

用户可以通过网络搜索和整理与茶叶相关的文章，包括种植、采收、识茶、品茶等，如图4-48所示；然后把所有的内容糅合在一篇文章里，弄成一个茶文化的专题文章；随后在这个文章的最后，简单地罗列自己售卖的产品信息，或者是产品链接或者是图片；最后再配合一个非常有吸引力的标题，完成内容的制作。

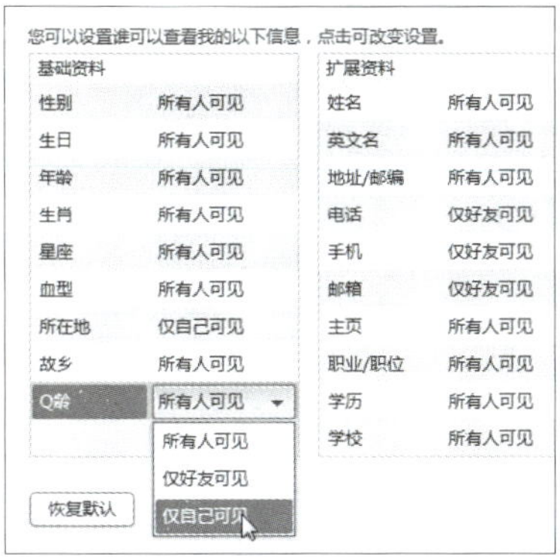


▲ 图4-47　选择Q龄仅自己可见

▲ 图4-48　介绍茶叶的制作过程

**步骤3：传播内容的巧妙发布**

注意发布的方式一定是只在一个号码的QQ空间里发布，然后由其他QQ号码来转发，转发时同时写上一段非常真切的读后感。QQ空间属于强联系活跃度高的平台，通过前面两个阶段的铺垫工作后，只要你的文章拥有足够的可分享性，那么其扩散的效果会很好。

## 2. 小米在QQ空间的成功营销案例

小米在社交媒体的精彩营销案例不少，QQ空间也有其非常成功的案例展现，如其一环扣一环的"集赞送预约"的营销思路。红米note首发时通过QQ空间做的营销活动是：用户在QQ空间发布一条说说，并集齐一定数量的兑换指标就能抽取3次预约机会，如图4-49所示。这种熟人圈子营销很"接地气"，波纹传导效应惊人，最终约有超过1亿用户参与点赞。

分析上述营销思路，我们不难发现小米在QQ空间上做的一些营销创新，最主要的一点就是基于兴趣的激励，鼓励用户去分享，分享之后又会得到相应的权利；然后小米再通过基于用户行为和偏好的分析，向用户推荐可能感兴趣的广告，融入用户移动社交的场景当中，使得广告成为有用的信息，而不是骚扰，广告样式如图

4-50所示。此种营销方式在QQ空间引爆了一轮强有力的营销活动的开展。

▲ 图4-49　小米QQ空间营销示意

▲ 图4-50　QQ空间广告示意

# 实用技能拓展

## 1. 接“空间说说”任务赚钱

个人QQ空间中的空间说说不仅是一个可以发表自己心情的地方，其实也可以用来做些小小的赚钱操作。例如，现在各大威客站中就能找到不少关于“空间说说”的赚钱任务，如图4-51所示。

## 2. 减肥产品的企业QQ空间营销

减肥，是女性用户永远感兴趣的话题。营销人员如果能够制作出一篇或多篇，有实际参考意义的减肥类知识日志发布到QQ空间，或许就能获得好友的关注和转发。当然，这个过程当中同样需要借鉴在“学一学”中介绍的“发布日志卖茶叶”的方法，再配合相应的QQ空间兴趣广告，只要有人分享那么就起到了信息扩散的作用。很多时候，产品的销售就是从印象的建立开始的。

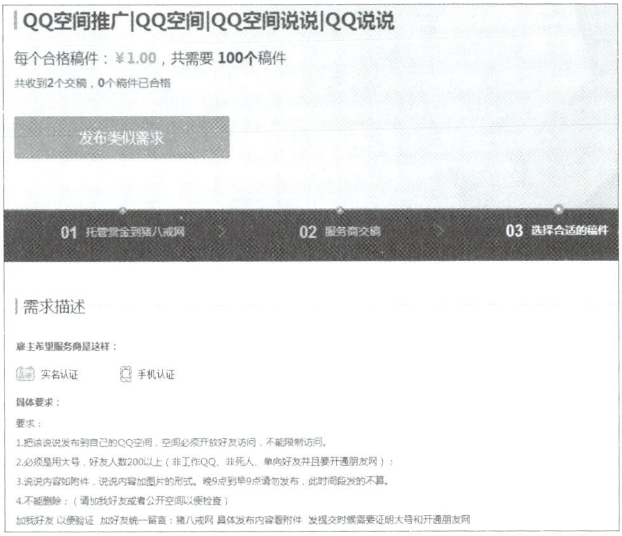


▲ 图4-51　QQ空间说说任务赚钱示意

CHAPTER 05

# 人气论坛 将展现转化为交易

△ 网络论坛也是一个聚集无数人气的平台，如果论坛中的一个帖子非常流行的话，会带来非常大的传播效应，从而制造无数的商机。这就是论坛的营销方法。

△ 论坛营销主要包含两方面的工作，一方面是定期或不定期地发布帖子，将要展现的产品和服务信息融入帖子里，从而展现品牌信息；另一方面就是充分利用论坛功能以及特点，展开各种社区活动，如抢楼、贴图、灌水等，增加用户与品牌之间的互动交流。

△ 本章将要介绍关于营销论坛的选择、注册、发帖技巧、活动开展等内容，同时在本章最后的“学一学”和“练一练”中，也准备了丰富的实践案例可供思路拓展。

## 5.1 论坛营销常用方法

用户想要在论坛里发布一个"广告帖"，则该帖子不能让用户反感，这样宣传的内容才会得以在论坛里"生存"下来。发广告帖非常讲究技巧和方法，论坛怎么选、账号怎么注册、如何巧妙地植入广告内容、如何来操作顶帖等论坛营销技巧，都将在本节中一一为大家介绍。

### 5.1.1 根据行业筛选待营销的论坛

营销要有针对性，否则事倍功半。论坛营销要想有好的效果，论坛类型的选择自然也是重中之重。选择合适的论坛的一个基本思路是：所选论坛要和推广的内容相关，并且所选论坛的人气和流量要高，或者收录好能够展现在百度搜索结果的第一页位置。下面就以理财行业为例来介绍如何筛选适合的论坛。

**步骤1：** 可以通过百度搜索输入理财的关键字进行搜索，查看搜索结果中排在第一页的都有哪些行业论坛，如图5-1所示。也可以在百度知道里以同样的关键字来提问，寻求网友们的回答，从中找到相关的人气论坛推荐，如图5-2所示。

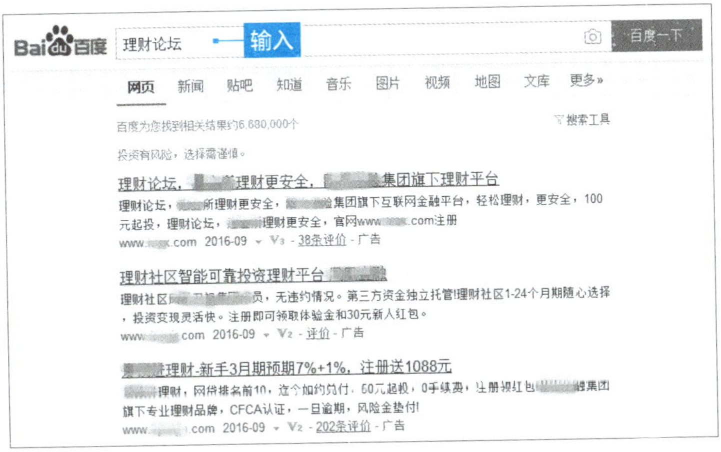


▲ 图5-1 百度搜索行业论坛

**步骤2：** 找到有关联的论坛后，为进一步获得其高流量的真实数据，用户还可利用站长工具的SEO综合查询功能来进一步确认。如图5-3所示，打开站长工具查询页面，输入希望查询的论坛网址，单击"查询"按钮，即可看到详细的查询结果。

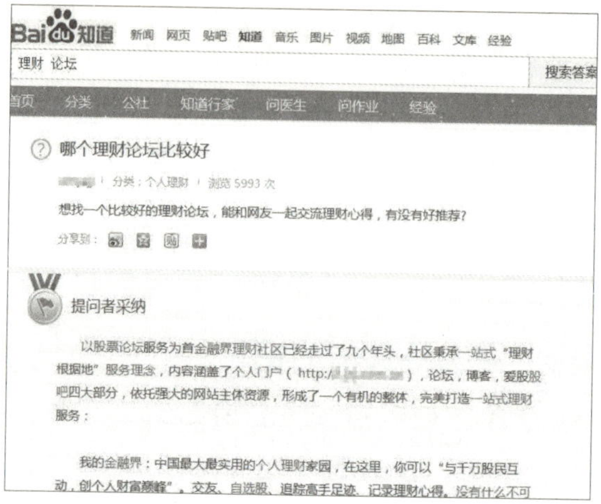


▲ 图5-2　百度知道寻找行业论坛

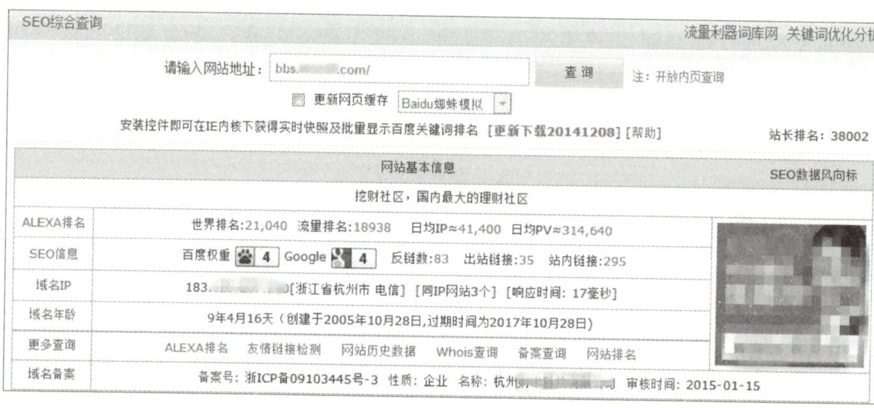


▲ 图5-3　SEO综合查询

**小知识**

上述查询结果中有几项数据可以重点关注下，分别是流量排名、日均IP、日均PV、百度权重。其中流量排名和日均值可对比出该论坛人气值；而百度权重一项则反映出该论坛在百度搜索中的权重指数，一般4以上较好。当然，以上数据的高低优劣完全取决于对比；也就是说，可以多选择几个论坛分别进行查询，然后从中择优选择几个即可。

**步骤3：**此外，仅凭SEO查询还不能足够了解某一个论坛的人气情况。更直接的办法就是进入论坛页面，从其发帖数、最新发帖的时间点来查看是否经常有人参与到论坛的讨论中来。如图5-4所示，网易财经的理财论坛里，有超过20页的主题帖内容，最新帖的时间也都是当天而且数量很多，点击以及回复的数量也比较可观，那基本上就可以认为这个论坛值得用于营销了。

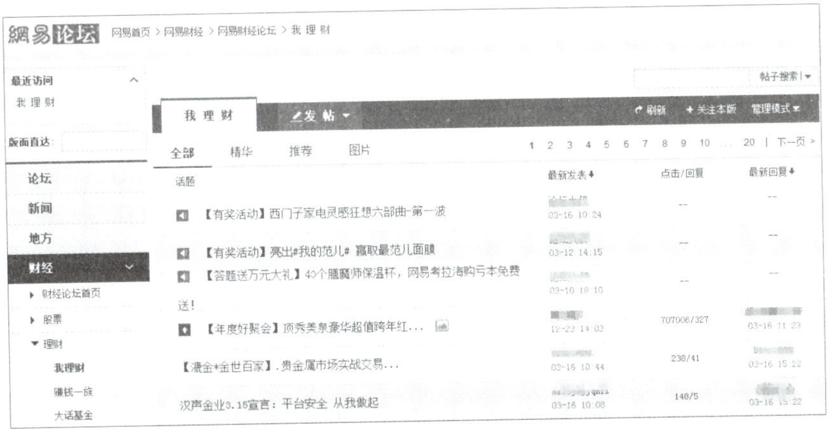


▲ 图5-4　网易财经理财论坛

**步骤4：** 最后一个挑选要素就是看论坛的合作伙伴，拥有更多合作门户网站的论坛当然更优秀一些，如图5-5所示。

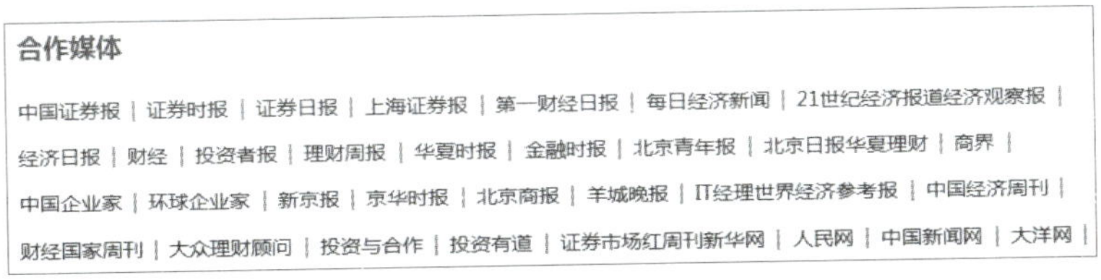


▲ 图5-5　查看合作伙伴

## 案例回放

### 法国百吉福奶酪选对论坛做营销

中国乳制品市场主要以液体奶、酸奶和奶粉为主，国人消费奶酪的数量十分微小，对奶酪的知识也知之甚少；对于专业生产奶酪的法国百吉福来说，这无疑是一个巨大的商机。

在经过分析和调查之后，百吉福了解到百吉福的受众为宝宝在1~3岁的父母，主要集中在21~35岁，以年轻女性为主；她们通常从育儿类网站获取育儿营养等相关资讯，习惯通过网络和其他年轻父母交流经验；乐于与网友分享自己孩子的新发现、新乐趣；对于产品的选择，他们愿意倾听网民的声音；将孩子视为生活中心，乐于参与宝宝相关活动……更重要的是在儿童奶酪市场，几乎只有光明生产的“小小光明”奶酪是百吉福的竞争对手；因此百吉福决定通过论坛传播，进一步提升百吉福的品牌影响力，确立百吉福“法国奶酪专家”的形象。

首先，面对不同的论坛，百吉福开始占领阵地，覆盖大、小型网络社区，尤其关注育婴、育儿等版面，不断吸引目标人群的眼球；普及奶酪知识，进行宝宝营养膳食的教育，短期之内吸引了大批网民，并且一年之内每个月都有不同主题。

除此之外，法国百福吉还对论坛实时监测和管理，尽量消除负面影响。在为期接近一年的论坛营销之后，法国百吉福得到了年轻妈妈的广泛认知，期间各大超市如沃尔玛、家乐福等百吉福奶酪销量迅速上升，效果显著，并有继续大幅上升的趋势。总的来说，这次论坛营销是相当成功的。

**专家提点**

其实百富吉奶酪还可以在西餐论坛、糕点论坛进行广泛的宣传，以期获得小资们的认可。不过，在宣传预算费用有限的情况下，营销仍然应量力而为，不要贪大求全。

## 5.1.2 论坛营销账号的注册学问

在论坛发帖营销的第一步需要注册一个账号，并需要注意一些填写和设置要点。每个论坛都有一套自己的账号注册规则，以及账号所对应的权限规则，用户在注册前多注意阅读一下相关规则，以便确认是否真的适合自己的营销活动的开展。注册阶段可以运用以下几个方面的注册技巧。

**学问1：**建议用户每个论坛注册3个以上不同的账号，用户名最好不要使用一些没有任何意义的数字或是英文字符而应采用不同的中文昵称，以便和产品信息关联。当然，一些要求用户名必须是英文或数字的论坛除外。

**专家提点**

为了制造气氛就需要在一个论坛注册多个账号（俗称“马甲”），这是保证炒作的前期条件。通常来说，如果是强势品牌炒作，可能仅需要少量马甲即可引起用户自发讨论，但如果不是强势品牌，就需要更多的马甲，需要更多的人力投入才能达到炒作效果。

**学问2：**注册的论坛账号一定要完善个人信息，如性别、年龄、地址、教育程度等，尽量填写完整，如图5-6所示。完善的个人信息使人觉得有可信任感，论坛管理者一看你的个人资料填写得比较详尽，而且看起来也基本属实，那么会觉得你是个忠实的会员，比较容易宽容你偶尔发布一个软广告。

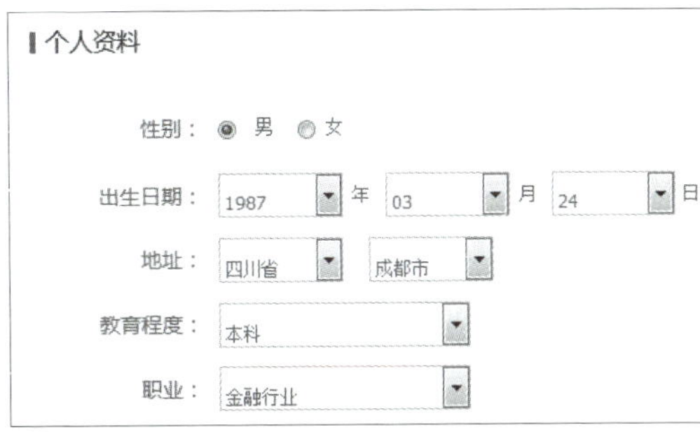


▲ 图5-6　论坛个人资料尽量填写完整

**学问3：**论坛账号的头像设置也要讲究技巧。不建议用自己品牌的LOGO来做头像，这样的头像广告味道太强。美女图片或一些轻松搞笑的卡通图片更适合做头像，毕竟在“眼球经济”时代大家更愿意接受这类顺眼的头像图片。有些论坛支持本地上传，有些论坛可以直接复制网络图片地址，如图5-7所示。

▲ 图5-7　更换论坛头像

**学问4：** 论坛签名栏也是一个较好的营销地，营销效果和签名栏设计的吸引力密切相关。打造一个个性化的签名，在论坛签名中非常讨巧地插入产品和服务的介绍，就是一种非常好的宣传。一般，在完善个人资料页面里，需要你填写类似个人介绍的地方就是设置论坛签名栏的地方。如图5-8所示，一个以宣传“口贷网”为主的论坛账号，在个人介绍中是非常巧妙的一个疑问，这样的广告就不会太明显。

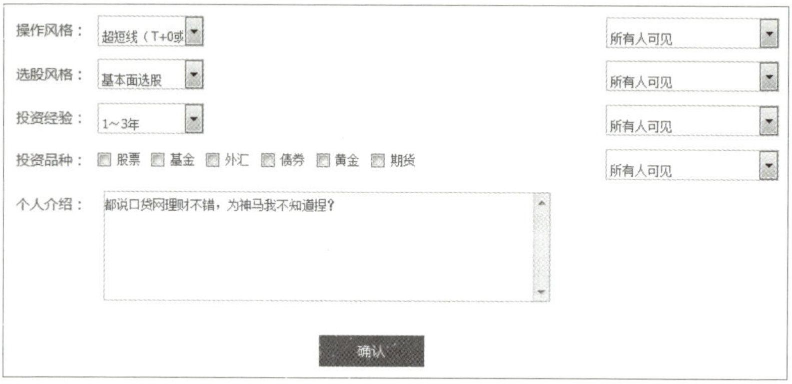


▲ 图5-8　设置论坛签名栏内容

> **小知识**
>
> 在管理不太严格的论坛上，用户还可以把自己企业的网站地址放进个性签名里。这样在搜索相关帖子内容时也会一并搜索到这个网址，这对于网站SEO优化也很有帮助。

## 5.1.3　参与讨论，引导话题

用户注册好账号之后，如果不经常发帖，和坛友们互动，那这个账号的并没有起到营销作用。更加理想的做法是，在论坛营销的前期为了打响企业知名度，用户要给这个论坛里的网友建立起一个相对好的印象，要偶尔去论坛发发言，积极参与讨论，积累人气，这也有助于提升账号的等级。

注册了一个论坛的用户账号后，用户首先应该去的地方就是这个论坛的开放式发言区，如果一开始不具备发帖权限，那么就应该多进行回复。类似图5-9这样的理财论坛里的帖子，其实很容易引出话题；回复时既可以单纯地为这个发帖人支招，也可以把自己的营销内容加入进去，如类似这样的回复：

▲ 图5-9 营销前期多回复他人的帖子

“楼主是学生的话主要还是考虑稳健型理财为好，并且最好支取灵活；根据这个原则，支付宝的余额宝就不错。当然，如果你想要偏高于余额宝的理财收益，那口贷网的活期宝我觉得也可以关注一下哦！”

这样，不仅能给楼主支招赢得好感，还能将理财产品“余额宝”和“活期宝”巧妙地展示在广大网友眼前。每当这个帖子被浏览一次，理财产品也就被宣传了一次。

当用户积累了一定的论坛权限，就可以开始尝试发布主题帖了，不过此时还是不要单纯地发广告。很多网友都会排斥论坛上的广告，而且会对发广告的人产生抵触的心理。为了避免被会员排斥甚至被封账号，用户不要发非常明显的广告。

用户发布营销帖之后，还要注意引导话题，其目的有3个：

① 让话题保持热度，尽可能地“榨取”话题的价值；

② 不要让话题偏离主题太远，否则到最后都去讨论不相干的内容，营销作用就小了；

③ 不要让话题变得对营销商品或品牌不利，当发现商品或品牌有负面苗头，就及时将话题转移，以免造成负面影响。

## 5.1.4 巧妙地制作发帖的标题

将商品信息巧妙植入一个帖子中然后发布出去，其实也就是在论坛上发布产品软文，只是其表现形式可以比新闻软文更灵活一点。发布帖子首先要考虑的，就是如何增加这个帖子的标题的吸引力。

**方法1：寻找和论坛氛围更适合的主题内容**

用户首先要找准版块并分析版块内容及气氛，防止发帖主题与版面内容偏差太大，导致高删帖率。必要时，用户可根据版面内容调整文章标题或内容，使软文最大限度贴近主题。例如，图5-10所示的论坛氛围，适合分享一些减肥经验和技巧。所以如果是宣传一个减肥产品，那么就一定要结合大家关心的内容，巧妙地植入产品信息。例如给大家介绍几个减肥技巧时，其中就包括自己的产品。

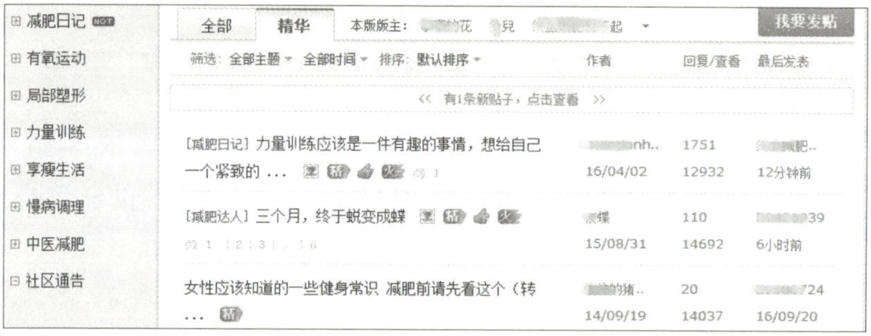


▲ 图5-10　寻找和论坛氛围更适合的主题内容

例如，“家庭理财的六条实用技巧”这样的帖子，可以在“最好买份保险”这个位置加上自己的产品信息，非常随意地带出要宣传的内容，如图5-11所示。

> 四、一定不要借钱搞投资。有时候借钱是为了投资，然而只有投资在自己身上或本业时，例如借钱受教育，才是正确的举债，才能借钱。不要借钱做自己不在行的投资，也不要为了过度消费而借贷，错误的举债可能让你万劫不复。
>
> 五、最好买份保险。家庭有变故，伤残，疾病，失业，死亡等留下沉重的房贷。因此我们的理财原则是：先针对人生可能的风险投保，再谈投资。
>
> 六、购买自用住宅。自用住宅是个好投资，如果你买得起，尽可能拥有自己的房子。

▲ 图5-11　适合的位置带出产品信息

**方法2：做足标题的噱头**

论坛软文的标题其实和新闻软文一样，有足够的吸引力才会吸引大家来点击。这个吸引力怎么来创建呢？可以纳入当下热点事件的一些关键词，如在五一节前后，那就在标题上动动脑筋，类似“五一假期十大放肆攻略 你造吗”这样的标题，在大家一遇大假就不知道到哪儿去的情况下，这无疑会吸引更多的人来查看这个攻略。如图5-12所示的论坛标题，是具有一定吸引力的。人流量有了账号，才有曝光和赚钱的机会。

论坛标题除了要有足够的噱头，还应该要有当下热点事件的热词，以增加网络搜索量。通过百度搜索风云榜，用户可以找到很多的热点灵感，如图5-13所示。例如，针对“超能陆战队”这个热点，如果是一个体育用品，那么“别嘘~我的超能陆战队锻炼器材，你比不了”这样略显朴实的标题就不错。

▲ 图5-12　论坛标题要有噱头

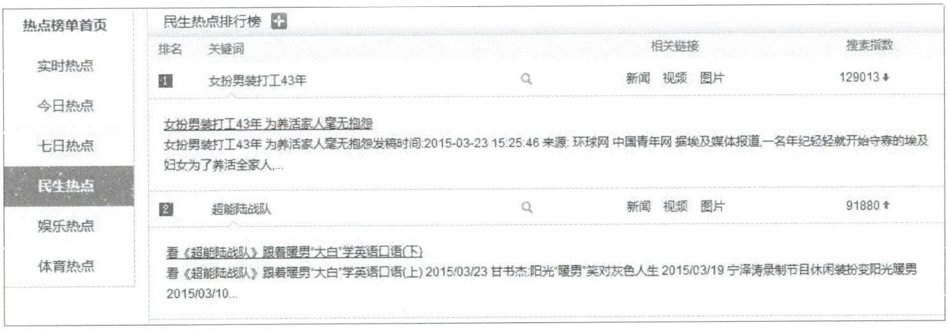


▲ 图5-13　百度搜索风云榜

**小知识**

做网络营销赚钱的用户，一定要关注百度搜索风云榜。这里有当下最热的搜索词，注重应用这些词的使用就能在一定程度上增加宣传内容被展现的概率。

## 案例回放

### “封杀王老吉”让王老吉销量猛增

2008年5月18日，中央电视台为汶川大地震举行赈灾晚会，东莞加多宝公司（凉茶王老吉的生产商）捐出高达1亿元的善款，使这家原本默默无闻的公司一举成名。

就在加多宝公司出人意料地以巨款捐助行为感动社会公众的当下，次日晚，国内知名网络论坛天涯上出现了一个叫嚣要“封杀王老吉”的帖子，帖子标题为《让王老吉从中国的货架上消失！封杀它！》帖子内容为：王老吉你够狠！捐一个亿！为了整治这个嚣张的企业，买光超市的王老吉！上一罐买一罐！不买的就不要顶这个帖子啦！如图5-14所示。

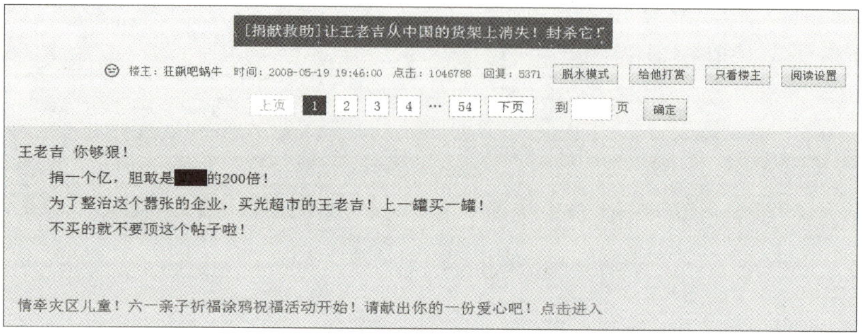


▲ 图5-14 “封杀”王老吉的帖子

这种奇葩的标题，在加多宝捐出巨款的风口浪尖，自然是引来了无数的目光。网友们看了帖子后，纷纷恍然大悟，成为了行动的支持者，到6月2日，这个帖子的浏览量已经超过52万，回帖多达5000多条。加多宝公司一时成为“爱心企业”的模板，“封杀王老吉”的帖子也会多次转载，引起众多传媒对这一事件的关注和跟进报道。数日后，网上出现了王老吉在一些地方卖断货的传言。

**专家提点**

这是一次成功的营销，标题有噱头只是成功的原因之一，其他方面的因素也不容忽视，如利用了捐款的热点、多渠道传播（包括QQ群、贴吧和博客等）等，都是非常重要的。

### 方法3：用疑问的标题来吸引讨论

标题使用疑问句，提出一些或现实、或荒诞的问题，引起大家的共鸣和关注，进一步引导网友浏览并参与讨论。

例如，标题可以使用请求类的语气提出疑问，如图5-15所示。文章开头采用一些容易引发讨论的事情，以吸引大家进来共同讨论。这个时候，其实展现产品信息是次要的，目的主要是让大家进到帖子中来，通过浏览与讨论，让植入在这个帖子里的产品信息深入到网友们的心里。

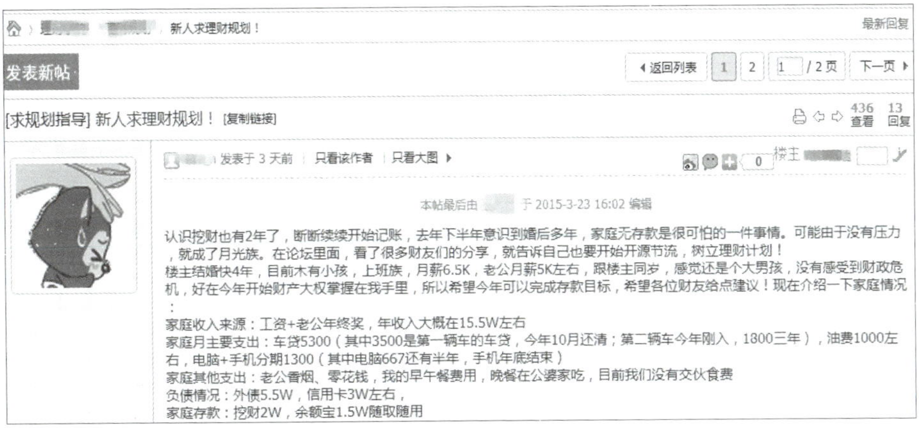


▲ 图5-15　新人求规则的标题本身就有亲和力

## 5.1.5　寻求第三方推广公司帮助

精力不够或是没有专门的品牌营销部门的企业用户，可以交给一些专业的第三方论坛推广公司来负责营销，这样可能营销效率更高。这类推广公司通常都能帮助企业用户实现如图5-16所示的宣传服务。

**论坛发帖**
绝对纯手工发帖，相对批量的机器发帖来讲，百度收录效果好，审核成功率高！
**论坛顶贴**
发了帖子之后，容易被后面发的帖子给顶上去，在大型论坛如天涯论坛，网易论坛更是如果。怎么办？不断地顶贴回复，可以使帖子长期保持在前面。
**论坛置顶**
如果顶贴对于某些客户来讲，仍然觉得不够的话，我们可以做置顶服务，将我们发出去的帖子直接放在版块最上面醒目的位置。
**论坛加精**
一页下来有很多的帖子，网民点击哪一个我们无从得知。但是，只要在我们的帖子后面加上精华，会吸引更多人来关注我们的论坛帖子。研究表示，78%以上的网民会去点击带有"精华"标签的帖子
**论坛首页推荐**
如果要策划大事件，要让更多的人知道我们的帖子内容，放在版块最上面已经不能满足我们的需要。这时，我们就需要将其放在整个论坛的首页，比如网易论坛、新华网论坛等知名论坛。

▲ 图5-16　第三方论坛推广公司的服务项目

优秀的第三方论坛推广公司往往具有更加优良的资源，例如他们可能掌握了成百上千个论坛的版主资源，可以直接将帖子置顶、加精；同时，他们通常都还会集

合非常多的以论坛发帖为工作的人员，可以随时对上千个网站论坛进行发帖、顶贴、回复等操作，做出来的营销效果会更加理想。

### 案例回放

## “贾君鹏”让魔兽游戏重拾人气

魔兽世界曾是一款很热门的网络游戏，但因为一些原因，停机了两个月，很多玩家不能玩该游戏，于是渐渐把兴趣转向了别的热点。代理魔兽游戏的某公司于是策划了一起“贾君鹏”事件，引起了极大的社会反响，形成了现象级的营销案例。

某日上午10时59分，在百度魔兽世界贴吧里，有网友发了一帖，帖子标题为“贾君鹏你妈妈喊你回家吃饭”，内容只有“rt”两个字母，意思为“如题”。就是这么一句近乎调侃的话，以星火燎原之势红遍网络。

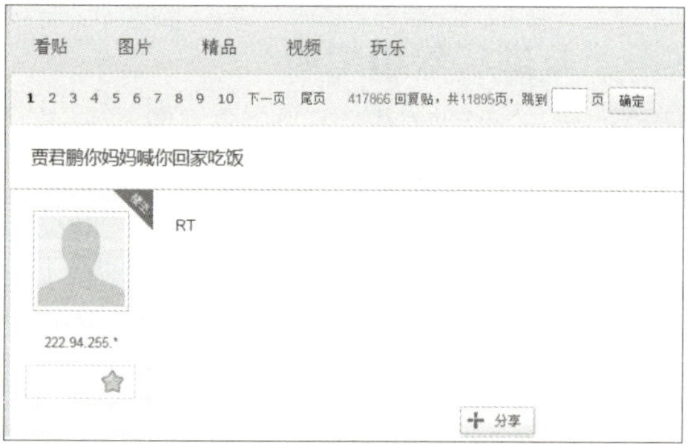


▲ 图5-17 现象级营销事件“贾君鹏”

这个简单的帖子竟然激起了很大的涟漪，短短不到2天的时间，此帖已经禁止回复，回复数接近42万，点击数接近800万。

从7月16日开始，“贾君鹏”持续火热网络，其幕后推手是北京一家传媒公司的CEO，网络营销专家，服务于各大知名品牌。据他事后透露，该策划总计动用网络营销从业人员800多人，注册ID达20 000多个，回复10万多条，实际投入5万元左右。

据报道，本次营销让该第三方公司赚到了“6位数”的酬劳，而“贾君鹏”事件也让魔兽世界吧保持了相当的热度，拉回了不少游戏人气。

## 5.1.6　寻找威客专业推广团队

5.1.5小节介绍的第三方推广公司，虽然具有非常好的资源优势以及操作模式，但是唯一的缺憾就是可能收费会比较高。那么，对于一般性的企业商户，如淘宝店铺商家而言，选择“威客”的方式进行推广可能更加物美价廉。“猪八戒”网站就是一个比较热门的威客网站，在其中可以搜索到许多提供论坛营销的服务团队，如图5-18所示。这些服务团队提出的服务价格更加低廉，而且服务质量也不会很逊色。

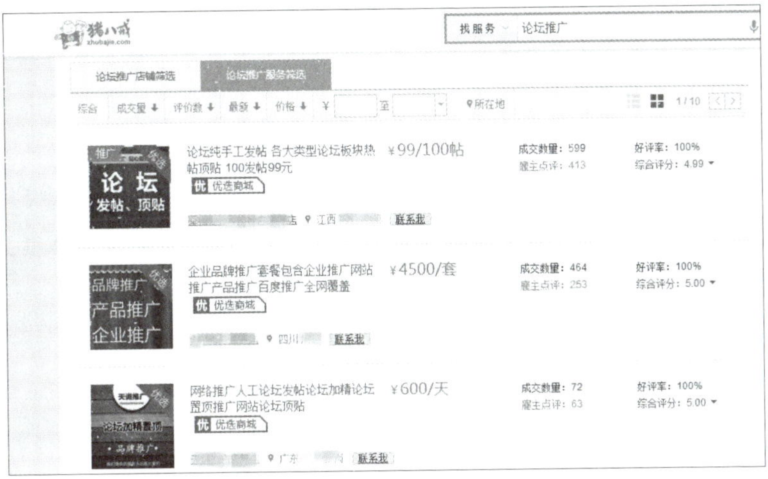


▲ 图5-18　威客网站论坛推广服务列表

> **小知识**
>
> “威客”就是利用互联网进行知识管理的网络创新模式。再简单点说，就是有知识有能力的人，可以将自己的才能放到威客网站上“出售”，提供相应的服务；然后有需求的雇主看到后就会联系下单购买，以此帮助企业实现推广，帮助个人实现赚钱。

以“猪八戒”威客网站为例，下单“购买”一个论坛推广服务的大致流程介绍如下。

**步骤1：** 企业用户进入具体服务页面后先确认其服务内容是否是满足企业需求的，如其提供的服务时间、服务规模以及注意事项等，确认无误单击“立即购买”按钮。

▲ 图5-19　单击“立即购买”按钮

**步骤2：** 然后填写服务的需求信息。企业用户先在描述框中简单地说明需要的服务，然后将要发布的论坛帖以附件形式上传；接着确认服务价格，没有问题的话就可以单击“提交订单”按钮，如图5-20所示。最后在弹出的登录对话框，输入已有的账号或是单独注册一个，如图5-21所示。

▲ 图5-20　填写需求信息

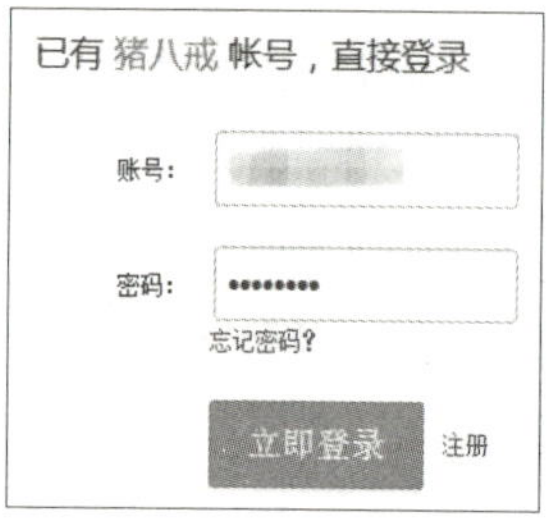


▲ 图5-21　用注册账号登录

**步骤3：** 这个威客网站也可以无需账号，只要输入一个手机号即可提交服务需求，如图5-22所示。留下联系方式才能让服务方联系到。

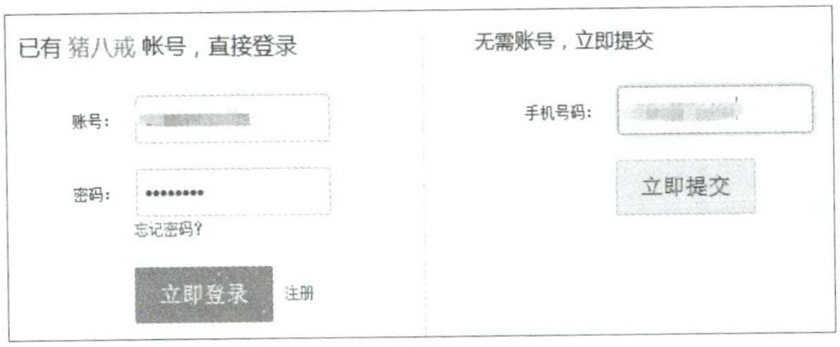


▲ 图5-22 无需账号立即提交

**步骤4：** 最后，企业用户需按照网站提示完成服务费用的支付。威客网站的交易流程其实和淘宝购物一样，先付款到一个平台监管，然后等服务结束后由付款方确认，服务方才能得到这笔服务费用；最后双方互评服务质量完成此次交易。整个流程示意如图5-23所示。

▲ 图5-23 猪八戒服务流程示意

## 5.2 精心打造帖子内容

帖子内容是重中之重，好的帖子可以春风化雨般，在不引起人反感的情况下进行营销。本节介绍帖子内容的各个要点。

### 5.2.1 如何实现“渐进式”营销

如果在帖子里放比较“硬”的广告，不仅读者不感兴趣，而且帖子的存活率也很低，容易被管理员删掉。因此，帖子中要大量加入掩饰性内容，为产品信息做掩护，将网友的抵触情绪降到最低。

在编写帖子时，用户可以在一个帖子内展开一个场景，在最后不经意地传达出产品对用户的重要性或相关性，然后再在回帖中进行进一步的引导。这样一步一步“引君入瓮”，就不会太容易引起读者的反感，主帖被删除的可能性也小得多。这就是所谓的“渐进式”营销。

## 案例回放

### 某品牌化妆品论坛“渐进式”营销

某品牌化妆品2015年实施多渠道营销，其中在论坛方面选择了很热门的“天涯论坛”。营销人员首先发帖，说了很多掩饰性的话，但最后一句“推荐各种祛痘产品”就为随后的回复做好了铺垫，如图5-24所示。

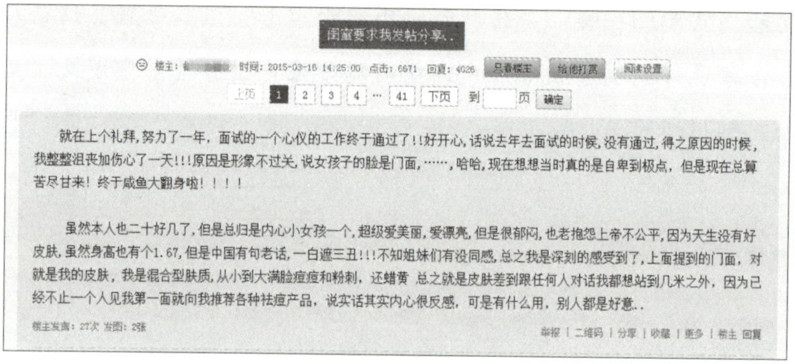


▲ 图5-24　情景式的帖子内容

这样的主帖不会被删掉，因为没有明显的广告在里面。之后再在回复里来传达产品信息，通过回复（自己或安排他人回复）来引导大家的思维，如图5-25所示。

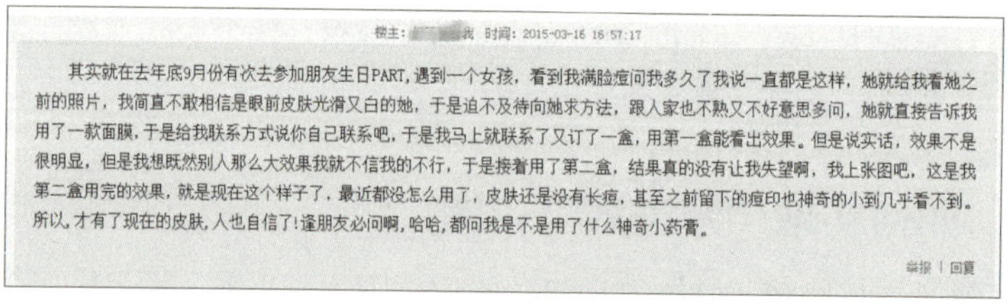


▲ 图5-25　具有购买引导作用的回复

这样的话题引导持续下去，那么广告营销的目的也就达到了，而且还增加了主帖的存活率。

**专家提点**

这种“主帖引导，回帖营销”的方法只适合在论坛、贴吧这样的平台进行，而不适合在博客、微博这样的平台上进行。这是因为后两者的用户较少关注他人回帖，一般都是针对主帖进行回复，因此跟帖的方式起不到营销效果。

## 5.2.2　怎样选择主帖的“情景”

一篇好的主帖，可以引起争鸣，发人深省，引人捧腹，就是要对读者有所触动，才能让读者竞相回帖，帖子热门了，才能实现营销的目的。那么主帖应该怎样选择“情景”，才能达到这样的效果呢？一般来说，有“事件式”“亲历式”“幽默式”和“求助式”几种。当然还有其他类型的情景，只不过这4种最常见，也比较容易把握。

### 1. 事件式帖子

事件式是指利用社会热点和网络热点来吸引人眼球，从而赚取高点击率和转载率。根据当下热点或百度搜索风云榜，都不难找到一些内容的亮点。

有了热点，然后就是隐形地插入联系紧密的产品信息，这便是事件式的论坛营销文案了。例如，在清明小假到来之时，这个在3月26日发布的旅游必备物品的论坛帖，可谓就是抓住了当下热点，给大家推荐旅游携带物品，那么在推荐的过程中自然就可以无形插入自己的产品了，如图5-26所示。

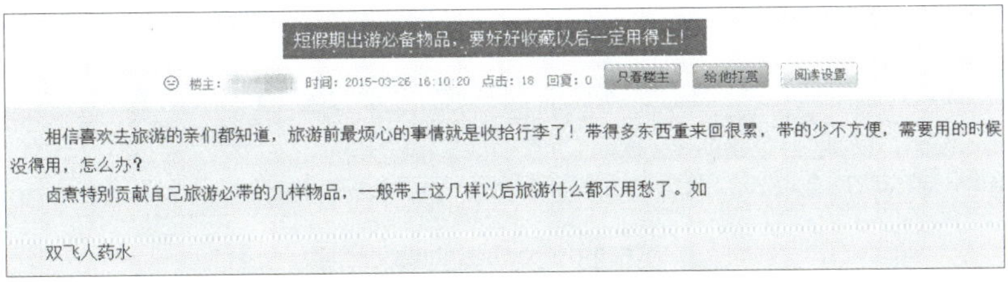


▲ 图5-26　用当下热点组织内容

### 2. 亲历式帖子

利用第三者的身份，讲述身边朋友真实的生活故事和体验效果的帖子，就是亲历式帖子。这种类型的帖子最适合用来做化妆品一类需要用户反馈的产品。帖子可以讲述自己或身边人的体验事件，来讲述产品的效果，这样对很多有同样需求的人来说是有参考价值的。如图5-27所示，看似在向网友亲历式地讲述自己使用化妆品的经验，那么可能是实际的使用效果展示，也可能在其中就是要宣传的产品了。

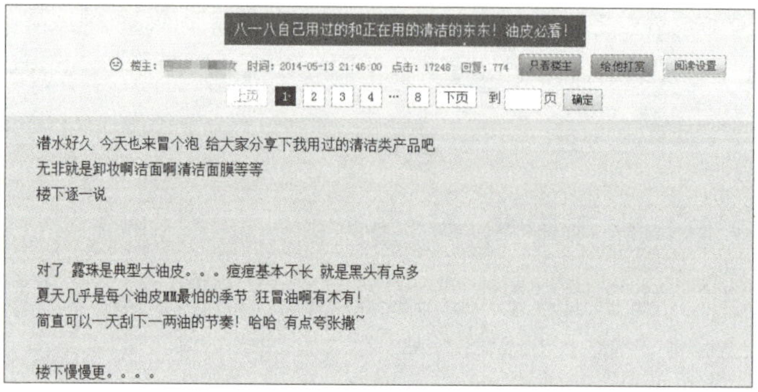


▲ 图5-27　亲历式的论坛帖子内容

### 3. 求助式帖子

同样是以一个事件开头阐述事情经历，然后直接提出问题需求大家帮助，帖子内容中自然过渡地植入了产品名称。这样的求助一定要掌握分寸，事件的展开一定要合情合理。如图5-28所示，这个帖子虽然在主帖中并未涉及任何产品，但是这样的求助帖，是非常容易引出跟帖的；而跟帖的内容就可以宣传者自己来做，产品的展示也就顺势而为了。

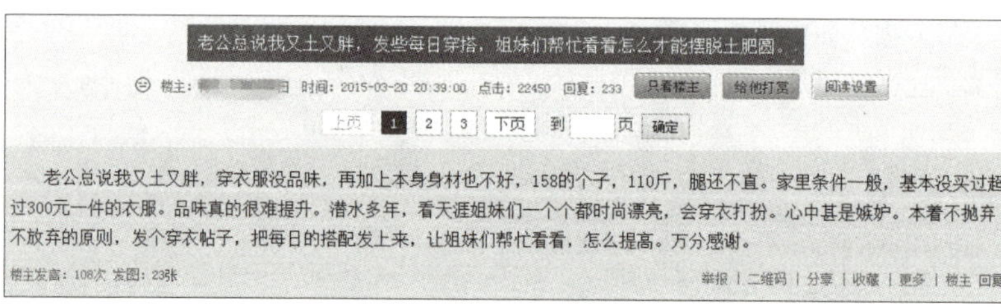


▲ 图5-28　求助类的宣传帖子

### 4. 幽默式帖子

以轻松、搞笑、有趣的方式表达，能够给网友带来会心一笑。例如，以前出现的一个“杜甫很忙”的论坛事件相信不少人都印象深刻，各种针对杜甫图片的恶搞图一时间红遍大江南北。其实企业要宣传自己的品牌就很容易了，也可以顺应潮流做一张图然后附上自己品牌的水印，让围观的网友记忆深刻，如图5-29所示。

▲ 图5-29　杜甫很忙的幽默式宣传

**专家提点**

用户发帖要注意选对板块，如果实在找不到与自己所发布的信息完全相符合的版块，那么建议发布在灌水专区、杂谈之类的版块，提高帖子的存活率。

## 5.2.3　偶尔也可用一下论坛私信功能

论坛私信不会受到太多论坛管理的限制，所以也成了宣传的方式之一。为了提升宣传效率，可使用一些软件工具来实现批量发送。例如，如果宣传主阵地在网易论坛，那么就可以利用“网易论坛私信批量发送工具”这样的软件来帮助实现批量发送私信，如图5-30所示。

**专家提点**

注意，使用软件发送私信时，频率不要设置得太快，也就是说发送的间隔时间不要太短，否则容易被论坛系统禁封账号。由于存在被禁封账号的风险，因此最好使用新账号来发送私信，不要使用有价值的老账号和高级账号。

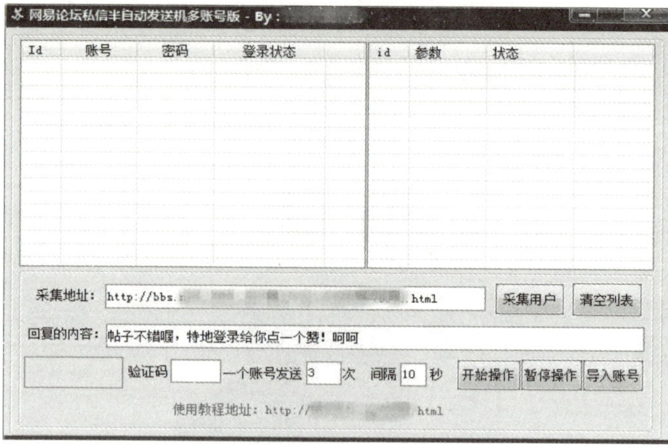


▲ 图5-30　论坛私信发送软件

## 5.2.4　高等级账号才有意见领袖作用

企业用户需要培养热门论坛上的高级账号，使用该高级账号与论坛成员建立互动关系，提高账号知名度、美誉度、权威性，使该账号成为该社区的舆论领袖，从而使由该账号发布的主题更具说服力。

其实，这都是基于论坛给予注册账号不同权限来决定的。高等级账号会被认为很活跃，经常参与讨论或发布主题，所能起到的营销宣传作用自然也更大。很多论坛都对账号的等级设置了相应的权限，低级账号不能在一些特殊的版块发布话题，如图5-31所示。

我的用户组　购买用户组　我的论坛权限

| 版块名称 | 浏览版块 | 发新话题 | 发表回复 | 下载附件 | 上传附件 | 上传图片 |
|---|---|---|---|---|---|---|
| WeiPhone 八周年庆 活动区 | ✔ | ✔ | ✔ | ✔ | ✔ | ✔ |
| 8 \| 第七届『WeiPhone 摄影大赛』 | ✔ | ✖ | ✔ | ✔ | ✔ | ✔ |
| 8 \| 第六届『WeiPhone 征文大赛』 | ✔ | ✖ | ✔ | ✔ | ✔ | ✔ |
| 8 \| 论坛互动游戏『威锋大赢家』 | ✔ | ✖ | ✖ | ✖ | ✖ | ✖ |
| 威游中心 | ✔ | ✔ | ✔ | ✔ | ✔ | ✔ |
| 威游中心 | ✔ | ✖ | ✖ | ✔ | ✔ | ✔ |
| 推倒三国 | ✔ | ✔ | ✔ | ✔ | ✔ | ✔ |
| 星之守护 | ✔ | ✔ | ✔ | ✔ | ✔ | ✔ |
| 威锋德州扑克 | ✔ | ✖ | ✖ | ✔ | ✔ | ✔ |
| cindy历险记 | ✔ | ✖ | ✖ | ✔ | ✔ | ✔ |

▲ 图5-31　账号论坛权限查看

那么如何提升账号的等级呢？点击自己的账号可以查看晋升条件，如图5-32所示。同时，如何晋升到下一等级账号，论坛帮助里也都会有说明。一些行业特定论坛里只有通过慢慢培养，才能让你的营销账号在其中生存。当账号具备一定的等级和影响力后，就是你收获宣传效果的时候了。

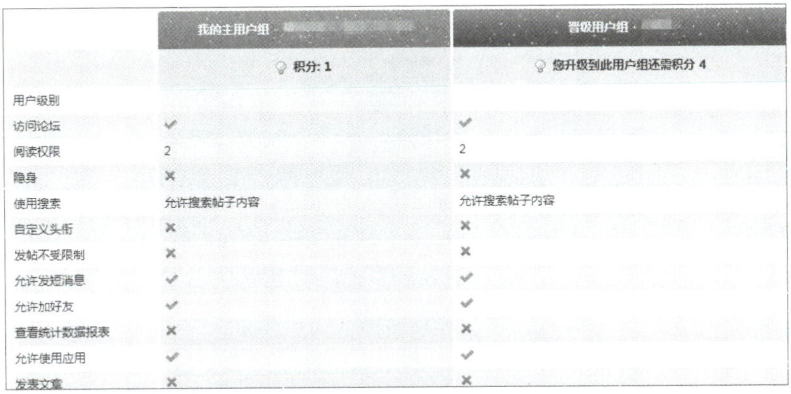

| | 我的主用户组 | 晋级用户组 |
|---|---|---|
| | 积分：1 | 您升级到此用户组还需积分 4 |
| 用户级别 | | |
| 访问论坛 | ✔ | ✔ |
| 阅读权限 | 2 | 2 |
| 隐身 | ✖ | ✖ |
| 使用搜索 | 允许搜索帖子内容 | 允许搜索帖子内容 |
| 自定义头衔 | ✖ | ✖ |
| 发帖不受限制 | ✖ | ✖ |
| 允许发短消息 | ✔ | ✔ |
| 允许加好友 | ✔ | ✔ |
| 查看统计数据报表 | ✖ | ✖ |
| 允许使用应用 | ✔ | ✔ |
| 发表文章 | ✖ | ✖ |

▲ 图5-32 论坛账号晋升示意

## 5.3 加强和论坛官方的正面合作

本节将介绍的是如何通过论坛官方开设的广告位来进行营销。一些实力型品牌，除了做论坛帖子这种隐形的宣传外，适当的时候付费做一些论坛广告推广还是有必要的。

### 5.3.1 了解论坛广告的转化效果

很多论坛都支持投放广告，例如在天涯社区这个人气论坛里，用户进入论坛打开版面时，即会强制弹出弹窗广告，如图5-33所示。用户要么误点这个广告打开产品页面，要么就是真的有兴趣而点击。企业用户可联系论坛的管理员投放这种强制性的广告。

实际上，这种论坛广告的转化效果并不怎么好，但是由于价格一般不会太贵，而且大多采用的是点击付费的方式，只有用户点击了才会有广告费用支出，所以，论坛广告相对来说还是可以接受的。

▲ 图5-33 论坛弹窗广告

企业信息在这个论坛的强制展现，首先就为企业收获了一定宣传效果；然后如果有用户点击进入，所宣传的产品详情也能得到进一步的展现。至于具体广告的合作方式，用户需要与论坛管理方商谈。一般允许投放广告的论坛，都有一套成熟完善的方案，可以针对不同的客户需求进行解决，如豆瓣论坛提供了多种广告方案供用户选择，如图5-34所示。

▲ 图5-34 豆瓣论坛社区的兴趣营销示意

## 5.3.2 用论坛活动带动品牌形象

开展论坛活动也是论坛营销策略中的重要一部分，这需要论坛官方的配合，其花费要超过简单的广告，对活动组织人员的工作能力也有一定的要求。但论坛活动的营销效果会相对较好，是值得投入的一种营销方式。

论坛活动能够很好地调动网友的积极性，即便活动主题是一个纯粹的商业性广告也能促使网友踊跃参与，提高互动性。论坛活动常用的方式为抢楼赢奖品或参与回复赢奖品等。

### 案例回放

#### 某金融公司贴吧做活动打响知名度

百度贴吧是非常火热的一个论坛平台。在百度贴吧里，用户可以自建各种“吧”，并围绕这个“吧”的主题进行讨论。热门的贴吧用户众多，如“李毅吧”关注者很多，甚至常常引导互联网热点潮流。贴吧本身也因此成为一个很好的营销宣传平台。百度贴吧还推出了“活动大厅”，在这里进行各种营销活动，如图5-35所示。

▲ 图5-35 百度贴吧活动大厅

活动大厅里的签到抽奖是较为常见的，因为它花费不多且效果不错，很多商家都采用这个方法。例如，某金融公司就与贴吧合作，开展了“签到抽奖20元话费”的活动，如图5-36所示。

活动持续时间为30天，共有近10万人次参加了该活动，而总花费仅为3万余元，但知名度得到了迅速提高。贴吧里青年用户较多的论坛，对于金融公司来讲，目标用户较为集中，营销效果会相当不错。

▲ 图5-36 百度贴吧签到抽奖类活动

**专家提点**

在贴吧，企业用户不仅可以以活动形式做广告，还可以新建与产品有关的贴吧进行营销。由于贴吧营销的内容非常丰富，因此本书将在第6章专门讲解百度帖吧营销的相关知识。

## 5.3.3 开设论坛专版扩大知名度

企业在一个论坛里如果能够开设自己的品牌专版，那么将非常有助于扩大企业品牌的知名度，也便于有需求的网友轻易地找到自己需要的东西。图5-37所示的汽车之家论坛，就是非常典型的一个专版论坛，不仅有汽车的品牌专版，还有围绕汽车所涉及的周边产业品牌的专版，非常有利于企业潜在客户的培养和开发。

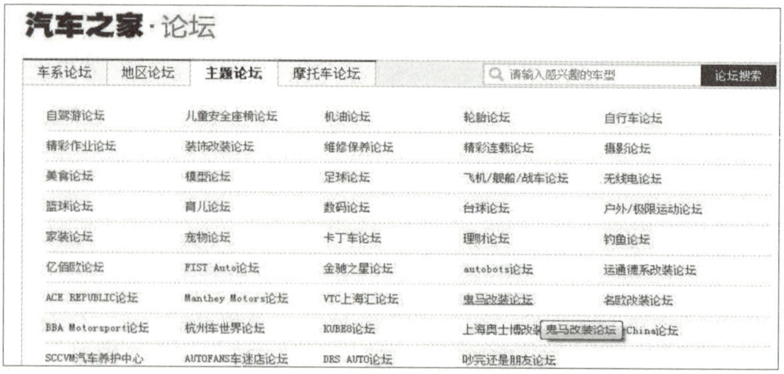


▲ 图5-37 在汽车之家论坛里的主题专版

**专家提点**

> 企业完成专版的开设后，对内容的维护同样很关键。因为专版的意义是扩大企业知名度，如果一味地在专版里发布毫无意义的广告，那么只会让大家越来越远离，最好多发布一些大家愿意关注的，可以实实在在帮助到大家的内容。

需要企业可以联系论坛官方开设专版。论坛一般会有商务专题页面，来介绍商务合作内容，以及提供相应的联系方式。如图5-38所示，汽车之家论坛里的营销服务，就提供了广告的营销服务。当然，这肯定是会涉及合作费用的。

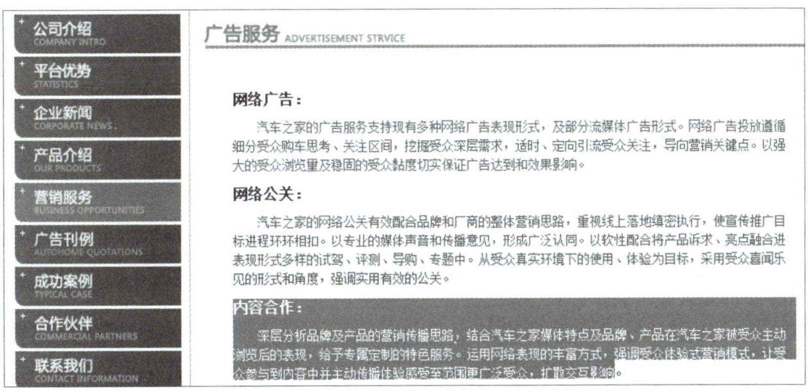


▲图5-38　汽车之家论坛的营销服务内容

## 5.3.4　申请版主用权限带动关注

企业如果想在自己行业的专业论坛里长期进行口碑式的营销，那么最有效的方法就是申请这个论坛的一个版主。版主除了管理本版帖子的权限外，还可以在很大程度上起到引领意见的作用，这更利于做产品推荐。

企业需要遵循各个论坛的规定来申请版主。一些论坛也会特别开设一个版主申请的专版，有意的用户都可以在这里来提出申请，如图5-39所示。带有版主申请专版的社区，其论坛的话题活跃度也会越来越高，这更有利于后期的营销宣传。

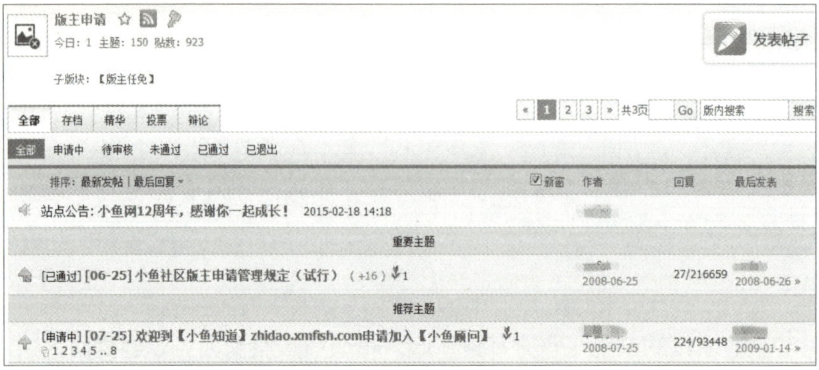


▲ 图5-39 论坛版主申请示意

## 赚钱秘技一点通

### 1. 个人写论坛软文的赚钱门路

论坛这个宣传阵地的宣传载体之一就是论坛软文。企业用户可能不会有那么多的人力来专门负责写作论坛软文，通常是以外包的形式来找写手完成。个人用户如果有能力写出一篇论坛软文，就可以通过这种方式赚钱。在哪儿去寻找“生意”呢？通过威客网站接任务就是最快捷的方法，如图5-40所示。

▲ 图5-40 威客网站上的论坛软文写作生意

威客网站上有详细的说明介绍接任务操作步骤。个人用户根据需求方对任务的要求完成软文写作并提交即可。除了威客网站，一些写作论坛或是百度主题贴吧，也会提供这样的写作需求。个人用户也可以自己推荐一下自己，在论坛里发布帖子展现自己的写作特长，寻找赚钱的机会。如图5-41所示，豆瓣论坛社区有一个“稿费银行”板块，提供了各种兼职信息，包括基于网络合作的各种写作的“生意”。个人用户多交流并认真对待，或许就可以成为一个长期的写手，通过写作实现赚钱。

| | | | |
|---|---|---|---|
| 招写手 20元/篇 周结款 长期稳定 | | 1656 | 03-26 21:57 |
| 【杂志约稿已公布稿费】有性格和文采的旅行游记 ... | | 337 | 03-26 21:07 |
| 有偿招募各领域的达人 | 笔记 | 168 | 03-26 21:06 |
| 在线为学生们答题挣外快 | | 315 | 03-26 20:05 |
| 约约约~是影评人娱评人吗？进来进来 | 啾 | 83 | 03-26 19:57 |
| 互联网新闻撰稿寻找兼职 | 魏 | 42 | 03-26 19:10 |
| 刷微博就能赚钱，你也来试试吧 | | 152 | 03-26 16:44 |
| 老牌民营影视公司招聘兼职自媒体人才 | 姐 | 1 | 03-26 14:33 |
| 自媒体合作和招聘 | 姐 | | 03-26 14:19 |
| 【手绘】为你画张小卡片 免费~ | 绘本 | 23 | 03-26 14:14 |
| “时光流影”小编年后满血复活，继续找写手~ | 冰箱 | 122 | 03-26 13:49 |

▲ 图5-41 豆瓣稿费银行板块里的写作需求

**专家提点**

作者通过网络寻找写作赚钱的机会时需要注意风险。由于一切交接都是基于网络进行的，作者交稿后得不到相应的报酬且找不到需求方也是经常发生的事。比较稳妥的办法就是让对方通过类似淘宝这类的交易平台来进行交易。

## 2. 企业在论坛营销中的组合策略

企业在进行论坛营销时应该注意整合多种策略，以达到最好的营销效果。例如，一个汽车产品日常的论坛营销主要在汽车板块中发帖和回帖；当需要发布重要产品时，可以结合一些如图5-42所示的腾讯汽车这样的门户网站进行配套的软文营销，以扩散论坛活动。

另一种组合策略就是可以利用论坛营销工具来辅助提升营销效果。这类营销工具通常都会具备自动注册、自动发帖、自动顶贴的功能，在保证成功率、提升信息覆盖面以及提升网站排名方面都有比较显著的效果，能够帮助企业更好地做好论坛营销。例如“论坛群发大师”就是一种论坛营销辅助工具，其界面如图5-43所示，该工具不仅可以自动注册账号和群发信息，还可以帮助采集论坛软文的内容。

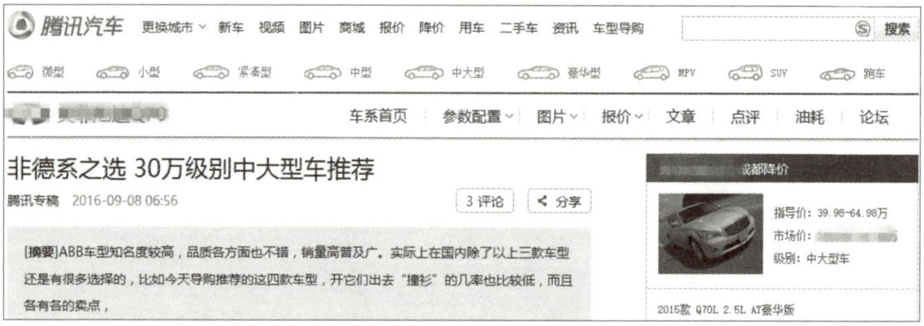


▲ 图5-42　腾讯汽车频道示意

▲ 图5-43　论坛群发大师界面示意

## 实用技能拓展

### 1. 挑选更加适合自己的论坛

企业在进行论坛营销时，首先要对本身所在的行业进行一个透彻的分析，根据分析得出的结果寻找所在行业的一些著名论坛和主题论坛。例如，一个化妆品品牌可以在百度搜索中用类似"化妆品 论坛"的关键词来搜索获取论坛信息，如图5-44

所示。大家可以多试一些关键词，找到更加适合自己营销的论坛。

▲ 图5-44　用特定关键词搜索适合的论坛

## 2. 建立一个营销所需的论坛数据库

企业定位好了自己的营销方向之后就要选择所要发布信息的论坛了，论坛数据库的建立是论坛营销的基础和前提，数据库质量高低直接关系到论坛营销是否能顺利开展。企业如果要做专业的论坛推广，不可能注册一个论坛账号发一个帖子，一方面这样会降低工作效率，另一方面许多论坛为了防灌水、防广告，对论坛注册以及发帖设置了重重限制，例如注册时间少于多少时间的用户不能发帖、注册用户的积分不够不能发帖、注册必须进行邮箱验证等。

所以建立论坛数据库是很必要的，并且一般数据库中的论坛所使用的用户名、密码以及注册邮箱需要保持一致，这也是为了方便后期进行统一的营销和推广。论坛数据信息包括论坛的名称、论坛的地址、论坛的分类、论坛的核心版块列表、论坛的活跃指数（即论坛星级），用户将这些信息都整理到一起，在进行营销推广的时候才能顺心顺手。根据以上介绍，营销人员可以现在着手，建立一个自己企业所需的论坛营销数据库。

CHAPTER

# 06 百度贴吧 多角度的赚钱路

△ 在这个用户数量为王的互联网时代，拥有了众多忠实的粉丝也就意味着拥有了赚钱的基础。那么，如何来快速完成品牌用户数量的原始积累呢？其实百度贴吧就是一个非常好的平台。

△ 百度贴吧从2003年上线以来到现在，经过十余年的发展现在已经拥有10亿的注册用户，日均发帖量超过6000万，具有强大的营销基础。各个企业可以借助百度贴吧的人气来完成用户积累。

△ 由于百度贴吧和论坛的营销方式有一定的相似性，因此本章将不再讲解二者通用的部分。本章将详细介绍百度贴吧独有的营销方法——开设官方贴吧，设计营销活动等内容。

# 6.1　百度贴吧有什么营销价值

百度贴吧允许用户以某个主题建立贴吧进行交流，如“足球吧”“股票吧”等。由于任何用户都可以建立新的贴吧，因此很多企业也以自身产品或品牌来建立贴吧，与用户进行交流，将品牌信息传递出来，达到高效营销的目的。

## 6.1.1　超强的用户基数是赚钱的基础

前面已经提到，百度贴吧最大的营销亮点就是其超强的用户基数，那么这个基数到底有多庞大呢？知名市场研究机构Statista于2015年3月发布的《全球社交网络活跃用户数量排名》数据分析报告表明，微博月活用户为1.67亿，百度贴吧月活用户数为3亿。百度贴吧的用户活跃度是微博的1.8倍，

百度贴吧以兴趣主题作为聚合关键词的方式，具有非常强的病毒式感染力，因此其用户量10年来一直保持着高速增长态势，如图6-1所示。

▲图6-1　百度贴吧用户增长速度惊人

由图6-1可以看到百度贴吧用户的增长率远超过全国网民的增长率，这说明每年都有很多网民被转化为贴吧用户。上亿用户与上20亿的月发帖量，让百度贴吧成为一个深受商家喜爱的营销平台。

百度贴吧用户留存率高，一半以上的用户都有自己固定访问的主题吧。当一些热点事件发生时或发生后，百度贴吧也具有很强的话题招引能力，能够将很多网友聚集在各种兴趣吧中畅所欲言，其实这本身就形成了一个很好的营销氛围。百度贴吧在事件的快速引爆、话题的病毒式传播方面的效果都非常让人震惊。

很多企业充分利用百度贴吧的用户基数来进行营销，以增长自己品牌形象的曝光量和关注度。

**案例回放**

**口贷网百度贴吧搞活动吸引十万级人次参与**

口贷网是一个新型金融公司，在百度贴吧开设了官方贴吧，经常进行各类营销

活动，效果都比较好。如去年一个简单的签到抽奖，由于同时设置了iPhone6等诸多精彩好礼，以至于吸引了总计62万人次的用户参与，如图6-2所示。

▲ 图6-2　口贷网吧的抽奖活动

**专家提点**

贴吧营销是一个长期的工作，其目的有两个：维持对老用户的吸引力，以及引起新用户的注意。营销活动既不能搞得太频繁，太频繁对经费预算会造成压力，也不要很长时间不搞活动，否则会逐渐被用户忘记。

## 6.1.2　开放的信息更利于产品的展现

百度贴吧的用户数量为什么连续10年都在高速增长？其中最主要的原因就是贴吧中话题比较自由，只要是有人感兴趣的话题，在百度贴吧基本都能找到。大家因为兴趣聚在一起，积极互动，想说什么就说什么，想知道的也能在这里找到答案。

有了这种轻松的社交环境，那么不管是一个兴趣吧还是一个隐性的企业宣传吧，只要善于抓住大家感兴趣的东西，这个吧就会长期活跃，企业要展现的产品信息，只要内容处理得当也就有可能快速到达亿级用户面前。

百度贴吧的利用方法很多，例如一个主题电影吧，既可以作为影片方宣传影片，吸引大家去影院观看，达到“卖产品赚钱”的营销目的；也可以是一群兴趣网友的聚集地。在百度贴吧里，营造各种话题会相对容易，也更易于快速传播。

百度贴吧甚至会引领互联网潮流。一系列网络词汇从百度贴吧诞生后迅速走红，“贾君鹏事件”“史上最牛求助信”……，不少红极一时的热点均由百度贴吧制造并传播开来。而每年临近年末的各种稀奇古怪的盘点，更成为百度贴吧的一大风景。通过贴吧实现网络赚钱的终极营销方法是什么？就是要制造出各种让大家广为传颂的热点事件，百度贴吧当之无愧具有超强的制造能力。

**专家提点**

互动性强是百度贴吧一个很大的优点，这一点对企业来说是个优势，企业通过与粉丝互动，使双方加深了解与信任，建立起良好的营销基础。企业营销切忌自说自话，不顾粉丝感受，否则就会遭到粉丝无情的抛弃。

## 6.2　开设百度官方贴吧的流程

百度贴吧在2014年相继推出了面向企业的各类营销服务内容，推出了面向企业、媒体和机构的企业平台，如官方贴吧，这就可以作为企业进行精准的粉丝营销、品牌传播和客户服务等的平台。企业可以利用这一阵地进行用户关系维护等网络营销工作，并最终将其转化为用户购买力。

### 6.2.1　开设普通账号

混迹百度贴吧的首要条件是有一个账号。用户只要注册一个百度产品的账号即可通用于百度旗下的所有产品，如百度知道、百度文库、百度百科以及百度贴吧等。所以，一个普通的百度贴吧账号也就是一个通用的百度账号。有了一个普通账号，用户就可以在百度贴吧中创建一个开放性的兴趣吧，这也可以作为普通用户网络营销实现赚钱的一个阵地。例如，要开设一个名为“口袋理财”的兴趣吧，即可按以下步骤进行。

**步骤1：**打开百度贴吧后在页面右上角单击“注册”链接，如图6-3所示。在注册界面依次输入注册邮箱或手机号，设置好登录密码，按提示输入验证码后单击“注册”按钮，如图6-4所示。

▲ 图6-3 单击注册链接

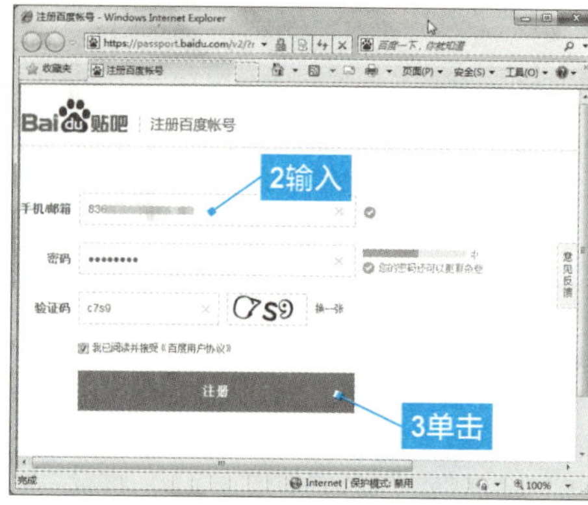


▲ 图6-4 输入注册信息

**专家提点**

如果希望快速完成注册，那么最便捷的方法就是编辑短信6~14位字符（支持数字/字母/符号）作为登录密码，发送至1069 80000 36590，即可注册成功，手机号即为登录账号。

**步骤2：** 页面提示还差一步完成注册，单击“立即进入邮箱”按钮，如图6-5所示。页面自动跳转至注册邮箱的登录界面，输入邮箱的登录账号和密码，单击“登录”按钮。

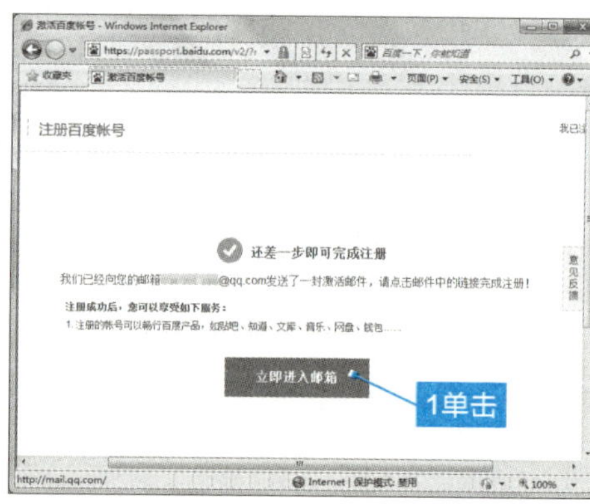


▲ 图6-5 单击立即进入邮箱按钮

**步骤3：** 进入注册邮箱后在收件箱中找到并打开注册百度账号的验证邮件，单击其中的验证链接，如图6-6所示，随后即会返回百度贴吧页面并提示设置一个用户名，单击“继续”按钮即完成注册。

**步骤4：** 注册成功后自动进入账号管理界面，在上方搜索栏中先输入想创建的吧名，再单击“进入贴吧”按钮，查询是否已存在相同吧名，如图6-7所示；如未有此吧名即会提示可以单击吧名来创建此吧，如图6-8所示。如果已有相同的贴吧，则不能创建。

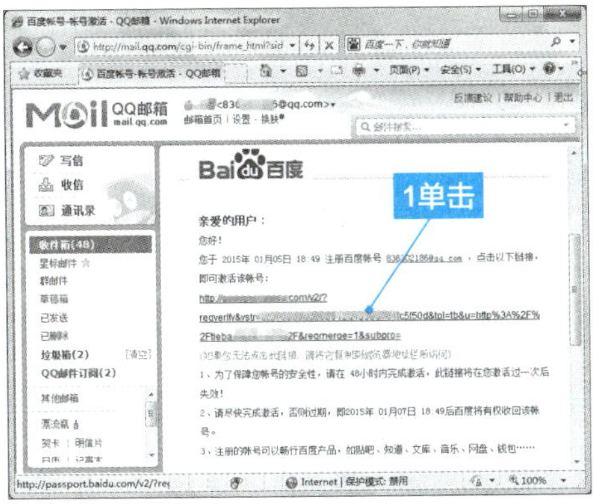


▲ 图6-6 单击验证链接

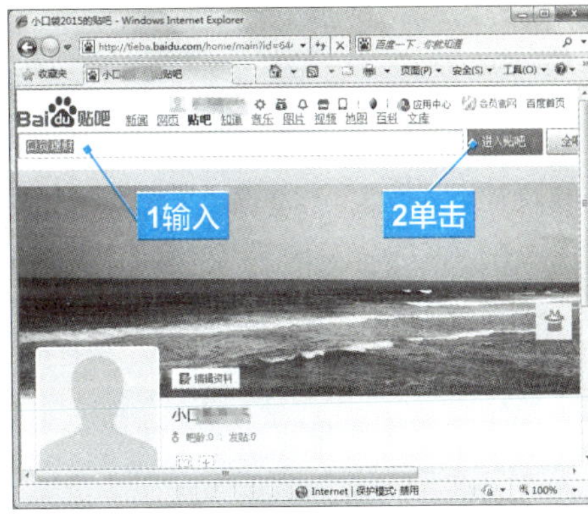


▲ 图6-7 输入贴名搜索

▲ 图6-8 提示创建新吧

**步骤5：** 输入贴吧名称以及验证码，单击“创建贴吧”按钮，如图6-9所示。页面会提示创建的兴趣吧已提交审核，需等待几个工作日才有结果，此时也可根据提示单击“申请实习吧主”来申请临时的管理权，按页面提示申请即可，如图6-10所示。

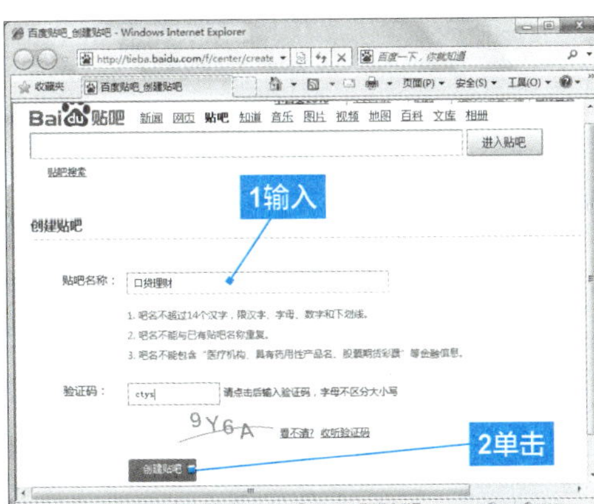


▲ 图6-9 输入吧名创建贴吧

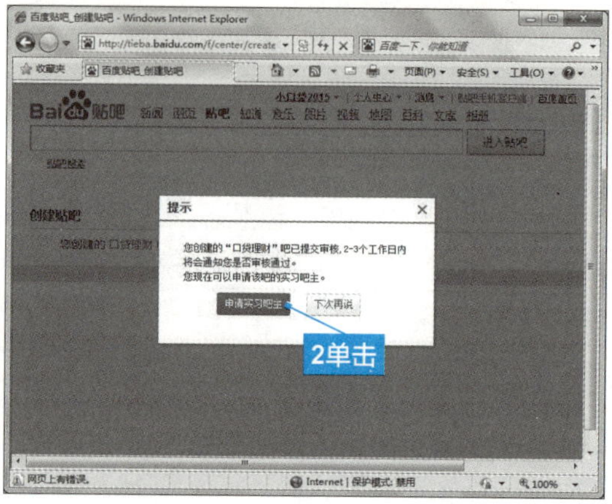


▲ 图6-10　提交百度审核

### 6.2.2　开通企业官方贴吧

在互联网社交时代，粉丝营销对企业品牌的推广会产生事半功倍的效果。很多企业也迫切需要一个有效的互联网平台来开展粉丝营销，而用户也有向企业表达意见甚至参与产品设计过程的意愿。百度贴吧自2014年开启企业平台以来，入驻企业很多，小米、中信银行等为第一批，并在粉丝营销方面收获了第一批果实。

**案例回放**

**小米手机百度建吧火爆全国**

最典型的贴吧营销案例莫过于小米手机的贴吧社区，如图6-11所示。小米吧在很短的时间里即具有了超过210万用户以及2400多万的话题讨论规模，小米手机销量也达到了令人惊叹的地步，如红米2销量达到了上千万，为小米企业带来了丰厚的利润。这是百度贴吧鲜活的成功的粉丝经济营销案例。

那么，其他还未入驻百度贴吧的企业用户如何一步步地开设自己的官方贴吧呢？下面就为大家介绍一下具体的开通流程。

**步骤1：**登录百度贴吧企业平台网页，单击"立即申请官方吧"按钮，如图6-12所示。

**步骤2：**进入如图6-13所示的企业认证页面，可以看到整个认证申请的流程一共有4步。其中最重要的就是第一步"填写认证信息"。企业要按照营业执照的注册信息如实填写申请信息。

▲ 图6-11　小米百度官方贴吧

▲ 图6-12　立即申请官方吧

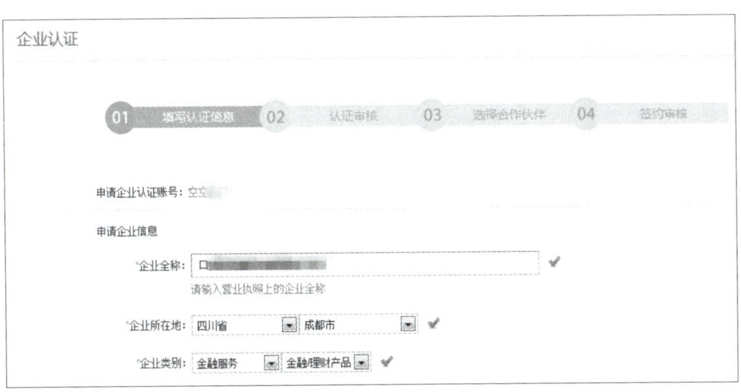


▲ 图6-13　进入企业认证页面

**步骤3：** 需要填写的认证信息比较多，而且都需要提供真实信息。用户需要准备的企业资料包括营业执照以及一份加盖企业公章的申请公函，公函可以直接在认证页面下载，如图6-14所示。另外，还需要填写企业相关的联系方式，包括法人名字、身份证照片、业务联系人以及通讯地址等，填写好后单击“填写完成，提交审核”按钮，如图6-15所示。

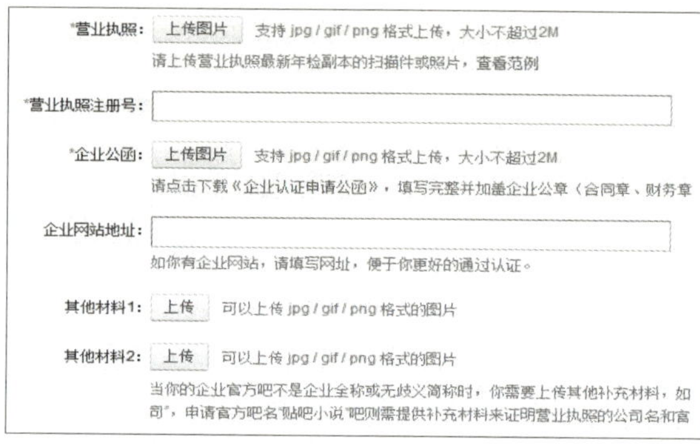


▲ 图6-14　上传营业执照

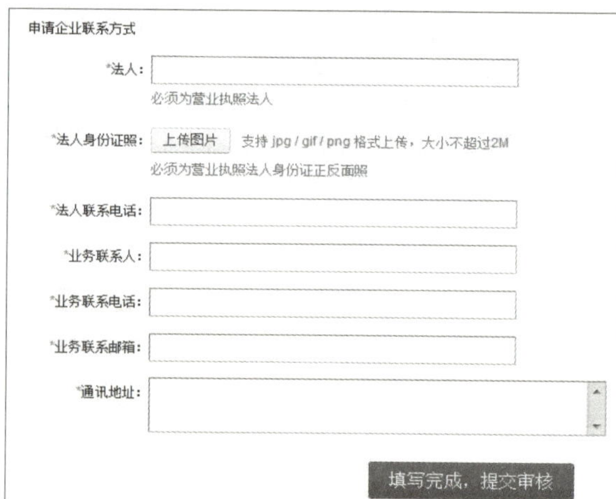


▲ 图6-15　填写企业联系方式

**步骤4：** 提交公函后便进入认证审核阶段的页面，提示认证审核需要2~3个工作日，如图6-16所示。认证审核通过后，还要经过选择合作伙伴、签约审核这两个阶段，才算是完成了最终的申请。

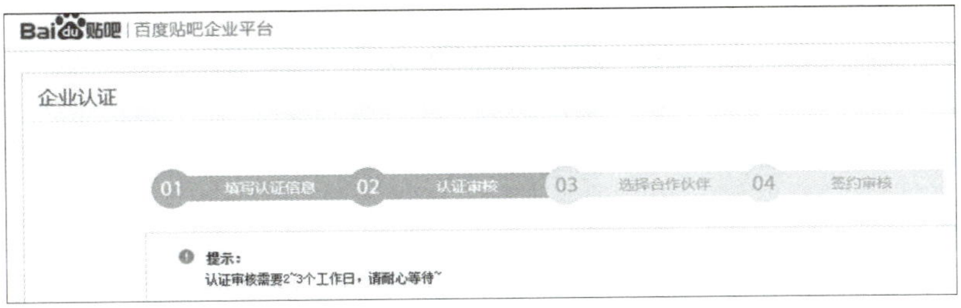


▲ 图6-16　等待认证审核

**小知识**

选择合作伙伴也就是选择一个代运营机构来帮助企业进行贴吧的有偿营销推广。

企业官方贴吧开设成功后，即可使用百度贴吧提供的以下四大特权。

**特权1：自定义皮肤**

企业用户开通企业官方贴吧后，即可更换、定义贴吧的皮肤外观，将吧内环境装饰得符合企业产品内容特色，如图6-17所示。这不仅可以显示出官方吧的尊贵身份，也能给用户带来良好的视觉享受。因为官方贴吧代表着企业的形象，广大用户在企业官方贴吧里就能享受到视觉的愉悦。

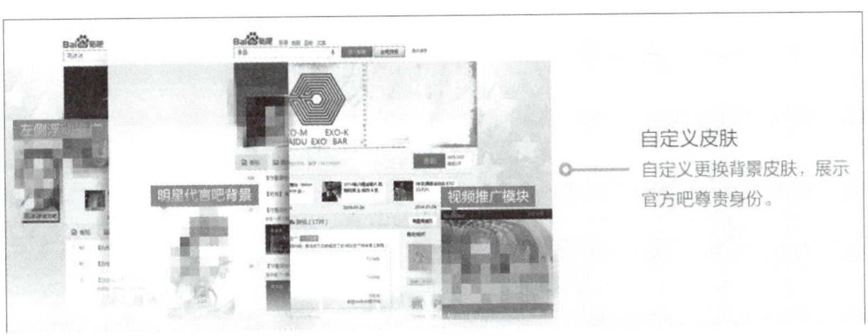


▲ 图6-17　官方贴吧自定义皮肤功能

**特权2：活动平台**

企业官方吧的一大作用就是方便活动的开展。企业可以充分利用贴吧开放的环境，以及贴吧庞大的用户群基数，同时结合自身需求来创建互动性活动，带动贴吧内的人气与话题，如图6-18所示。这有益于宣传最新商品并能助力粉丝增长。

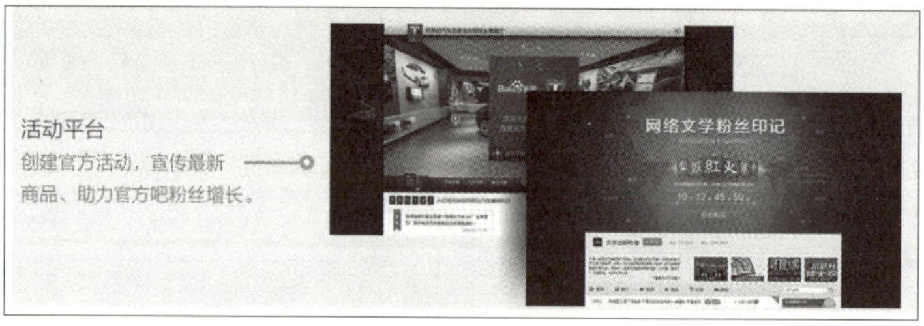


▲图6-18　官主贴吧活动平台功能

**特权3：宣传推广**

宣传推广不仅是官方贴吧其实也是普通贴吧的一大使用诉求，企业通过百度贴吧推出的百变直播方案和多样化的粉丝互动方式，可以吸引人气，助力品牌推广，如图6-19所示。

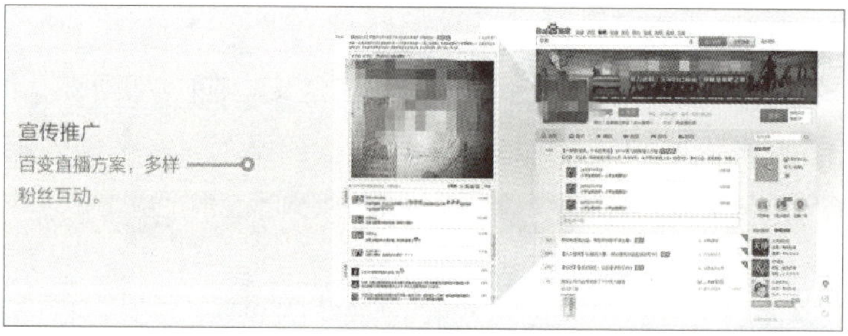


▲图6-19　官方贴吧宣传推广功能

**特权4：数据监控**

6.2.3小节已经介绍了官方吧享有的专属分析后台，这也是官方贴吧的一大特色。企业吧主可以实时掌控吧内情况，获悉粉丝信息和喜好，从而为企业的宣传推广计划提供可靠的依据，如图6-20所示。同时这样的数据监控可供后期制订营销计划时参考。

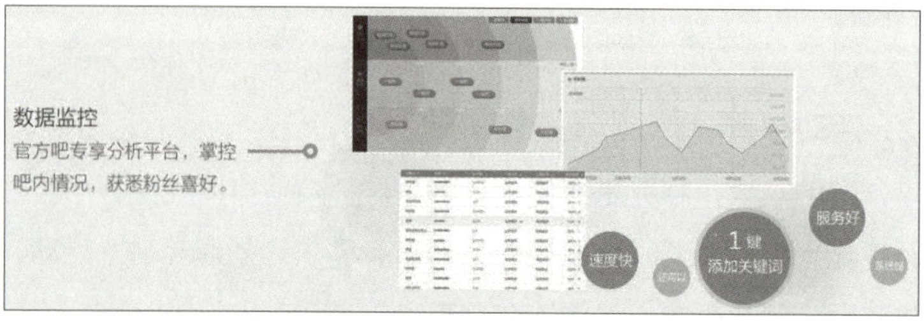


▲图6-20　官方贴吧数据监控功能

## 6.2.3　企业官方贴吧的管理操作

百度贴吧经认证审核通过后即会升级为官方认证的贴吧。企业要良好地运营官方贴吧，首先需要掌握贴吧的管理操作方法。

### 1. 展示区调整

进入贴吧首页后，头像以及上方的相关图像展示区都可以自行调整。如图6-21所示标注的3个位置的自定义内容，企业可以替换成需展示的内容。

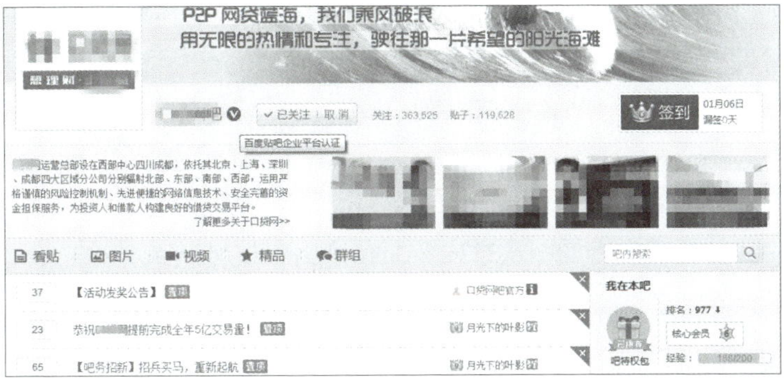


▲ 图6-21　完成企业官方贴吧认证

**小知识**

认证成功后即会在吧名右方标志出蓝V图标，表示该吧已经通过了百度贴吧企业平台认证。

### 2. 熟悉吧务功能区

官方贴吧首页右边功能区提供了一些管理操作按钮，包括进入吧务后台、进入管理模式等，如图6-22所示。单击“进入管理模式”按钮后，左方所有帖子均可实现快捷的删除或是置顶等操作；单击“进入吧务后台”按钮则可在后台实现更加强大的管理功能。

**小知识**

企业官方贴吧最好的运营方式是设立专业的运营专员。术业有专攻，优秀的运营专员所能带回的收益会非常乐观。

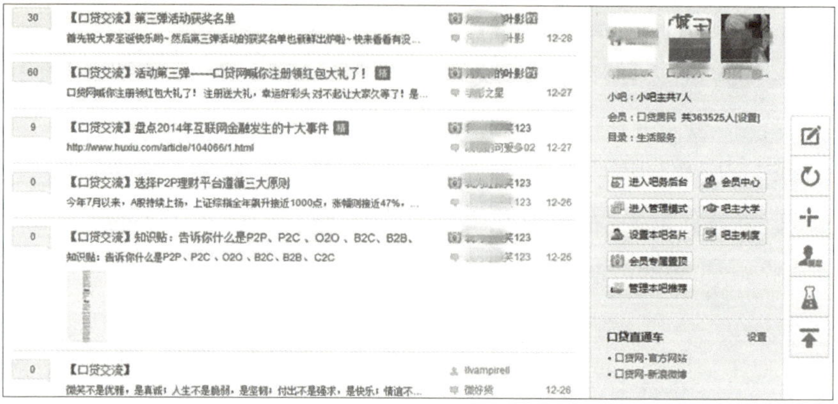

▲ 图6-22　官方贴吧的管理功能区

### 3. 熟悉吧务管理中心

贴吧的吧务管理中心如图6-23所示。在这里不仅可以实现对帖子和用户的管理，也可以对官吧页面的布局或规则进行一些调整，如可以自行设置本贴吧的帖子格式，设置一些帖子的精品区等。

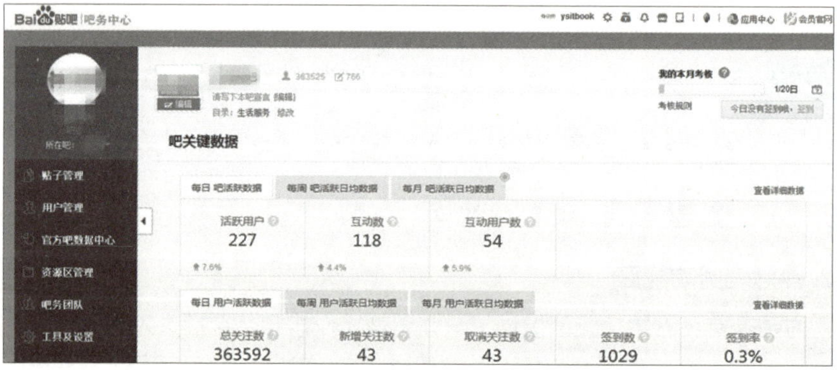

▲ 图6-23　企业官方贴吧吧务中心

网络营销平台提供的后台管理中心一般要实现两大功能诉求：管理和监测。企业官方贴吧的吧务中心。除了具有帖子管理和用户管理功能外，还具有协助企业监测营销效果数据中心。图6-24、图6-25所示的影响力分析和用户活跃分析的相关数据，都可以很好地帮助企业合理调整在贴吧的营销策略，让营销能落到实处。

例如，2015年1月4日某企业在贴吧推出了一个活动，活动一直延续到1月6日。

想要看看这3天的活动推出后是否提高了贴吧用户的活跃度，或是简单评判一下活动的影响和效果，那么企业就可以在管理后台的数据中心中，通过“吧影响力分析”一项调取不同时段的数据对比曲线来直观了解。

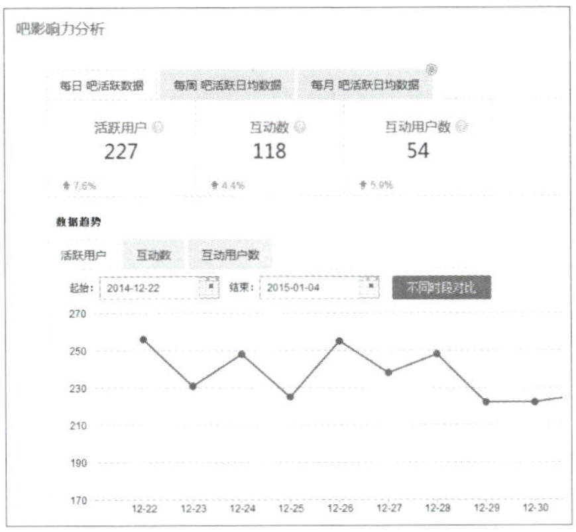


▲ 图6-24　吧影响力分析

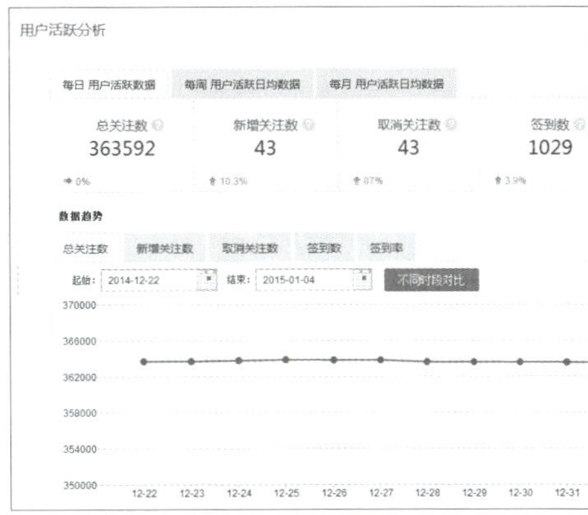


▲ 图6-25　用户活跃分析

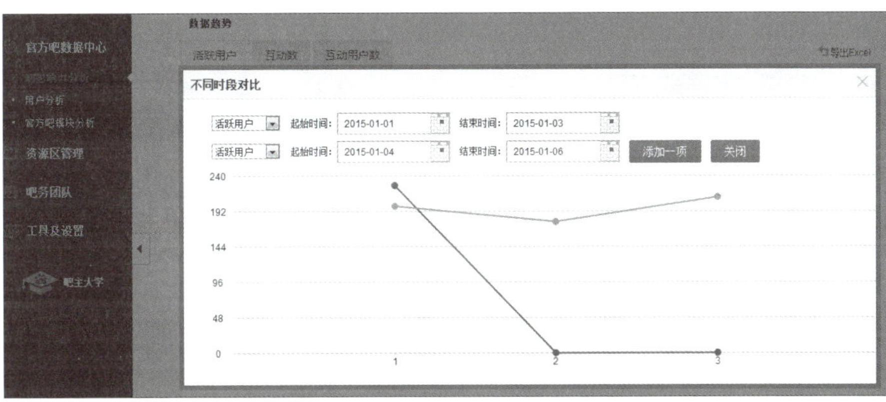


▲ 图6-26　贴吧不同时段数据趋势分析

## 6.3　百度贴吧的赚钱路怎么走

据Alexa显示，贴吧的流量已经占到了整个百度总流量的19.6%，是排在百度网页搜索后的第二大业务，也就是说，百度贴吧具有很强大的引流作用。那么，企业要通过百度贴吧最终达到赚钱的目的，所要做的就是通过贴吧的活动以及足够丰富的主题帖来吸引用户关注。

## 6.3.1 贴吧主题内容的制作

贴吧属于一个兴趣社区，也就是说只要贴吧里有网友感兴趣的东西，就可以吸引他们。因此，不管是企业官方贴吧的内容，还是交流互动的内容，要含有值得大家关注的东西，是贴吧营销的一个关键所在。贴吧运营的中心点就是要制作值得大家看的素材内容。

### 1. 紧跟流行热点进行创作

贴吧内容跟着潮流趋势走，永远都不缺乏关注点。营销人员一定要从当前网友关注的热点进行营销，具体做法就是先对热点关键词进行搜索，再把要宣传的内容植入当前热点事件中，那么当大家搜索热点关键词时就会看到相关的“软内容”了。

如何去寻找潮流和热点？很简单的一个方法就是每天都关注“百度搜索风云榜”，如图6-27所示，这是比较权威的热度搜索排行榜，对于一个想拓展百度搜索引擎流量的企业来说，百度搜索风云榜具有很重要的参考意义。

▲ 图6-27 百度搜索风云榜

**小知识**

百度搜索风云榜以数亿网民的单日搜索行为作为数据基础，以关键词为统计对象建立全面的各类关键词排行榜，以榜单形式向用户呈现基于百度海量搜索数据的排行信息，覆盖十余个行业类别，一百多个榜单，信息量非常全面。

百度搜索风云榜里有很多热度搜索的分类，一般网友通常会对热门的娱乐事件、潮流数码、电影电视剧、民生热点等类别具有更强的搜索意愿，再配合当前所处的时间点和需要营销的产品或是服务，企业就不难炮制出一些吸引眼球的内容来。例如，当我们在民生热点下看到“中秋节”这个标题热度非常高，如果企业自身又是做食品的，那么这个百度贴吧的主题内容就不难制作了。

科技型企业制作贴吧内容时可以多关注一下科技榜单。该榜单中会有详细的热点搜索指数提示，如图6-28所示。抓住这些热点，企业制作的贴吧内容才能更加迎合网民的阅读胃口。

▲ 图6-28　百度风云榜科技类榜单

例文：

中秋茶礼，你选好了吗？

随着中秋佳节的到来，阖家欢乐的日子除了与家人团圆外，还有诸多问题需要考虑。给家里的长辈带什么礼物较为合适？给公司领导送点适宜的假日礼物也值得深思熟虑；也或者是公司采购购买一盒怎样的月饼才能使公司不失大气，又节约成本。

因此，各大月饼开始在贴吧上展开攻势，积极向网友支招自家产品高端大气价格亲民。因为本身存在售卖机会，月饼等礼品销量大增，也解决了大众的送礼问题。让你花小钱买最高端的假日礼物。

**2. 使用好奇吊胃口**

人人都有好奇心，企业可以利用好这个特点，展开贴吧内容的撰写。

如图6-29所示的帖子，网友看到这样一个引人注目的标题，难免展开想象思考这堆木头能做什么并回复该贴。整个帖子以楼主打造木质工艺品的过程为主。读者在惊叹楼主的才艺之际也会发现楼主留下的产品信息及联系信息。

不过这种主题帖也一定要注意一个度，不能一直吊着读者胃口不发内容，否则会迎来无人问津的尴尬局面。

▲ 图6-29　百度贴吧主题帖

## 6.3.2　考虑内容帖的发布位置

制作好了帖子内容，就要考虑在哪儿发布帖子。开设了官吧的企业根据企业的宣传规划定期发布帖子即可。官方贴吧发帖时可以加一些特定的后缀来以和网友的帖子区分开，以便大家更好地分辨和阅读。如图6-30所示，口贷网吧里就用“口贷交流”等帖子前缀来区分官方的发帖。

▲ 图6-30　官方发帖用前缀来标示

企业但仅在自己的官吧宣传是不够的，需要“走出去”，即将制作好的帖子发布到其他主题吧里，扩大宣传影响。

企业在其他贴吧内发送帖子，需要选择合适的贴吧，如果帖子发布在不对的地方会很快被删除。

这里建议大家不要痴迷于大贴吧，有些人可能想我可以去热门的大吧发些广告帖，如图6-31所示的“魔兽世界吧”，以为帖子和一堆帖子混在一起不容易被吧主发现，但这种侥幸心理一般不会得逞，如果被举报，那么这个发帖ID以前的内容就都无效了，得不偿失。

▲ 图6-31 大热门的魔兽世界吧

根据实践经验，在热门的贴吧最好只发回复做营销，在冷门的贴吧则可以发主题帖，这样可以最大限度地降低被删的概率。如何寻找冷门贴吧呢？根据网络传播的特性分析，一些小众兴趣类、收藏类的贴吧的粉丝数量会比较少，如图6-32所示。

▲ 图6-32 比较小众的兴趣吧

**专家提点**

找一些符合自己企业定位的贴吧去发一些迎合性又植入了产品服务的帖子，帖子的存活概率就比较大；这样做其实也是在做搜索关键词的沉淀。

### 6.3.3 百度贴吧发帖回帖的小技巧

在百度贴吧，发帖回帖都需要掌握一定的技巧，如此才能让营销效果变得更好。例如，在官吧中创建一个“刷经验水帖大楼”的帖子，让含有品牌关键字的帖子长期有人回复，那这样的帖子就能产生显著的营销效果，如图6-33所示。

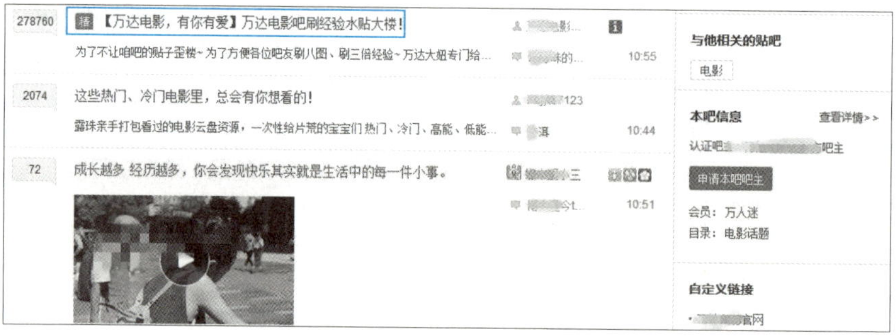


▲ 图6-33 有营销效果的刷经验水帖

**小知识**

没有回复的主题帖，在被百度收录后的一段时间内很容易被清除，而有回复的就没那么容易被清除，所以发主题一定要消灭零回复，没人回复可用其他账号来进行回复。

下面就一起来看看有哪些常见的发帖回帖技巧吧。

- 自编自导。在热门和相关的贴吧细心写一篇内容翔实的软文，然后用马甲号抢占沙发位置发个外部链接，之后可以经常拿各种小号上去回复一下帖子。有时这种“自导自演”的营销思路会产生很好的效果，如图6-34所示。
- 勿回旧贴（精品贴除外）。所谓“旧贴”，是指15天以前发布的帖子——回复了是要被百度扣分的。对贴吧排名很不利。
- 满15字。回帖一定要满15字，并且是不重复的汉字，标点和英文只算半个字。如果回帖带图的话，不满15字也可算数，如果满15字且带图就是两个帖子的分。因为不满15个字容易被认成无意义的灌水帖，带来被吧主删帖的危险，更有甚者会被封号。因此，回帖最好超过15个字，不仅可为账号加分，也能使账号更加安全。

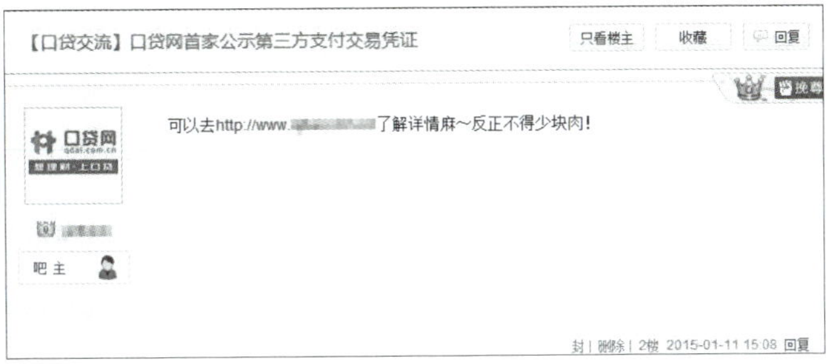


▲ 图6-34　占楼发外链示意

● 更换IP地址。企业不能一直换马甲账号发帖，因为再怎么换马甲账号，只要没换电脑，IP地址就是一样的，这样只算一个ID的分，帖子的排名也上不去。浏览一个帖子的独立IP地址越多，该帖子排名越靠前。如何“创造”独立IP呢？如果企业使用拨号上网，可以采取反复断开重拨的方法，每次重拨都会获得一个新的IP地址；如果不是拨号上网，则可以使用“365自动换IP”“IP自动更换大师”等软件来更换IP地址，如图6-35所示。

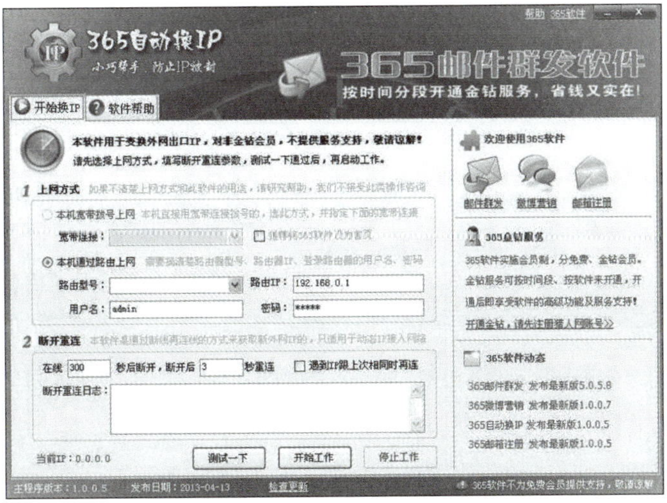


▲ 图6-35　自动更换IP地址的软件

- 鱼目混珠。将自己的产品、品牌或网站混在知名的同类产品、品牌或网站中进行推荐，引诱网友关注。例如，企业写一篇《盘点2015年十大知名金融网站》这样的文章，将知名金融网站罗列出来进行点评，把自己的金融网站夹杂在第8、9位上进行介绍。读者没有见过该网站的话，会忍不住去搜索了解，这就达到了营销推广的目的。

**专家提点**

其实营销的技巧还有很多，只要企业充分发挥想象力，总能够找到适合自己的。如在贴吧中热心回答问题，然后在答案后附上广告，这也是有效的推广方法。

### 6.3.4 内容中如何带外链

百度贴吧对于帖子中附带的链接的控制是比较严格的，百度贴吧后台有一个垃圾链接收集系统，一些经常被删除的链接会记录在这个系统，以后任何带有这个链接的帖子都会自动被删除。这就产生一个营销困惑：高权重的百度贴吧不能发布外链怎么办呢？解决方法介绍如下。

**1. 使用第三方短域名跳转**

第三方短域名跳转，不用过多去理解它的意义，知道操作原理即可：将要宣传的网站地址通过短域名的方法“伪装”起来，可以通过很多途径每次生成不同的短域名。其作用就是预防被百度过滤和加入黑名单，带有网址链接的帖子内容就不会被百度自动删除。

最常见的短域名样式就是新浪微博上消息最后附带的那个链接，如图6-36所示。当一条微博消息最后附上真实的网址发布后，实际显示出来链接就会自动被转换成这个短域名，这个短域名指向该网址链接。

更简洁的方法是通过网络上专门的在线短域名生成工具，输入真实的网址链接再点击右方的“缩短”按钮，即可将其生成一个短域名链接，如图6-37所示。

生成的结果如图6-38所示。复制短网址再粘贴到百度贴吧中即可。

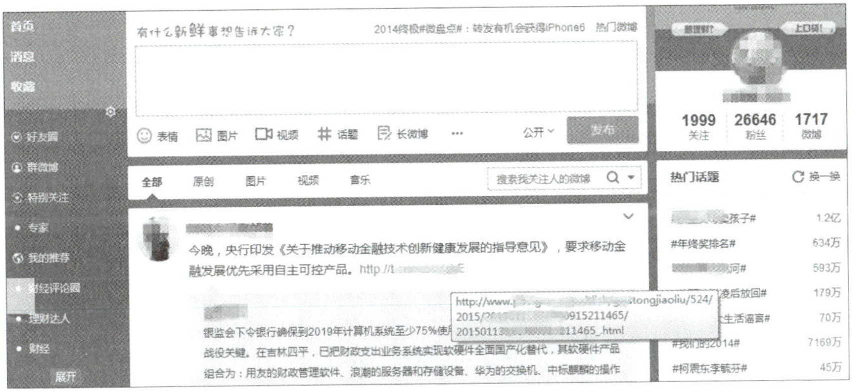


▲ 图6-36　新浪微博的短域名样式

▲ 图6-37　使用在线短域名生成工具

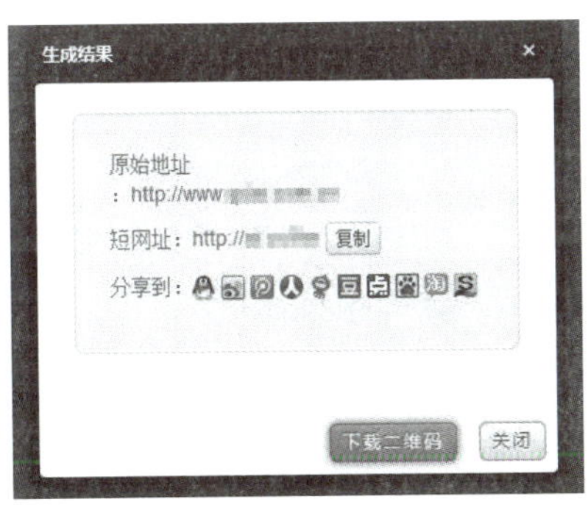


▲ 图6-38　复制短网址

### 2. 巧用全角输入网址

在全角状态输入网址，即会被百度贴吧识别为文本内容而不是链接，这样也就不会被百度自动删除。全半角切换是的组合键是Shift+Space，中英文切换是Ctrl+Shift；如果是在搜狗输入法开启状态下，直接按Shift键即可切换拼音和中文。

例如，www.abc.com会被贴吧识别为链接，但是ｗｗｗ．ａｂｃ．ｃｏｍ就不会被识别为链接。但是后者无法直接单击访问，需要用户手动将地址输入到浏览器的地址栏才可以访问，不是很方便。因此，用户发全角字符的链接时，最好使用较短的域名，方便用户输入。

## 6.3.5 如何把产品内容巧妙地传播出去

网络营销的目标就是要把产品和服务内容传播出去，最终为赚钱铺路。精妙的网络营销总是能通过一次很巧妙和随意的宣传，就让用户情不自禁地接受传播内容，这才是成功和有效果的营销。

百度贴吧中的企业平台服务，可以帮助企业按兴趣筛选，找到与品牌最相关的人群，解决“感兴趣的人在哪里”的营销难题。

贴吧本身又是一个以兴趣为聚合的社区平台，所以，企业很容易通过这样的平台服务实现对营销对象的定位，例如，一次简单的搜索也能快速地定位出目标贴吧，如图6-39所示。

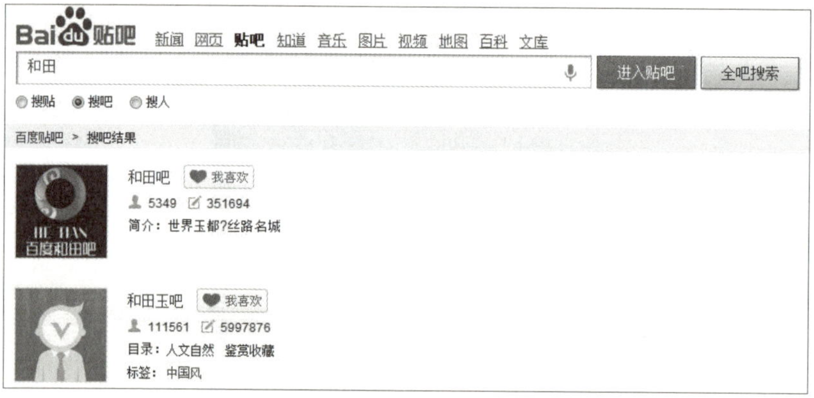


▲ 图6-39　百度贴吧关键词搜吧

企业找到与要传播的内容相吻合的贴吧以及兴趣人群后，就要将营销内容软性植入，这更有利于内容的传播，企业营销人员需要具备敏锐的洞察能力以及内容制作的技能，才能更好地解决“如何把感兴趣的人聚在一起”的问题。下面就从两个小案例来看看“内容的软性植入”的技巧。

## 案例回放

### 北京人话河南菜：用话题和兴趣引起网友共鸣

在某个“吃货吧”里发出来的这个帖子，第一楼首先就贴了一张产品包装图，如图6-40所示。也许第一眼看上去像是广告，但当大家看了帖子的文字内容，又会觉得这个图片不是一个产品广告，而是一个别出心裁的开头。

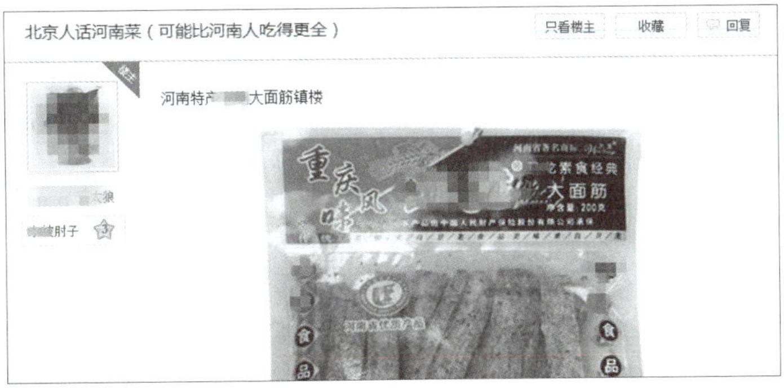


▲ 图6-40　帖子中的贴图

图下面的文字是什么呢？如图6-41所示，帖子的内容是一个学生抱怨说在河南上学吃胖了，然后就是对一些河南菜进行点评。可能不少网友的注意点都在这个发帖人如何点评河南菜上了，但要注意的是主楼最上面贴出的那个产品包装图，清晰地显示了厂商名以及产品属性，那么就达到了让大家关注到该产品的效果，产品的话题讨论很自然地就被带了出来。

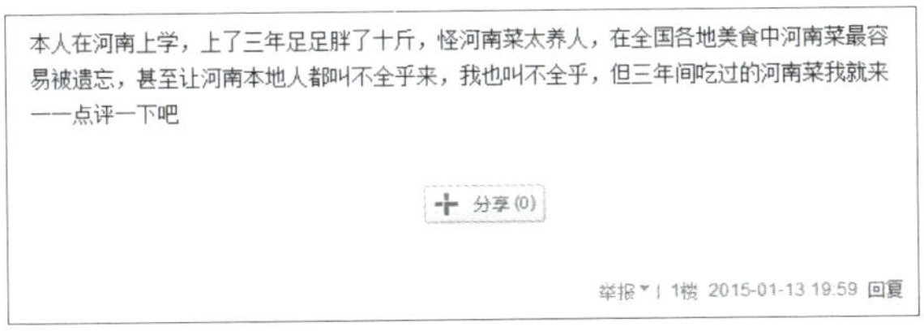


▲ 图6-41　帖子的文字内容

## 案例回放

### 去日本买马桶盖，重点关注兴趣人群

随着2015年2月的一篇名为“去日本买只马桶盖”的帖子在网上疯传，将海外

产品推向封口浪尖。大家意识到随着国民生活质量的提高，大家看重的是舒适度。

尺有所短寸有所长，海外的某些产品正好符合国人的喜好观。但不是每个人都有经济和机会在外海市场和国内来来回回，在这种大市场的影响下，百度贴吧里的代购吧开始兴起，如图6-42所示。这里聚集着一群对海外产品感兴趣的网民，通过贴吧里的讨论及从众心理可以认识更多海外物美价廉的产品。

▲ 图6-42　寻找与品牌契合的主题吧

在锁定这群“对海外产品感兴趣的人”之后，更多的卖家通过官方账号在精选贴吧中发帖普及更多海外产品信息及购买途径。因为关注该贴吧的人群都是对此类商品有兴趣的，且也能带来价值，广大网民并不排斥广告的植入，同时还能得到支持。对于这样的营销，关注度是十分高的，如图6-43所示。

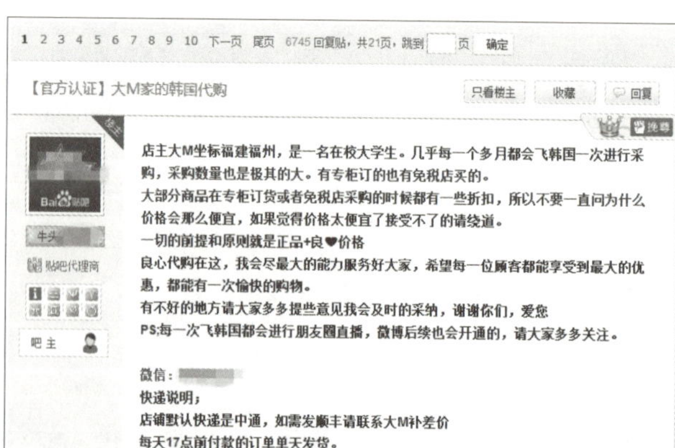


▲ 图6-43　贴吧里的兴趣营销帖子

# 6.4　设计百度贴吧活动吸引更多用户

实际上要长期制作出高质量的帖子内容并不是那么容易，因此在经费允许的情况下，企业可以在百度贴吧开展一些主题活动，通过诱人的奖品来吸引更多用户的关注，这样的营销效果是很好的。

## 6.4.1　百度贴吧抽奖活动如何设计

百度贴吧有一套很成熟的抽奖系统，可协助企业很快地展开各类抽奖活动。贴吧抽奖活动最重要的作用就是通过活动规则能辅助增加本贴吧的用户关注数，让举行活动的贴吧在一段时间里很活跃，这也非常有利于增加本贴吧中的帖子内容在搜索引擎中的曝光量。一个完整的百度贴吧抽奖活动，呈现出来的效果。如图6-44所示。

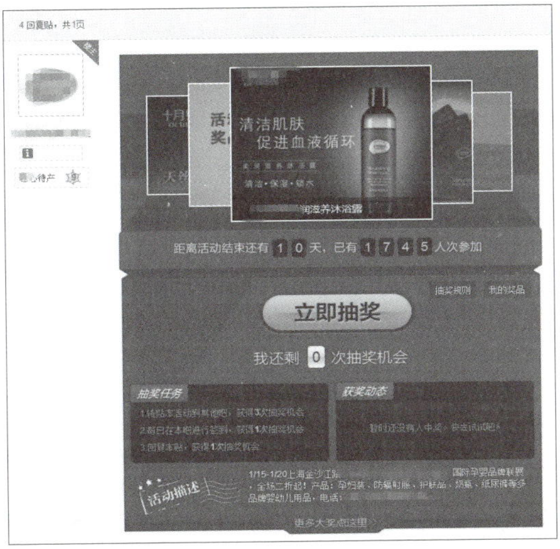


▲ 图6-44　百度贴吧抽奖活动样式

企业在设计抽奖活动时需要注意哪些方面呢？应该如何设计一个恰当的抽奖活动呢？这类抽奖活动的前期准备是比较简单的，只需要注意以下几个大方向即可。

**1. 确定抽奖活动的主题**

不管做什么活动都需要有一个主题，百度贴吧里的抽奖活动最多，这些活动也都有自己的一个主题。企业想通过抽奖活动达到什么营销目的，至少要体现在活动主题里。例如，常见的诸如“几周年抽奖活动”“新年好礼抽奖”等，定一个主题才好制作相应的活动海报。百度贴吧里有一个专门的“活动大厅”，企业需要开展抽奖活动时，可以先来这里看看，寻找设计灵感，如图6-45所示。

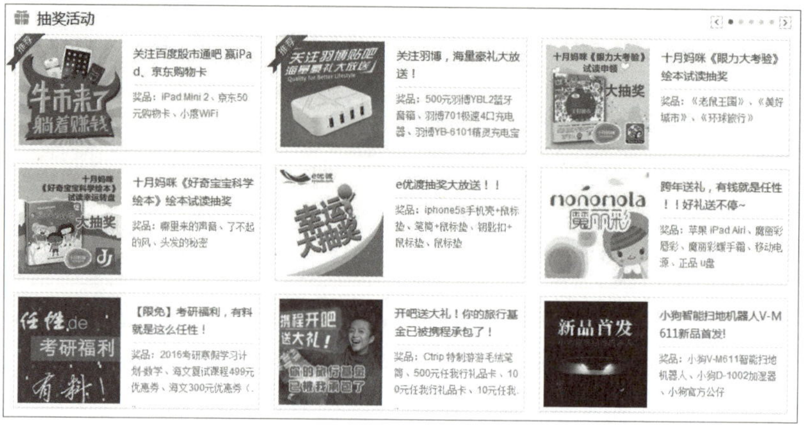


▲ 图6-45 活动大厅中的抽奖活动

**专家提点**

当然，抽奖活动主题的确定也可以是随意的。因为这类活动最主要的作用就是强制用户关注本贴吧才有抽奖资格。参与的用户可能并不会过多地关注这个品牌如何，他们的注意力其实主要在活动奖品上。

### 2. 准备活动文案

比较简单的抽奖活动的文案，其具体内容包括奖品的设置、活动描述以及抽奖规则。首先是对活动的描述，在制订的主题下需要有一小段文字阐述该抽奖活动的发起意义，如图6-46所示。百度贴吧对该描述内容有字数的限制，通常在100字左右即可。

### 3. 抽奖规则的设置

百度贴吧的抽奖规则基本是一样的，如图6-47所示。规则的主要作用是限制每位用户每天可以抽奖的次数。既然举行抽奖活动一个大的作用就是增加本贴吧的用户关注数，所以首要的规则就是设置“必须关注本吧才有抽奖资格”。

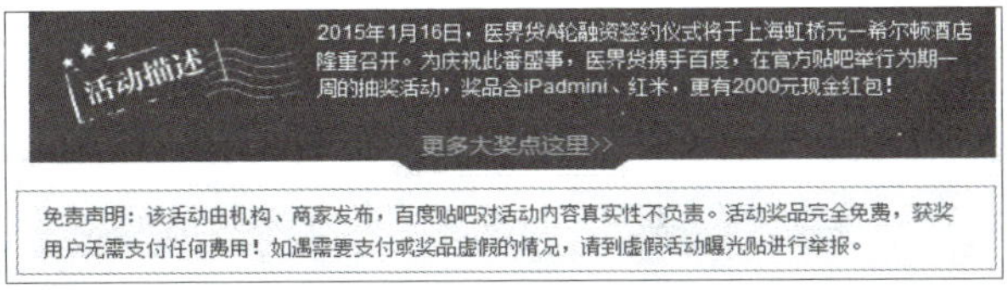


▲ 图6-46 抽奖活动描述

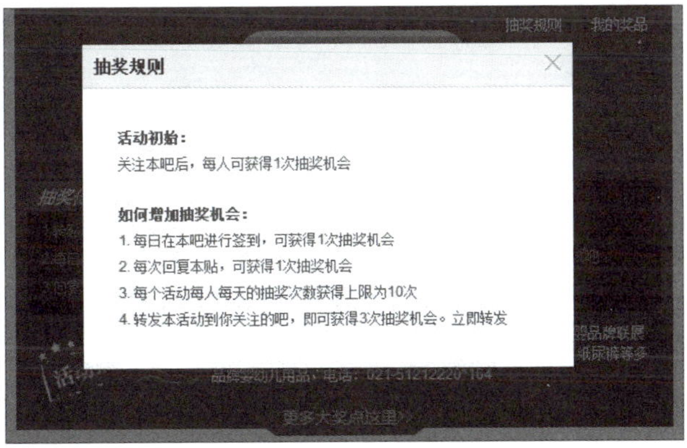


▲ 图6-47 查看抽奖规则

然后，就是设定一个抽奖频率，即用户每天可以抽奖次数的最高上限。这个就需要企业根据自己的活动预案以及奖品数量来合理调配了。目前贴吧里大部分的抽奖活动设置的次数上限为8~10次。

最后，就是调整可以获得的抽奖次数的规则，例如每天签到可以获得1次抽奖机会，回复活动帖可以获得2次抽奖机会，将活动帖转发到其他贴吧可以获得3次抽奖机会等。这个根据企业自己的意愿来设置即可，但数值不宜设置得太大，以免打击用户持续的参与热情。

设置好规则后，用户按规则进行了参与后，其拥有的抽奖机会会实时地显示在抽奖按钮的下方，如图6-48所示。

### 4. 活动奖品的设置

一个抽奖活动，凭什么吸引用户来关注和参与呢？当然是看奖品是否有足够的吸引力。首先，企业用户要形成这样一个思维：一个抽奖活动设置1万元的等值奖品，如果能够吸引来数10万网络用户的参与，那品牌曝光的成本投入其实是非常小的。所以，企业一定要提供热门的奖品，提供当下大家普遍关心和想拥有的奖品，如消费类电子产品iPhone6P、iPad Air3等，如图6-49所示。

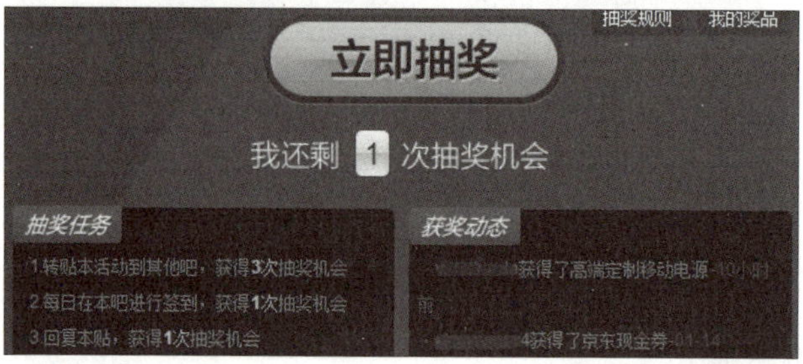


▲ 图6-48　实时显示剩余抽奖机会

▲ 图6-49　热门奖品能够获得更多关注

另外，企业还要注意设置奖品梯度。诱人的大奖肯定只有1~2个幸运儿能够得到，更多的是一些安慰奖项的，如果条件允许可以尽量多设置一些安慰奖，提高用户的参与热情。一般设置一、二、三等奖即可。除了大奖的诱人奖品，二、三等奖的奖品可以是不同金额的话费或彩票，这种奖品既实惠，又利于企业后期奖品的统计和发放。

**5. 活动的上线和后期统计**

企业拥有的官吧账号能实现对贴吧内容、贴吧管理ID、贴吧访问数据等方面的直接管理，并且要完成抽奖活动结束后的中奖名单统计工作。

最后，抽奖活动结束后，企业官方贴吧要公布中奖名单以及奖品发放的细节情况。这样做的目的是为了增加官方贴吧的公信力，做了活动设置了奖品就一定会公平公正透明地发放奖品，如图6-50所示。

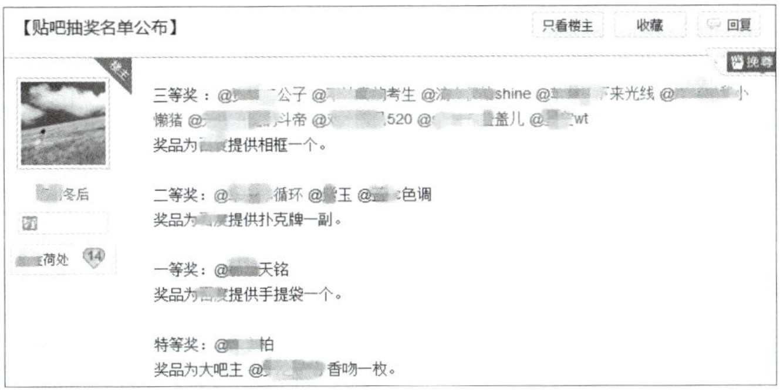


▲ 图6-50　贴吧抽奖名单公布帖

**专家提点**

如果最后的统计结果中发现有无效的中奖人，并决定不予以发放奖品，那么在最后的中奖名单公布中一定要公示清楚具体的原因，做到有理有节，让人无可挑剔。

## 6.4.2　百度贴吧抢楼活动如何设计

“抢楼”这个多年前就已经在使用的网络营销手段，现在依然是提高人气、吸引网络用户关注的好方法。抢楼活动能否顺利开展，关键的因素就是看抢楼规则设计的是否恰当。初用该方式的企业用户，可以多借鉴网络上已经有的成熟案例，配合自己的实际情况来设计规则。

### 1. 抢楼的奖品设置

这个关键因素就不用多说了，和前面介绍的抽奖活动一样，奖品的设置将直接决定活动受到的关注情况。抢楼是大多要靠“拼人品”来获得奖品的活动方式，企业可以大胆设置一些高价值的诱人奖品来吸引更多人参加。如图6-51所示，百度贴吧的官方活动所提供的幸运大奖就相当的诱人。

抢楼活动如果没有具有吸引力的奖品或者其他奖励，一般很难受到关注，除非是人气特别旺的官吧；奖品的价值因素占抢楼吸引程度总因素的75%甚至更多。具体的奖品设置，企业还可以联合其他贴吧一起来提供，增加各自的关注度，互动的同时也能起到联合营销的效果，如图6-52所示。

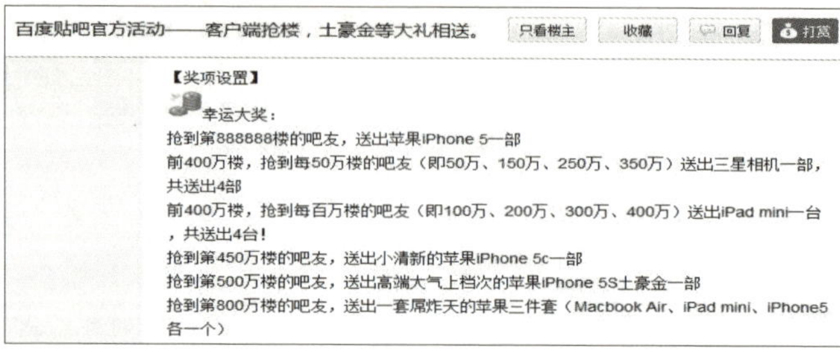


▲ 图6-51　百度贴吧官方抢楼活动奖品

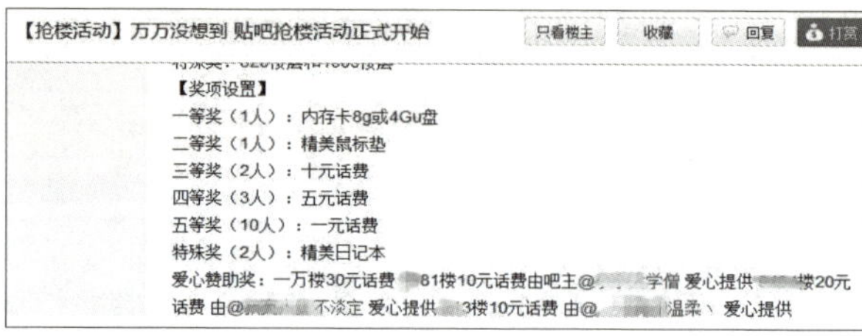


▲ 图6-52　联合其他贴吧赞助奖品

## 2. 抢楼的规则设置

抢楼规则的设置是一个抢楼活动成败的关键。活动的规则一般包括活动时间、回复规则、发奖须知、中奖楼层等。首先要设置的就是何种抢楼回复算是有效，也就是考虑要不要制订抢楼回复内容的规则。以营销为目的抢楼活动，一般会建议采用相对统一的回复格式，这样就可以间接地将品牌信息推送给所有参与用户。图6-53所示的抢楼活动，就设置了一个固定回复内容，而且清楚地标明了何种回复算是有效的抢楼层。

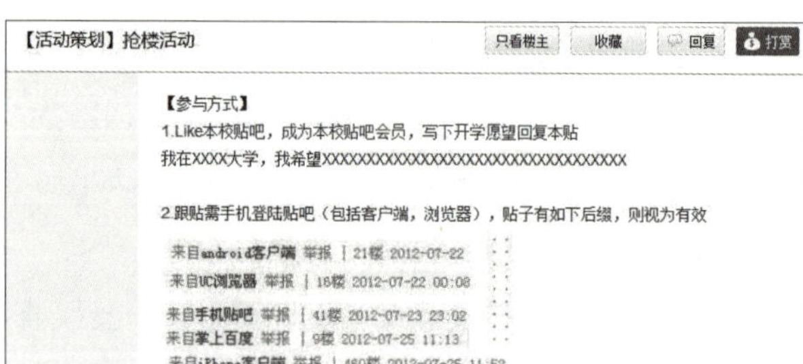


▲ 图6-53　设置固定抢楼回复内容

其次就是大家最关心的中奖楼层的设置，说明网友回复内容的楼层所对应的奖品，中奖楼层一般设置成一些特殊的数字，所有楼层按一定规律排列。其设置方式一般是按照比例来计算的，如设置10%、20%……为中奖楼层，则规定时间后，用总楼层数乘以中奖楼层的比例系数就得到实际中奖楼层，这一方法可以有效防止作弊。百度贴吧的官方抢楼活动在其“阳光普照奖”的中奖规则中，就采用了相应的倍数楼层来作为中奖楼层，如图6-54所示。

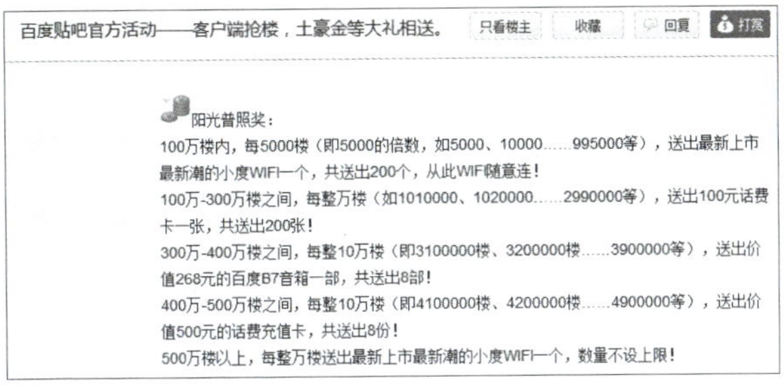
百度贴吧官方活动——客户端抢楼，土豪金等大礼相送。 只看楼主 收藏 回复 打赏

阳光普照奖：
100万楼内，每5000楼（即5000的倍数，如5000、10000……995000等），送出最新上市最新潮的小度WIFI一个，共送出200个，从此WIFI随意连！
100万-300万楼之间，每整万楼（如1010000、1020000……2990000等），送出100元话费卡一张，共送出200张！
300万-400万楼之间，每整10万楼（即3100000楼、3200000楼……3900000等），送出价值268元的百度B7音箱一部，共送出8部！
400万-500万楼之间，每整10万楼（即4100000楼、4200000楼……4900000等），送出价值500元的话费充值卡，共送出8份！
500万楼以上，每整万楼送出最新上市最新潮的小度WIFI一个，数量不设上限！

▲ 图6-54 中奖楼层的设置示意

有些策划者为了最大限度地防止作弊，采用的是一些自己制定的楼层计算规则。图6-55所示的抢楼活动的各个中奖楼层均是用总楼层数乘以不同系数来得到。

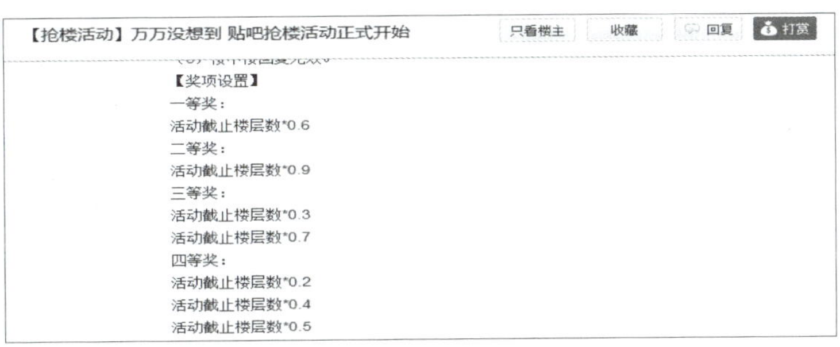
【抢楼活动】万万没想到 贴吧抢楼活动正式开始 只看楼主 收藏 回复 打赏

【奖项设置】
一等奖：
活动截止楼层数*0.6
二等奖：
活动截止楼层数*0.9
三等奖：
活动截止楼层数*0.3
活动截止楼层数*0.7
四等奖：
活动截止楼层数*0.2
活动截止楼层数*0.4
活动截止楼层数*0.5

▲ 图6-55 比较特殊的中奖楼层设置

**专家提点**

企业在设置中奖楼层时还需要考虑“楼高”的问题，即楼层的最大值。当达到这个值时，以后回复的楼层均无效，帖子也将被锁定，抢楼活动宣告停止。另一种抢楼规则是不设置楼高，只从抢楼时间来限制，只有在规定的有效时间里抢楼才有效。

**3. 抢楼活动前后的保障**

在百度贴吧里举办抢楼活动，一般说来是不愁没人来参加的。但是如果万一抢楼活动中出现冷场的情况，那就要想办法打破这僵局，例如企业动员自己的员工来参与带动活动的继续。

就是和抽奖活动一样，在抢楼活动结束后官方要及时发布获奖人名单和信息，并发送奖品给获奖人。从而让没有抢到的网民认识到这个抢楼活动是真实的，没有弄虚作假，这样就奠定了以后抢楼活动的群众基础。

**4. 抢楼活动举办间隔时段**

抢楼上线前期，企业需要有准备时间，宣传时间，所以建议最好是2~3周举办一次，这样就不至于太仓促。抢楼活动切记不要太仓促，如果在抢楼活动中出现什么意外状况，如由于宣传时间太短，很多网友没有收到抢楼消息，会导致抢楼活动不火爆甚至冷清，也会影响到网友的参与积极性。

**专家提点**

抢楼的具体时间也要计划好，如周一抢楼的效果肯定不如周三、周四好，因为在周一大家普遍都比较忙，抢楼的活动时间安排也很重要。

## 赚钱秘技一点通

### 1. 多参加贴吧活动其实也是一种赚钱

我们已经探讨了企业如何通过百度贴吧的营销实现赚钱的目的，那么个人用户有没有可能通过贴吧实现“赚钱”梦呢？当然是可以的，契机就是贴吧里每天都会有的各类有奖活动，也就是说在闲暇之余，多多参加这些活动，“赚钱”也不是不可能。

大家可以重点关注一下百度贴吧的活动大厅，如图6-56所示，这里的活动基本都是由各企业发起。特别是活动大厅顶端推荐位的活动，非常值得参加一下。

另外，可以通过百度贴吧的高级搜索，来获取相关活动信息，如图6-57所示。

还有一种赚钱方法就是专门搜索企业吧。百度贴吧提供了企业吧分类，将各大名企的官方贴吧都记录在案，如图6-58所示。企业要通过百度贴吧开展营销，必然会随时开展各种形式的活动，个人多关注一些企业官方吧就能获得更多的活动消息。

▲图6-56 百度贴吧活动大厅

▲图6-57 搜索贴吧活动

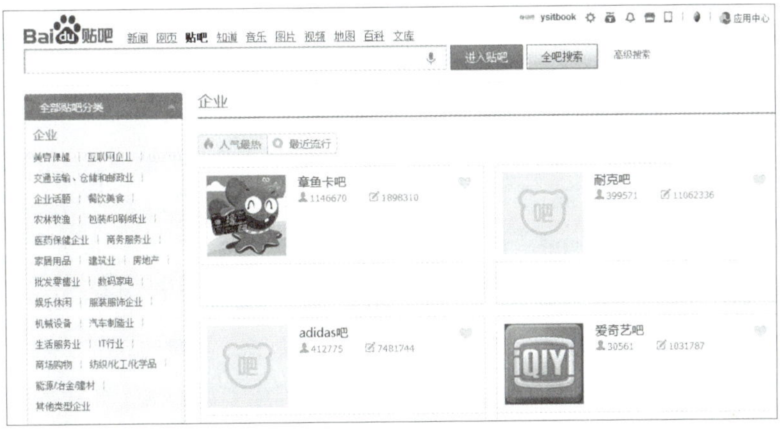


▲图6-58 企业贴吧搜索活动

## 2. 口贷网官方贴吧的抽奖活动案例

口贷网是一家总部在成都的互助金融平台，为了在其官方贴吧中进一步提升品牌关注度，首先选择的就是用抽奖活动来吸引用户的广泛关注。前期在活动准备上，主要就是策划活动细节的文案，如图6-59所示，文案包括活动主题、活动时间、活动描述以及奖品设置等细节。

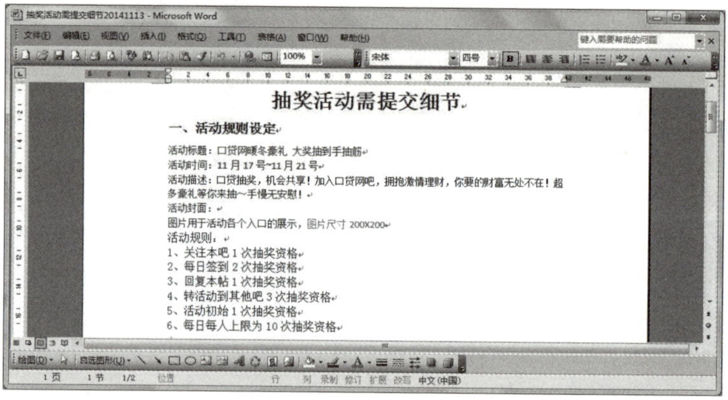

抽奖活动需提交细节

一、活动规则设定

活动标题：口贷网暖冬豪礼 大奖抽到手抽筋

活动时间：11月17号~11月21号

活动描述：口贷抽奖，机会共享！加入口贷网吧，拥抱激情理财，你要的财富无处不在！超多豪礼等你来抽~手慢无安慰！

活动封面：

图片用于活动各个入口的展示，图片尺寸 200X200

活动规则：

1、关注本吧 1 次抽奖资格

2、每日签到 2 次抽奖资格

3、回复本帖 1 次抽奖资格

4、转活动到其他吧 3 次抽奖资格

5、活动初始 1 次抽奖资格

6、每日每人上限为 10 次抽奖资格

▲ 图6-59　抽奖活动文案细节

除了文案，口贷网还需要提交所有奖品的一个抽奖轮播图，如图6-60所示。

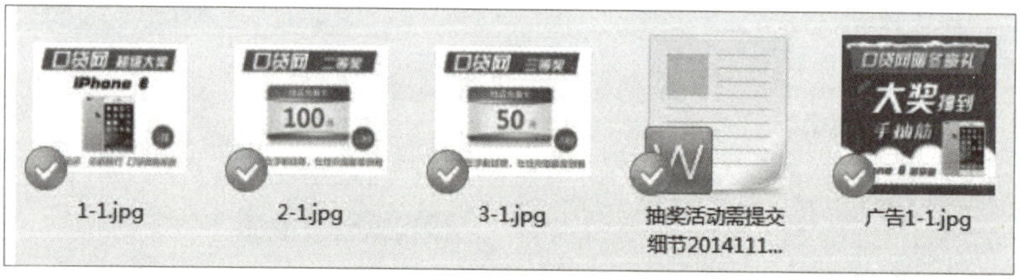


▲ 图6-60　抽奖活动还需准备的物料

企业准备好所有物料后提交百度贴吧为活动排期，通常1天左右活动即可上线。口贷网共准备了一部iPhone6大奖，以及100元和50元不等的话费奖励。活动上线就立即引来了一大波用户的关注，截止活动结束时抽奖页面显示累积有60余万人次参与，如图6-61所示。曝光量如此之大，除了口贷网的品牌影响力的因素外，活动奖品的力度以及百度贴吧用户的活跃度等因素都促成了此次抽奖活动的成功。

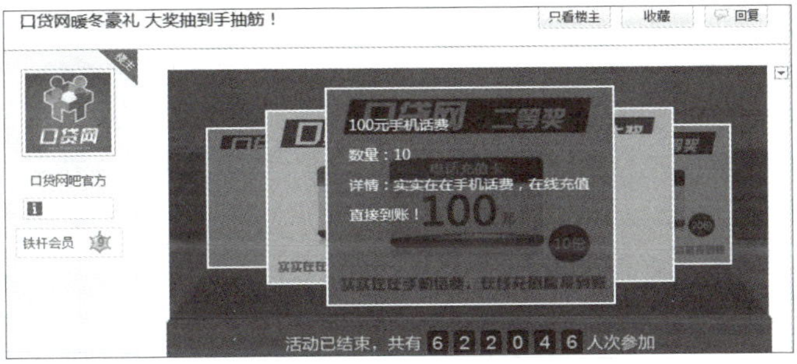


▲ 图6-61　抽奖活动结果

## 实用技能拓展

### 1. 自建一个营销贴吧吸引商家关注

个人的百度贴吧赚钱路当然不能停留在仅参加各种抽奖活动上，那个毕竟存在一定的概率问题，而且也不是持之有效的赚钱路。如果你真想通过百度贴实现“营收”，正确的“康庄大道”还是利用好贴吧的高人气，自己建一个兴趣吧，然后通过坚持不懈的内容维护来提升本吧的人气。只要你的兴趣吧找准了受众人群，找准了内容方向，在经过一定时间的维护后，可能就会有相关品牌企业找到你做内容推广营销。

（1）关于自建兴趣吧的内容定位

内容定位需要个人对当下流行的元素有比较清楚的了解，创建什么样的兴趣吧将直接决定以后的营销路以及赚钱的情况。目前，数码类、影音类以及旅行类属于比较好发挥的领域，内容的创建也比较容易，同时也比较容易引起普遍用户的关注。例如，针对热门流行的iPhone产品，可以思考一些细分的内容领域，如“iPhone技巧吧”“果粉活动吧”“iOS资源共享吧”等，用这种较为宽泛但又很细分的贴吧主题，来构建一个兴趣环境。如图6-62所示，如果发现已经有同名吧，可以换一下名字的大小写实现创建，并要把自己的吧做得更有特色一些。

有了主题，然后就需要丰富贴吧内的内容。针对一些主题方向，通过网络可以很轻松地搜索到许多的文章。如果你希望自己的贴吧能更快地让大家知道，那么将搜索到的文章最好再略加修改后再发到自己的贴吧里，并且每天定时定量地更新，这样百度搜索引擎才能更好地收录。如图6-63所示，只是要较为热门的内容，就容易在网络上得到相关资讯。

▲ 图6-62　创建自己的兴趣吧

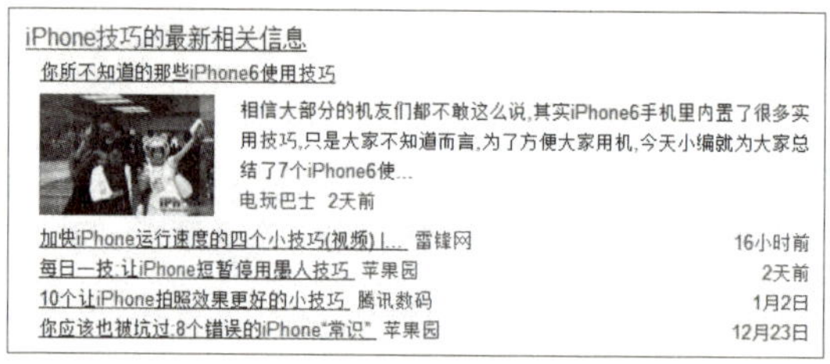


▲ 图6-63　通过网络获取贴吧内容

（2）如何把贴吧宣传出去

每天坚持不懈、定时定量地做内容，经过一小段时间的积累，你的贴吧内容量就比较充实了。此时就该考虑如何把贴吧更好地宣传出去。方法之一就是常回帖，去那些与你创建的贴吧内容相近的地方，看主题帖回复贴友关心的问题，并且在回复中要注意巧妙地植入你要宣传的贴吧，如图6-64所示。

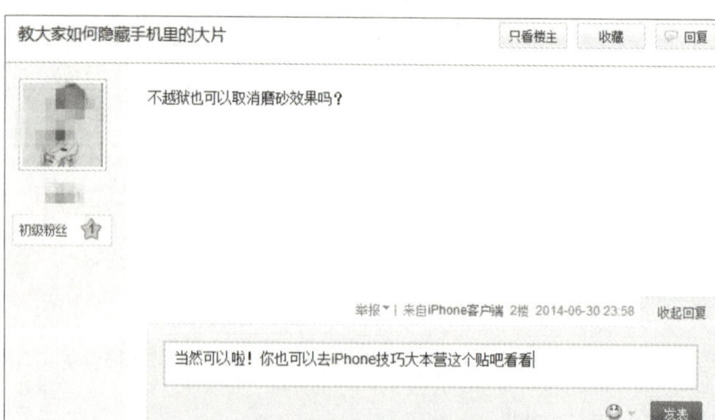


▲ 图6-64　巧妙回复内容

另一个方法就是去其他贴吧发布主题帖，并在帖子的最后留下文章的出处，即自己的贴吧名。发这类主题帖要注意你的内容质量，标题首先就要能引起网友注意，然后内容里基本上不要出现广告，就是只和大家分享新鲜资讯，只在最后留一些“蛛丝马迹”即可，如图6-65所示。

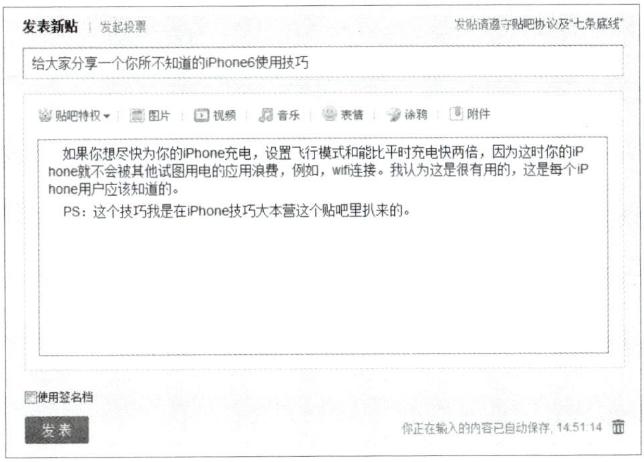


▲ 图6-65 发表新贴时巧妙植入宣传内容

如此操作一段时间后，你就要注意账号的消息提醒了。因为可能会有品牌企业找你，希望通过你的贴吧来做一些活动，或是邀请你为他们写一些宣传性的帖子。

## 2. 将百度贴吧和百度空间有效连接

百度空间类似于博客的形式，可以发表文章，分享东西；而百度贴吧是一个论坛的形式，可以发表你对某些东西的个人见解。对于企业的营销宣传来说，百度贴吧这个阵地最大的作用就是提升品牌人气，企业可以在贴吧这个自成体系的网络社区里最大化地传播企业品牌价值。从某个角度上来说，百度贴吧可以起到舆论导向的作用。

而百度空间就不一样。首先，它是以类似博客的形式存在，在其中发布的内容多较为正式；其次，在百度空间里创建自己的空间主页后，发布文章是可以随意带链接的，这个对于外链的建设具有很好的帮助作用。如图6-66所示，企业申请了百度空间后，不局限于发布文字内容，还可以发视频、图片等。实际上，百度空间是一个很好的企业信息展播平台。

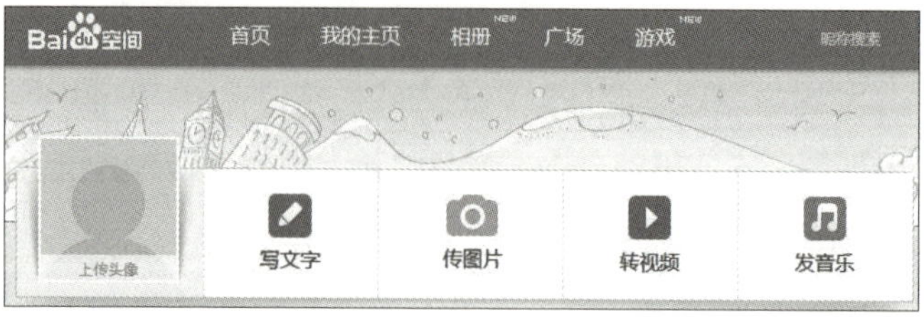


▲ 图6-66　百度空间信息发布

那么，企业如何将百度贴吧和百度空间的宣传结合起来做呢？第一，在百度空间里发布的信息内容，可以同步转发到官方贴吧里，增加搜索引擎的收录概率。第二，企业自己的百度空间和百度贴吧互推，每发布一个信息都同时留下两个地址。第三，由于百度空间里的信息内容，被百度搜索收录的速度极快，所以贴吧里发布的重要内容一定要第一时间转录过来。第四，百度空间里的相册服务也是一个营销阵地，如图6-67所示，通过图片的形式其实能够更好地传播企业信息，只是在制作和发布图片时要多考虑一下如何更好地将企业信息包装在图片上。

▲ 图6-67　百度空间相册

## 专家提点

百度空间的优势是收录速度极快，而且可以加链接地址。因此很多企业都选择用百度空间来建设外链，但是在百度空间做宣传也是一把双刃剑，需要注意不要被用户举报，一旦举报该空间就会被删除。

CHAPTER 07

# 搭建APP 连通社交网络赚钱路

△ APP是英文“Application”的简写，翻译成中文即为“应用”。智能手机、平板电脑上的软件统一被称为“APP”或“应用”，以便和电脑上的软件区别开来。

△ 其实，在企业APP里面展示的内容，绝大多数都可以通过手机浏览器直接访问企业网站来完成。那么，为什么企业还是热衷于通过APP来进行宣传呢？这主要是因为APP除了展示信息以外，还有一些浏览器无法实现的功能，如主动向用户推送消息、随时获取用户的地理位置信息等。APP比浏览器里的网址，更能随时引起用户的注意，访问率也更高。

△ 搭建APP进行宣传，需要了解的知识也不少。本章将从企业搭建APP的时间选择、如何构建APP内容以及如何展开APP运营等多个方面，向大家全面展示企业APP的社交网络赚钱路。

## 7.1 企业什么时候该考虑搭建APP

企业APP不能盲目开发，需要迎合企业自身发展以及营销工作的需求。那么，一个企业在何种发展阶段就该考虑搭建自己的APP了呢？本节即会详细讨论这一问题。

### 7.1.1 企业已经达到一定的规模

截至2016年6月，中国手机网民规模达6.56亿，远远超过了台式电脑的网民规模，越来越多的人选择用手机上网，没有APP的企业将会面临被时代淘汰的命运。特别是当一个企业已经达到一定的规模后，搭建自己的APP将更加有助于企业自身的管理以及各项服务的开展。

**1. 电子化展示企业形象**

企业可以制作一个展示企业形象、企业文化、产品信息的APP，用来取代现有的企业简介及厚厚的产品画册。仅需用一个APP就可以把这些信息全部装进去，当给客户介绍产品信息的时候，可以直接通过平板电脑给客户进行展示介绍。如图7-1所示，口贷网以及京东金融的APP可以集中展示其创新的产品类型，而美图秀秀的APP则主要是为用户提供更多样的美图功能。

▲ 图7-1 各类企业APP界面展示

**2. 员工管理实现电子化**

企业APP里还可以包含所有员工的岗位职责、联系方式、个人头像等，便于员工的管理；也可以添加一些公司通知动态的功能，把通知信息全部发布到APP中，既可以及时有效地让所有员工接收信息，又利于查询以往的记录，如图7-2所示。

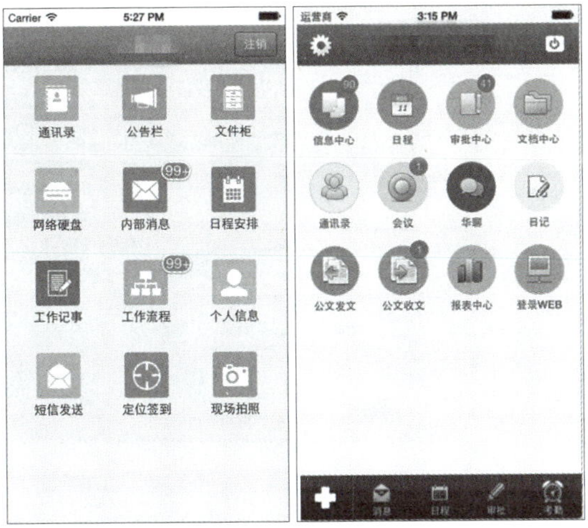


▲ 图7-2　企业移动办公手机APP

### 3. 和客户沟通更顺畅

通过APP内置的交互功能，如直接拨号、发送短信、业务信息查询等，企业可以更加便捷地与用户进行联系。例如，可以做一些选购类的表单让用户勾选，然后用户只需直接点击提交，即可把选购信息提交给企业。

#### 案例回放

**微信APP加入反馈功能与用户沟通**

在企业APP中加入反馈通道，可以让用户向企业提出建议和意见，供企业改进。微信APP就在“关于我们”的页面中，加入了“信息反馈”这样的功能项，用户可以在对话框中输入文字，并单击“发送”按钮提交，如图7-3所示。

#### 专家提点

提供反馈渠道很重要。反馈渠道不仅能够收集到用户的直接使用体验信息，还能作为用户的“出气筒”，当用户有针对企业的牢骚要发时，至少能够有一个方便的发泄渠道，而不至于让怒气积累，最终爆发，做出各种不利于企业的事情，如在网络上大肆散布关于企业的负面信息等。

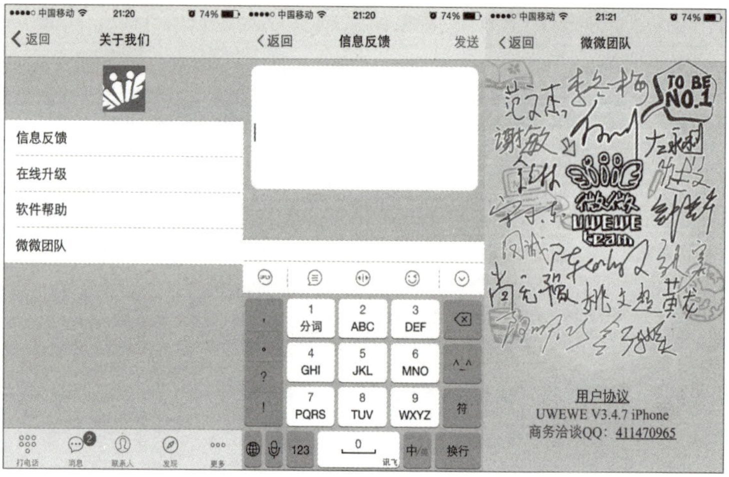


▲ 图7-3　企业APP设置“关于我们”功能项

**小知识**

覆盖面积广、简单便捷、互动性更强，一对一的信息终端，同时还可以增强客户黏度，这是移动APP的优势所在，同时也是中小企业在发展过程中定制自己APP的优势所在。

## 7.1.2　需要建立自有的销售平台

制造类、零售服务类企业的APP可以为企业提供一个产品展示、活动推广和产品销售的平台，让用户可以随时随地浏览企业的网站，了解详细的产品资料和企业最新活动信息，还可以在线下单订购等，方便快捷。

**案例回放**

### 中国移动APP缴费增收入

以前，手机用户只能通过营业厅或是购买充值卡交话费，并不是很方便。后来淘宝等平台上出现了第三方缴费通道，用户可以方便地充值了，但移动业务运营商还要给第三方通道分成，会有一定的经济损失。

在智能机普及后，几大移动业务运营商都推出了自己的企业APP，如中国移动就推出了“手机营业厅”APP，如图7-4所示。中国移动的APP上线后，不仅省去了一笔不必要的渠道成本，而且因为话费到账迅速，很多用户都选择了从APP缴费，占APP上线当年总话费收入的37%。此外，中国移动还通过APP推广各种优惠活动，也为企业带来了不菲的收入。

▲图7-4 中国移动APP界面展示

## 案例回放

### 西湖景区APP提供全套服务方便游客

各大旅游景区也与时俱进，不仅全面覆盖各大电视台广告，而且也纷纷定制出了自己的专属APP。

旅游景区的APP客户端除了对景区特色的全面介绍外，还为游客提供各种方便的服务。如杭州西湖的手机APP软件里，就囊括了景点导航、景点门票、购物以及酒店预订等比较全面的自有“销售”体系，如图7-5所示。

## 专家提点

很明显，如果只提供景区介绍，APP是不会受到用户青睐的，只有加上为游客服务的功能，如订门票、订酒店和机票等，切实解决游客所需，才能被用户接受。因此企业APP一定不能自说自话，要站在用户的角度上思考，才能让APP真正触动用户，受到用户的喜爱及传播。

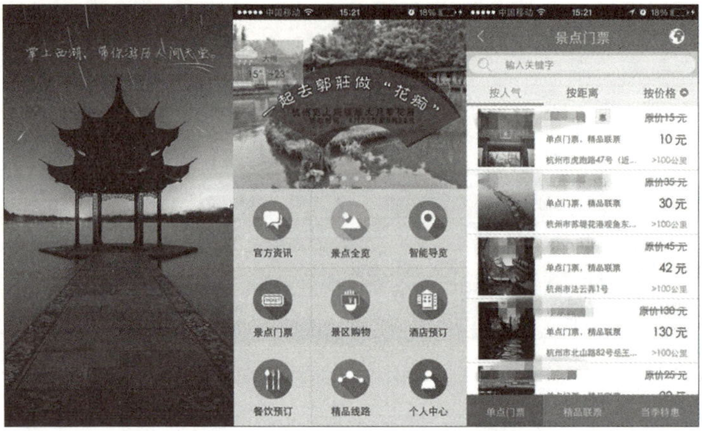


▲ 图7-5 西湖景区APP界面展示

## 7.1.3 需要结合线上线下提高业绩

在手机APP大行其道之初，传统互联网巨头迅速跟进，如新浪、搜狐等纷纷推出自己的手机版官网APP，目的就是想借助手机版官网建设提高客户体验，防止客户流失。其他传统型企业，自然也认识到了这点，通过新兴的移动互联网来带动传统线下销售，进一步增长客户基数。下面介绍比较典型的几个案例。

### 1. 大力营销移动二维码

通过二维码扫描应用，实现企业从线下到线上的无缝连接，网络上现在也随处可见到扫描二维码下载企业APP的推广景象。用户扫描该二维码后，软件会自动解析二维码生成相关信息，可以下载图文、音乐、视频，获取优惠券，参与抽奖，了解产品信息，还可以方便地用手机识别和储存名片、自动输入短信、获取公共服务等。

**案例回放**

### 聚划算网页发布二维码引导用户下载APP客户端

伴随着科技的发展，二维码可以为用户浏览信息、下载、在线视频、网上购物、网上支付等提供方便的入口，很多服务平台也开发了手机客户端APP，供用户下载使用。向用户宣传推荐APP的常见方法是将下载地址编译为二维码，并将二维码放置在网页显眼的地方，用户只要使用手机进行扫描，就可以下载APP。聚划算就采用了这样的方法引导用户下载自己的客户端APP，如图7-6所示。

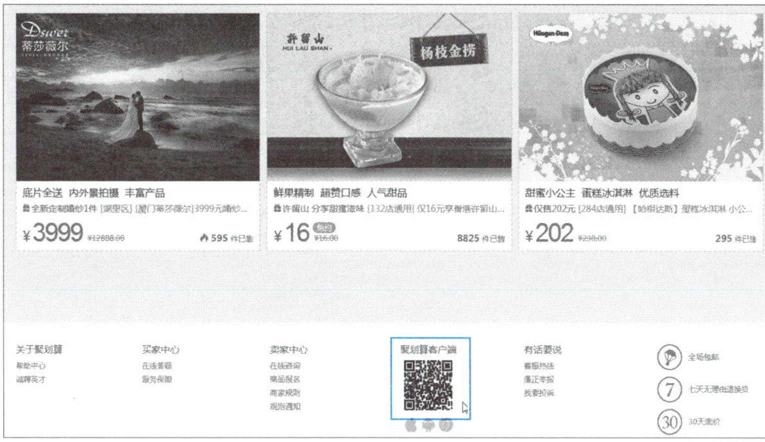


▲ 图7-6　扫描二维码下载聚划算客户端

二维码的线下营销形式也是多种多样的，最主要的方式是在各种活动现场印制标有二维码的宣传资料供用户下载，并且还有小礼品可拿，通过扫描二维码赠送礼品，让企业APP或微信号“进驻”用户的手机。

### 案例回放

#### 凤凰房产济南站扫二维码送礼品推广

很多企业不惜成本，采用街边宣传的方式，只要路人扫描二维码即有礼品。凤凰网房产在济南就采用了这种方式，在街边搭建宣传台，将印有巨大的二维码的宣传单放置在显眼的地方，并在二维码下面印刷上网站的介绍，以及“扫描送礼品”的说明，如图7-7所示。

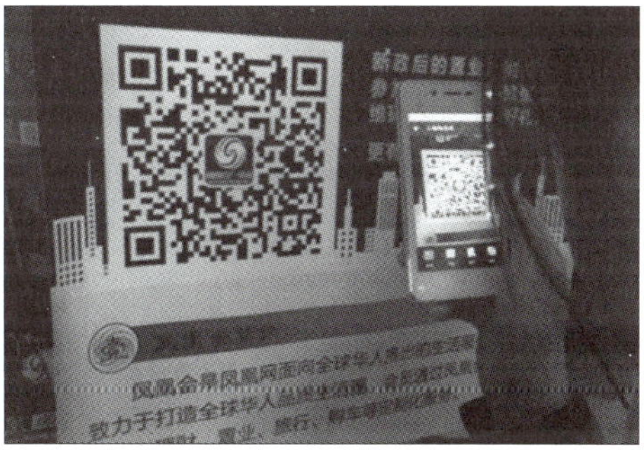

▲ 图7-7　二维码线下营销

仅仅3天时间，就有上万人次扫描了该二维码并领取了礼品。由此可见，一个小小的二维码就可以给企业营销带来很大的帮助。

**2. 建立强大的用户数据库**

企业建立自己的APP可以积累稳定的会员用户，通过会员制度，企业可以实现对用户行为的记录和分析，建立完善的企业用户数据库，如图7-8所示。

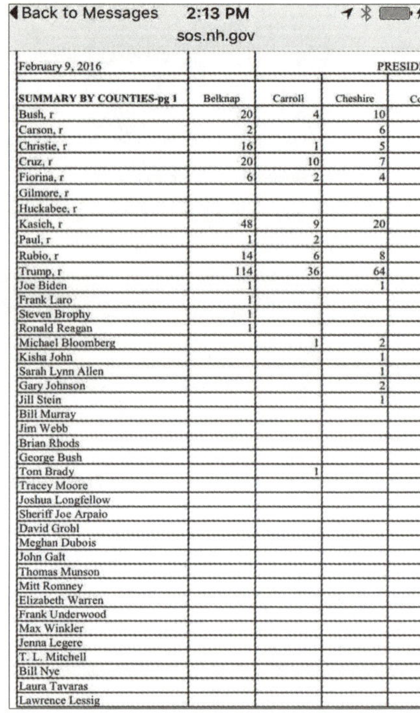

Back to Messages 2:13 PM

sos.nh.gov

| February 9, 2016 | | PRESIDEN | | |
|---|---|---|---|---|
| SUMMARY BY COUNTIES-pg 1 | Belknap | Carroll | Cheshire | Coos |
| Bush, r | 20 | 4 | 10 | |
| Carson, r | 2 | | 6 | |
| Christie, r | 16 | 1 | 5 | |
| Cruz, r | 20 | 10 | 7 | |
| Fiorina, r | 6 | 2 | 4 | |
| Gilmore, r | | | | |
| Huckabee, r | | | | |
| Kasich, r | 48 | 9 | 20 | |
| Paul, r | 1 | 2 | | |
| Rubio, r | 14 | 6 | 8 | |
| Trump, r | 114 | 36 | 64 | |
| Joe Biden | 1 | | 1 | |
| Frank Laro | 1 | | | |
| Steven Brophy | 1 | | | |
| Ronald Reagan | 1 | | | |
| Michael Bloomberg | | 1 | 2 | |
| Kisha John | | | 1 | |
| Sarah Lynn Allen | | | 1 | |
| Gary Johnson | | | 2 | |
| Jill Stein | | | 1 | |
| Bill Murray | | | | |
| Jim Webb | | | | |
| Brian Rhods | | | | |
| George Bush | | | | |
| Tom Brady | | 1 | | |
| Tracey Moore | | | | |
| Joshua Longfellow | | | | |
| Sheriff Joe Arpaio | | | | |
| David Grohl | | | | |
| Meghan Dubois | | | | |
| John Galt | | | | |
| Thomas Munson | | | | |
| Mitt Romney | | | | |
| Elizabeth Warren | | | | |
| Frank Underwood | | | | |
| Max Winkler | | | | |
| Jenna Legere | | | | |
| T. L. Mitchell | | | | |
| Bill Nye | | | | |
| Laura Tavaras | | | | |
| Lawrence Lessig | | | | |

▲ 图7-8　某外国企业的用户数据库

通过分析用户的行为、爱好以及所在地等信息，企业可以很好地调整运营战略方向，不断完善产品和销售以及服务内容，增强品牌的竞争力。

## 7.1.4　需要进一步提高品牌高度和信誉度

在以前的互联网时代，官方网站是企业的主要宣传窗口，但在移动互联网时代，网站显示无法像在电脑显示器上一样传递丰富的信息，这就需要一个为手机量身定做的官网，也就是企业APP，使页面显示更加简洁、整齐和美观，更符合人们在手机上的视觉习惯，如图7-9所示。可见，在提高企业形象和增加合作伙伴对企业的好感和信任等方面，企业官方APP都具有积极的作用。

▲ 图7-9　量身定做的企业APP更有品牌高度

企业APP不仅仅只带给用户信息，甚至关系着用户的各个方面。一款好的APP则会让用户心情愉悦，提升对公司的观感。APP里面的一些方便的小设计往往会触动用户，如版本更新后首次使用时的更新提示，新闻APP的检索功能等，在给用户带来便利的同时，也会让客户觉得公司是在用心为客户服务，如图7-10所示。这样的企业APP，其实带来的就是企业品牌的高度提升。

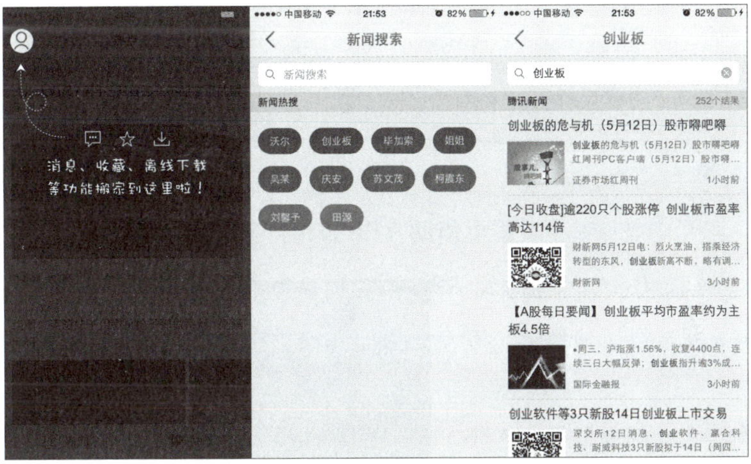


▲ 图7-10　企业APP的贴心设计会更有亲和力

**小知识**

APP开发对企业的形象提升效应有着十分重要的作用。一个好的公司往往有着大量的粘性客户群，而一个好的APP往往能吸引更多的客户，扩大公司的客户群，潜移默化改变客户对公司的印象。

## 7.2　企业APP应该做成什么样

互联网企业视APP为企业的生命这是无可厚非的，但是传统的线下型企业，为了企业发展的需要而搭建的企业APP客户端，到底应该做成什么样子呢？要解决这个问题，企业首先要思考，自己的APP是要起到什么作用，是主要用于展示和沟通，还是用于在线交易，或者是用于移动办公？弄清楚这一点之后，就可以决定企业APP的类型了。

下面就介绍一些常见的企业APP功能，供大家参考。

## 7.2.1 搭建APP展示企业业务

展示企业业务是一种最基本的企业APP制作需求，主要目的就是为了展现自己的业务范围，并不需要用户能够通过该APP实现下单购买；同时在有新服务、新产品推出时也能推送给特定的用户。这样的APP最核心的诉求就是移动展示。但越是简单的功能诉求，越要注意APP页面的构建，如颜色的搭配、各个板块的空间设计等，不注重这些细节的APP是不会留住用户的。

### 案例回放

#### 雷士借助APP宣传产品

“雷士产品展示”这款企业APP软件就是比较显著的例子，其界面如图7-11所示。这款企业APP的主要作用就是帮助用户走进雷士，深入了解雷士产品和雷士品牌，同时还加入了品牌释义、总裁致辞等内容。“雷士产品展示”在界面的设计方面就做得不错。

▲ 图7-11 雷士产品展示APP界面示意

### 专家提点

展示类的APP，对视觉效果的要求特别高。因此，在做此类APP时，最好聘请专业的二维平面设计师以及UI设计师协同进行制作。当然，好的文案也能为宣传增色。

## 7.2.2 通过APP实现现场服务

实现现场服务是一种实用性的APP制作需求。有“现场服务”需求的企业其实并不少，即需要销售人员或者服务人员现场受理客户的业务。

例如银行办理信用卡的人员现场录入客户资料，保险代理人现场帮客户在线下保单，企业内部的现场笔记记录等，如图7-12所示。可以实现现场服务的手机

APP，那就会让工作变得非常方便省事省时。

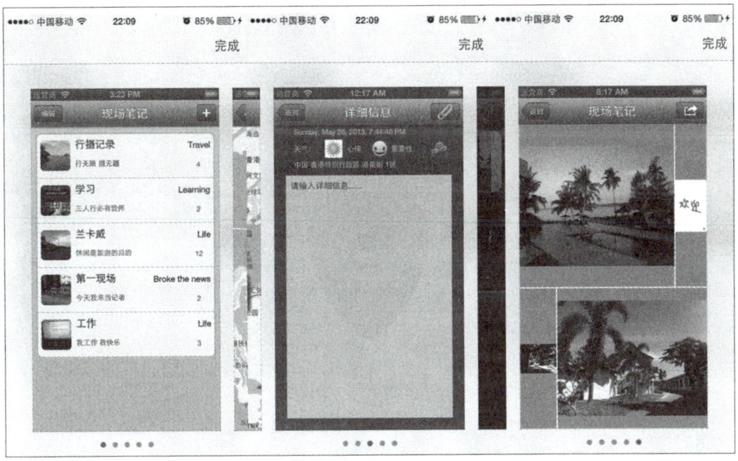


▲ 图7-12 通过APP实现现场服务

**专家提点**

根据现场服务APP的特定使用需求，所以功能性以及互通性是第一位的，页面可以不要求太美观，只要实用就行。

## 7.2.3 通过APP实现移动办公

移动办公APP的作用主要是用于企业内部，方便大家能够通过手机APP调取或共享一些业务数据，也可用于上级对下级的业务审批。总之，用于移动办公的企业APP同样是一种功能性APP。图7-13所示的移动办公APP，就可以实现公文查阅、公文流转、意见填写以及邮箱管理等功能，方便长期在外工作的相关人员快速完成公文审批等操作。

## 7.2.4 通过APP实现移动人员与物流管理

企业APP还可以实现移动人员与物流的管理。由于APP可以通过智能手机进行精确定位、拍照等，使得对外勤员工与物流的管理变得更加方便，因此，涌现了大量支持考勤、现场拍照、跟踪员工工作时间轨迹的人员管理型APP，以及实时跟踪物流的APP。

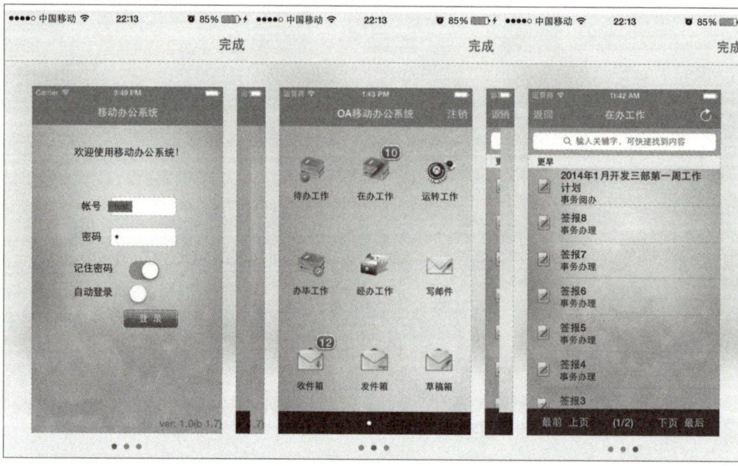


▲ 图7-13　移动办公APP界面示意

## 案例回放

### 物流公司启用APP跟踪货物减少库存率

以前，出差人员、长途货运汽车的位置管理一直是企业的难题。出差人员、货车司机即使没按企业计划的路线进行活动，企业也很难知道。在移动互联网以及智能手机普及后，很多企业都开发了APP，APP可自动将员工或物流位置发送回公司，即可实现即时监控。

▲ 图7-14　物流监控APP界面示意

某建材物流公司自从启用APP实时跟踪建材运输情况后，成功地将建材库存量减少了34%。因为通过APP的位置报告，公司对每批建材的流动都有了及时的了解，在建材调运、配送方面做到了精确到分钟，这在以前是不可想象的，如图7-14所示。启用APP 4个月后，该公司成功地将建材库存量减少了34%，关闭了十余个仓库，节约了上百万元资费。

**专家提点**

移动人员与物流管理的APP对界面要求不高，因为使用对象都是公司内部人员，不需要多好的界面。但由于APP涉及GPS定位功能，需要随时上报位置信息给公司服务器，因此此种APP对智能机的GPS模块和待机时间有较高要求，要进行深入的测试，以确保APP正常运行。

### 7.2.5　搭建经营所需的移动商城

快消品行业，甚至是传统的商品超市，都可以通过搭建移动APP商城的模式，实现线下经营和线上服务的有效互通。这样的移动APP可能并不会像京东商城移动APP那样被全国人民所熟知，但只要企业用心推广，那么至少可以覆盖到传统线下客户以及周边的用户；同时也会因为移动APP商城便民和快捷等特性，让更多的区域性用户熟知，从而起到事半功倍的效果。

目前，这样的商城型APP比较常见，如图7-15所示的小红书、优购时尚商城、豆果美食等APP，都是企业搭建起来的移动商城模式。

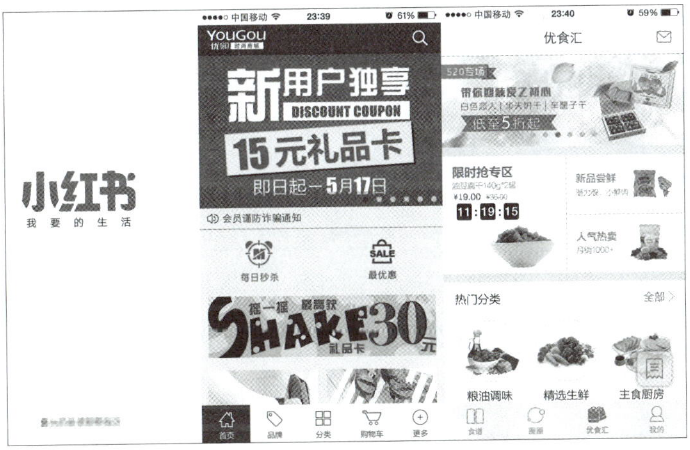


▲ 图7-15　搭建经营所需的移动商城

### 7.2.6　通过APP实现更加优质的产品服务

这是当下最为普遍的一种企业APP形式，广泛存在于服务型企业中，如餐饮、娱乐、旅游、公共交通等行业。这种APP的主要功能就是便于用户移动消费，如进行在线订座、预订套餐、预约时间等。

在智能手机用户越来越多的情况下，这样的APP所带来的销售业绩的提升是非常明显的。因为到店订座消费太浪费时间，因此移动在线的消费形式已经成为主流。如图7-16所示的去哪儿旅游APP、综合在线订餐APP、海底捞火锅在线订座APP，都属于这一类。

▲ 图7-16　通过APP实现更加优质的产品服务

## 7.3　企业APP应该怎么做

通过前面两个小节内容的介绍，相信大家都已经明白，在移动互联网逐渐成为当下主流的网络形式后，不管是何种类型的企业，搭建自己的APP都会有助于品牌与产品的营销。那么，对于未曾涉足过移动互联网的传统型企业来说，自己的企业APP又应该怎么做呢？是自建技术团队还是外包？本节将进行对比介绍。

### 7.3.1　自建技术团队研发灵活性更高

对有意组建移动互联网技术团队的企业而言，自然是自行研发APP更好些。虽然自行开发APP费时费力，必须建立一个专门的研发部门去做这个，而且APP开发还将是个持续性的工作，这都会在无形中增加企业的成本；但是自建技术团队的好处也是显而易见的，企业不仅拥有完全的自主权，对功能修改的灵活性也更高，而且对深入移动互联网领域也算是一块不大不小的敲门砖。

自建技术团队其实也并不困难。技术的关键当然是iOS和Android的程序开发人员以及测试人员，其中测试人员的主要工作为对APP及服务器进行功能与性能方面的测试。另外，还需要配备一名界面美工和文案策划人员，其中界面美工需要协助程序人员做好前端界面，而文案策划人员则需要具备比较强的文字策划以及软件功能策划能力，并且能充分理解企业文化，善于沟通协调。

**小知识**

企业有了自己的技术研发团队，接下来就是实干阶段了。通常来说，团队通力配合完成第一个版本的时间会稍长，一般会在6个月以上才会有第一个版本出来。当整体框架通过前期的细致构思搭建起来后，以后的版本更新就会容易许多。

也许有的企业还希望使用更加节省的方法来组建技术团队。其实方法还是有的。目前市场上涌现出很多“Hybird”编程工具，它可以实现一次编程，即可同时生成iOS和Android两个平台的APP，并且编程方法相当简单，采用与制作网页差不多的步骤即可完成，大大缩减了APP的开发经费。目前比较流行的Hybird编程工具有Apicloud以及Salama等。

**专家提点**

Hybird编程工具的优点是简单、快捷、节省开发经费，功能上也基本与原生的iOS和Android 应用差不多。但Hybird编程出来的应用也有缺点，即运行速度比原生应用慢一些。因此，Hybird编程常用于商城、新闻、展示类的应用，因为这类应用占用资源不多，运行起来和原生应用几乎没有区别，但不适用于游戏、视频类的需要即时处理图形图像的应用，因为运行速度会很慢，用户体验较差。企业所用的APP大多数对资源要求不高，因此很适合用Hybird编程。

### 7.3.2 外包第三方APP设计开发公司代研发功能更强

现在自行研发APP的企业毕竟还是少数，大多数企业都是找第三方APP设计开发公司。知名第三方APP设计开发公司会有比较多的成功案例，并且会专注于几个行业进行拓展，积累的经验会比较丰富，能搭配提供后期的推广维护服务。第三方APP设计开发公司都会提供APP的维护、升级，并提供后期APP推广的增值服务，其服务比较全面，服务流程如图7-17所示。

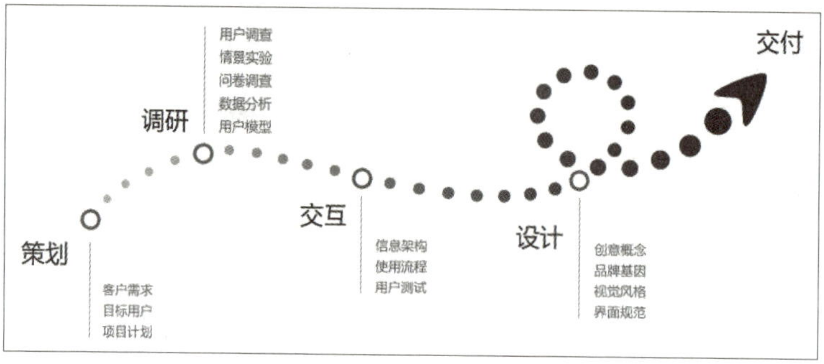


▲ 图7-17　第三方APP设计开发公司开发流程示意

下面就为大家推荐几个知名的第三方APP设计开发公司。

### 1. Holy荷勒互动

荷勒是一家国际化的互动创意设计机构，与世界顶级的公司合作创造了有影响的产品、服务和体验，如苹果亚洲最大经销商coodoo、adidas、腾讯、创维等。荷勒始终在不断地尝试着去消除科技和艺术之间的界限，为客户创造最有创意表现力的数字产品，帮助客户提升品牌价值，让消费者和品牌之间产生更好的体验式沟通。Holy荷勒互动的成功案例展示如图7-18所示。

▲ 图7-18　Holy荷勒互动的成功案例展示

### 2. Clover四叶新媒体

Clover四叶新媒体成立于2011年9月，属于比较低调但技术支持相当不错的一家开发公司。旗下发布的多款APP在苹果App Store多个分类排名前列，并且有超过11款产品获得苹果官方推荐。Clover四叶新媒体属于APP开发公司的后起之秀，但近几年的成绩还是非常显著的。Clover四叶新媒体部分案例展示如图7-19所示。

▲ 图7-19　Clover四叶新媒体部分案例展示

### 3. 柠檬岛互动设计

柠檬岛互动设计公司同样是以独特而又强大的技术团队著称。柠檬岛以中央美术学院为依托，最优秀的技术团队为支持，提供最专业的服务。柠檬岛不仅在艺术品质上在业界达到新的标准，同时在用户体验上也能进行深入的挖掘与研究，服务过HTC等知名企业。柠檬岛互动设计部分案例展示如图7-20所示。

### 4. Green Tomato绿蕃茄

Green Tomato绿蕃茄公司总部在香港，2003年成立，是艺术感非常强的一家APP设计公司。这家公司一直以高质素产品及创意为客户提供众多的创新性移动应用服务，已经获得了全世界业界同仁的认可和高度赞扬，并屡获殊荣，其中包括韩国评选的“全球移动内容奖”“诺基亚论坛PRO奖”等。这家公司设计的部分产品如图7-21所示。

▲ 图7-20　柠檬岛互动设计部分案例展示

▲ 图7-21　Green Tomato绿蕃茄案例展示

**专家提点**

对不想涉足移动互联网却又盯着移动互联网这块市场的企业而言，每年付一笔钱，得到一整套移动互联网的服务，不失为一个好办法。毕竟这笔费用，绝对低于企业自行组建APP开发团队的开销。

# 7.4 企业APP如何投入运营推广

企业做APP的目的就是为了更好地聚拢自己的用户，并且同时希望通过APP发展新客户，但新做出来的企业APP是无人知晓的，因此企业还要对外营销推广自己的APP，才能聚集用户，实现营销目的。

## 7.4.1 发布iOS应用程序到App Store

对于开发的iOS端APP来说，最重要的营销工作当然是将其发布到苹果官方的应用商店App Store中。首先需要一个iOS developer收费账号（$99美元/年），注册Developer账号（需登录Developer官网，如图7-22所示）这里就不详细介绍了，iOS程序员或者第三方APP开发公司都可以完成这些基本工作。

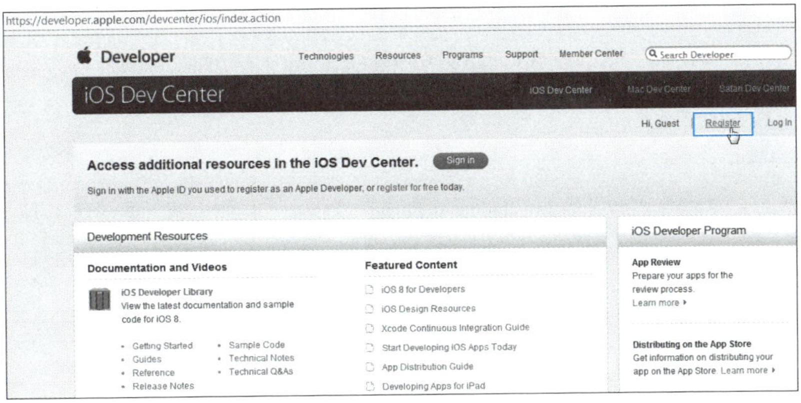


▲ 图7-22 注册Developer账号

然后将需要发布的APP准备好，确保iOS应用程序已经做了全面的测试。APP发布的准备做好后就可以正式发布应用到App Store了。APP应用发布大概需要以下几个流程：

- 注册App ID，在Xcode中指定Bundle Identifier；
- 创建发布证书（Distribution Certificate）；
- 创建Distribution Provisioning Profile；
- 用Distribution Profile为应用签名；
- 打包APP；

- 在iTunes Connect上传APP，如图7-23所示。

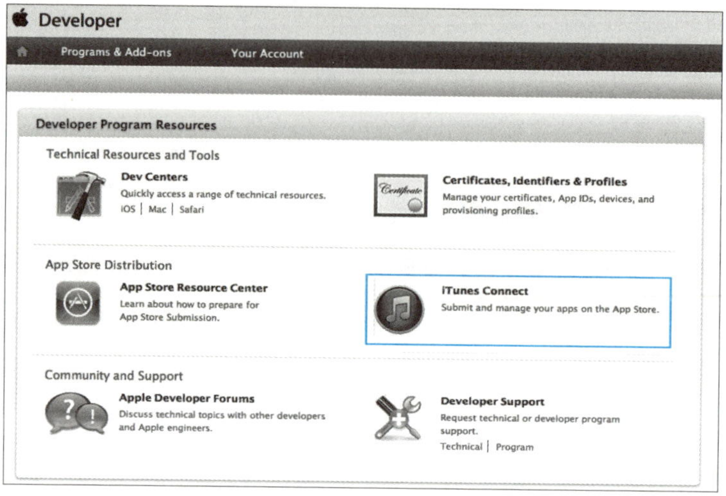


▲ 图7-23　通过iTunes Connect上传APP

**小知识**

以上大部分的操作是在Provisioning Portal、XCode、Keychain Access工具和iTunes Connect中完成，具体的操作步骤涉及非常专业的iOS应用发布知识，建议通过专业的iOS程序人员或是第三方APP开发公司代为完成上述操作。

## 7.4.2　为企业APP建立百度百科搜索词条

一个刚刚制作完成的企业APP，在网络上的搜索信息肯定是一片空白的。要让用户通过搜索引擎了解到你的企业APP，最重要的一个工作就是制作相关的搜索词条。国内使用非常广的百度搜索中最有效果的词条创建方式是百度百科。建立一个关于企业APP的百科，当有用户搜索该APP时，用户可以从百科上更详细地了解；同时，利于企业后期做品牌营销能引来更多的潜在用户。

百科不一定仅仅是百度百科，可以举一反三，在各种百科上建立词条，建立的越多越方便用户快速地搜索到。建立百科看似是一个很简单的事情，其实不然。建立百科时一定要条理清晰，语言通俗易通，同时配上清晰的图片，这样用户才能更快地了解该APP。如图7-24所示，在百度百科中对自家的iOS客户端进行条理清晰的介绍，是很好的宣传方式。

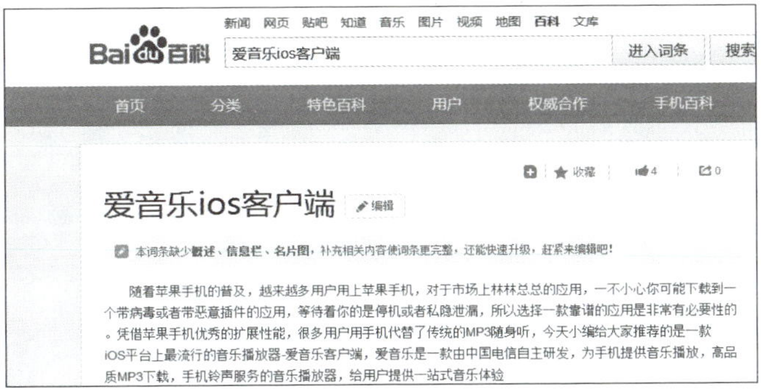


▲ 图7-24　通过百度百科宣传企业APP

**专家提点**

在各种百科中建立起APP的词条，能够给用户一种正规、可靠的初步印象。当然，进一步的印象还是要靠APP的质量以及企业的服务质量来提升。

## 7.4.3　实施精准的广告投放

了解用户就必须先抓住网络化、国际化和年轻的标签。根据互联网数据分析，在16~45岁的网民中，有58%的精英人群，这些用户年轻，受教育程度高，消费者意愿强烈，对广告的接受程度也高。

所谓正确有效的广告方式，就是针对高质量用户人群，根据人群定向、软件使用受众群体、地域定向等方式为精准推广营销打下基础。当然，如何实施精准的广告投放也是企业需要考虑的问题。目前，可以考虑与诸如“多盟”这样的较为专业的移动APP广告投放商合作，其提供的移动广告类型也比较丰富，如图7-25所示。

**小知识**

企业APP要实施精准的广告投放，应该尽量选择比较知名的广告平台。同时企业要明白，这类型的广告展现的计费方式，通常是根据点击来付费的，需要自行设立一个点击单价。由于存在很多不确定性，所以建议，广告适当投放一段时间后即可停止，避免无谓的广告支出。

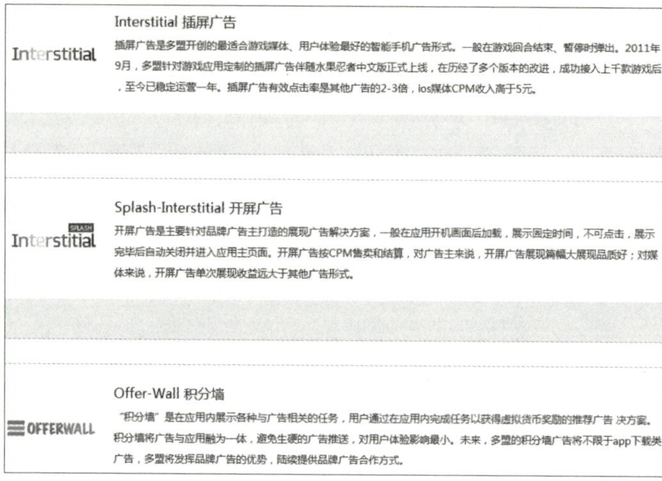


▲ 图7-25　多盟移动APP广告解决方案

## 7.4.4　提交第三方应用平台收录

发布iOS应用程序到App Store商店，只是针对苹果手机用户；对于广大Android手机用户所使用的Android应用工具，则可通过提交许多第三方应用平台收录的方式进行营销推广。目前国内比较知名的Android第三方应用平台包括91助手、豌豆荚等，这些都为开发者提供了比较方便的提交通道。国内知名的第三方应用平台“同步推”，现在可同时支持iOS和Android应用程序的上传收录，并且有专门的开发者中心可供用户使用，如图7-26所示。

▲ 图7-26　同步开发者中心页面

除了提交平台收录外，企业还可通过与第三方应用平台联合开展各类线上活动的方式，来进一步推广企业APP，以被更多的用户下载安装。因为一些第三方应用平台的用户群其实是相当庞大的，不仅为用户提供了比较全面的下载资源，而且还有诸多丰富的推广渠道可供企业主选择，如图7-27所示。

▲ 图7-27　同步推所提供的丰富推广渠道

## 赚钱秘技一点通

### 1. 整理用户反馈优化企业APP功能的方法

企业APP最终面对的还是自己的客户，那么最需要企业注重的就是用户体验。用户在使用企业APP的过程中，也会提出一些意见，如何整理用户反馈来优化企业APP功能，是一款企业APP能否真正走进普通用户的关键，可参照以下几个方法步骤来执行。

**步骤1：** 在企业APP中建立用户反馈通道

在设计企业APP功能之初，就应该设置一个可供用户提交反馈意见的通道，能够和用户密切沟通，拉近距离。而且，最好这种沟通是双向的，企业可以在系统里与用户直接沟通交流，了解问题的具体原因，及时解决用户的问题。每一个热心用户都很重要，让用户感觉到被重视、有参与感，能够帮助产品赢得更多忠实的用户。例如，当下流行的“海报工厂”APP，就在“设置”界面中内置有用户反馈的提交通道，如图7-28所示。

**步骤2：** 整合用户反馈确定需求优先级

确定需求优先级是APP开发运营的核心。如果将所有的需求、问题列出来，会得到一个大而全的需求列表，但是这没有意义。对于产品经理来说，知道要做什么是一回事，知道先做什么往往才是更重要的。只有用户的主观反馈还不够，还需要结合数据和小步尝试，来确定需求优先级。因此，在收集反馈后，企业对反馈的整理很重要，需要将反馈进一步加工处理。

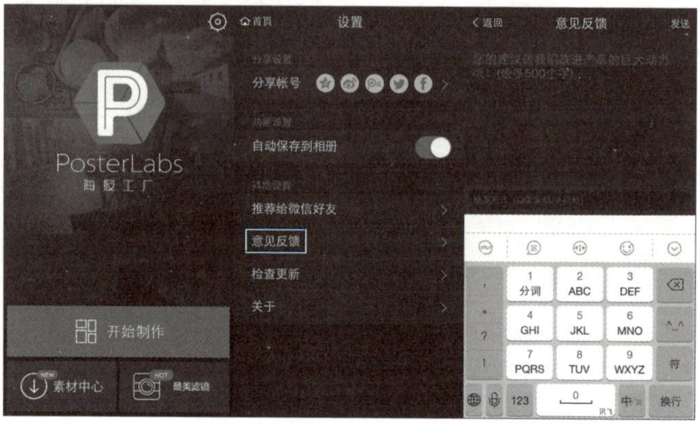


▲ 图7-28　海报工厂APP用户反馈界面

**步骤3：** 新版本发布之后及时查看用户反馈

每次企业APP新版本发布后，及时查看用户反馈与错误日志，在最后一道防线保证产品质量。如果版本变更较大，可以考虑先上一个发布渠道，根据用户反馈与错误日志判断是否上其他渠道。

## 2. 知晓第三方APP开发公司的收费标准

如果企业是将自己的APP开发交由第三方APP开发公司来完成，那么费用核算就是必须的。对于不少传统企业来说，APP开发还属于比较陌生的领域，他们对第三方APP开发公司的收费标准也知之甚少。通常说来，制约开发收费的因素主要来自APP本身的复杂程序、开发工作范围以及质量要求。

如果企业已做好设计并制作好了界面素材以及准备好了相应的数据，仅委托第三方公司代为开发的话，费用就要便宜一些；反之如果委托全新的创意加上功能的策划，费用就会增加不少。另外，是否需要第三方公司承担APP升级和完善的责任也会影响价格。

2015年初普遍的市场行情中，代开发APP的收费标准大致如下。

● 一个简单的企业APP不依赖后台，包括设计加上开发等工作，直接开发工期在两周左右，“方案+沟通+测试+修改”的过程周期也大致在两周左右，前后耗时在一个月左右。这样的企业APP功能需要相对简单，开发周期短，收费一般在3万~5万元。

- 包括前台和后台的一个企业APP开发过程会复杂一些，如现有系统整合的APP或者业务系统复杂的委托开发，开发周期会比较长一般为三个月左右。而且一期很难开发到一个成熟的状态，需要差不多3次升级才能达到一个可用度较高的状态。这样的企业APP收费一般在10万元左右。

## 实用技能拓展

### 1. 房产企业搭建APP时的注意事项

房地产市场长期处于一个典型的信息不对称状态，无论购房者、卖房者、租房者还是开发商、中介均渴望房产信息更加得公开化、透明化与精准化。因此，能够结合房地产市场现状与各类用户的实际需求，切实解决其在房屋交易等行为中面对的实际问题，针对性提供实用有效的信息，已经成为房地产行业成功进军移动互联网、抢占有效用户的必通之路。

根据以上诉求以及市场现状，当一个房产企业要搭建APP应用时，就要充分利用移动互联APP的最大优势“即查即用”，即企业要在自己的APP中对用户随时随地产生的各种需求或者难题加以实现并解决，这样才能充分凸显房产APP的价值所在。同时，在力求信息公开与透明化的环境中，能够公正且公平地从项目真实价值的角度，引导用户去了解项目情况，为用户输送房屋交易过程中的重要参考信息，也是一个诚信房产企业APP所应该考虑的方向。

另外，房产企业自己的APP还应该以实时实用、深入互动的未来生活方式展示，来颠覆以往人们传统的信息发布与获取的概念，力求为市场中的各类诉求人群提供最佳的房屋展示、买卖、装修相关联的服务与体验。这样的房产企业APP才能更加被购房者所认同。图7-29所示为“万科湖心岛”APP客户端，它以一种非常新颖的方式向广大用户展示其产品的核心价值和特色，可以360度地向用户展示楼盘外景以及户型沙盘等。

### 2. 在较短的时间内提高APP的下载量

一款优秀的APP除了自身要有完美的设计，也需要企业运营者的广泛推广；否则，再完美的APP也是无人问津，最后只能退离竞争市场。营销的最终结果就是提高APP的下载量，特别是对于企业APP来说，更需要进行不间断的营销推广，让更多的用户下载使用。下面介绍的几个营销APP提高下载量的方法。

▲ 图7-29 “万科湖心岛”APP客户端

**方法1：从用户的角度看问题**

在APP软件应用的研发上，企业要做到胜过别家企业，超过自己的同行竞争者，从小细节出发，做好用户体验，并给用户留下深刻的印象。这是营销APP的基础所在。

**方法2：加入互动模块**

把用户互动的模块设计在APP中，才能够继续吸引用户使用。例如，添加一个有趣的设计、一个很动人的故事，就能让APP不再是一个僵硬的设计，而变成了一个有血有肉的应用软件。另外，如果有企业与用户、用户与用户间的互动，那么用户会更加关注APP。

**方法3：增加APP的曝光度**

联系各种渠道整合各种资源，让APP拥有更大的曝光率。这其实就是使用一些常规宣传方法，如加入广告联盟推广自家APP、发布产品新闻软文、通过行业论坛发帖营销等，通过多渠道的扩散为企业APP寻找存在感。

**方法4：创建APP专属网页**

创建APP专属网页，可以和企业原来的网站放在一起，只用作单独的对企业APP的描述，说明它为什么是一款优秀的APP应用。由于放在了专属的网页上，那么后期的SEO推广以及交换链接等传统营销手段就能起到作用了。

CHAPTER 08

# 对接支付 社交网络赚钱落到实处

△ 如今，社交网络既是一个营销宣传的阵地，同时也能通过移动支付实现网上交易。不管是在微信、微博还是QQ，这些社交平台都可以创建出一个在线商店，用户购买商品后即可通过移动支付轻松付款，完成交易。因此，需要进行网络交易的企业用户，开通这些平台所对应的支付渠道，不仅是通过社交网络赚钱落到实处的保证，也是在这些社交平台上展开相应营销服务的基础。

△ 本章将以当下最流行的微信、微博和支付宝3个平台为例，向大家详细介绍开通支付功能的流程和注意事项。

# 8.1 申请微信支付接入

微信拥有上亿用户，让企业用户在其中嗅到了销售的商机。那么，如何让用户的购买变得便捷方便呢？腾讯开发了移动支付创新产品“微信支付”，方便企业在线收支钱款。

## 8.1.1 开通企业微信公众号

微信支付是企业用户获得微信多项企业服务的基础。所以，企业在申请该支付之前首先要确保已申请获得了一个企业微信号。目前，企业可以申请的微信官方账号分为“订阅号”“服务号”和“企业号”三大类，如图8-1所示。目前多数企业用户选择开通的是服务号或订阅号。

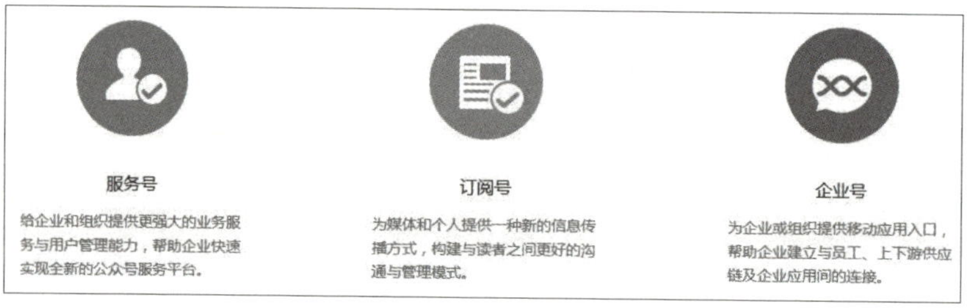


▲ 图8-1 微信公众账号类型

通过微信公众平台页面即可免费注册企业账号，如图8-2所示。

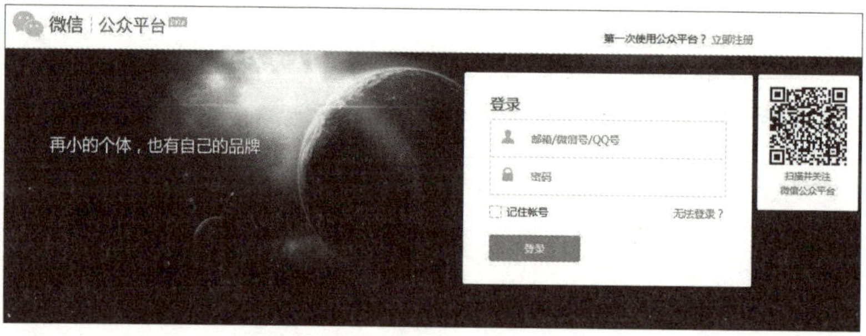


▲ 图8-2 微信公众平台首页

企业微信公众号的申请和第2章2.5.1小节“申请个人微信公众号”中介绍的申请方法大致一样，仅是在“信息登记”步骤时需要选择企业类型，具体开通步骤如下。

**步骤1：** 首先是注册基本信息的填写。①输入电子邮箱地址（需事先申请）作为登录账号，同时需要输入登录密码；②完成后单击“注册”按钮，如图8-3所示；③随后会提示登录注册邮箱激活注册账号，如图8-4所示。

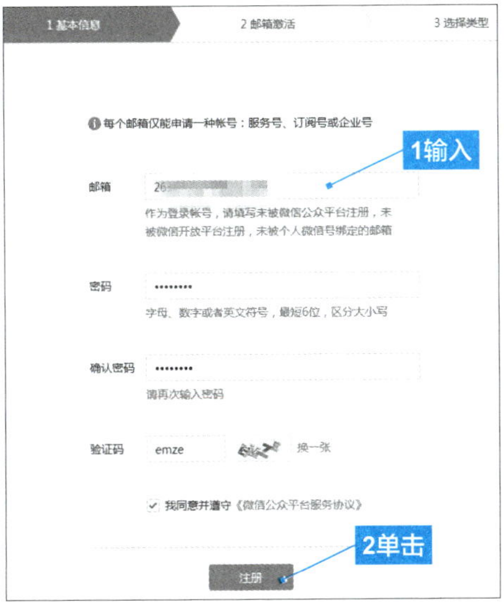


▲ 图8-3　填写基本信息

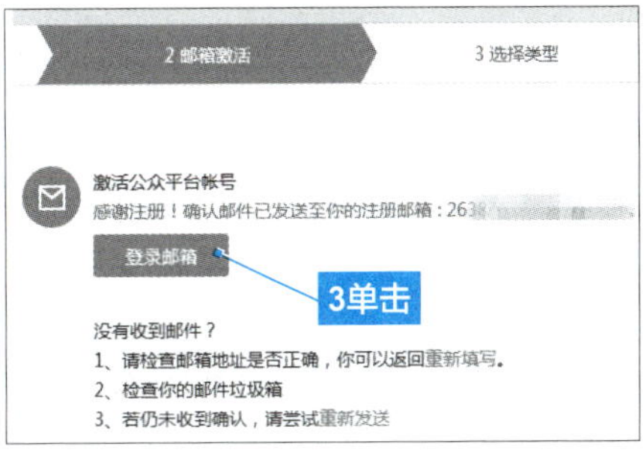


▲ 图8-4　登录邮箱激活账号

**步骤2：** 在注册邮箱中收到激活邮件，并点击验证链接，即会返回到如图8-5所示“选择类型”界面。这一步是提示企业用户选择相应的账号类型。一般类型的企业建议选择“订阅号”或是“服务号”；以“服务号”为例，单击“选择并继续”链接文字即可继续。

**小知识**

每一种账号类型的下方都有详细的账号类型说明。例如，一些媒体机构最适合选用“订阅号”，可以和用户之间建立更好的传播渠道；而对于一般类型企业而言，服务号则是比较好的选择，其账号后台有多种对应的营销功能可以使用。“企业号”属于微信公众平台一种新的账号类型，主要方便企业内部交流时使用。

▲ 图8-5 选择账号类型

**步骤3：** 接下来就是进行信息登记。①首先根据自己企业的营业执照信息如实填写信息，如图8-6所示；②然后是运营者信息的填写和验证，其中会涉及微信扫一扫验证和手机号码验证；③按其提示完成验证后单击“继续”按钮，如图8-7所示。

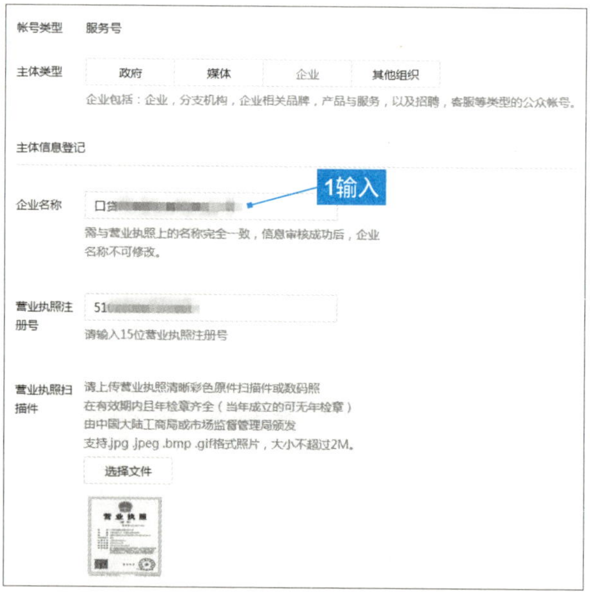


▲ 图8-6 填写公司信息

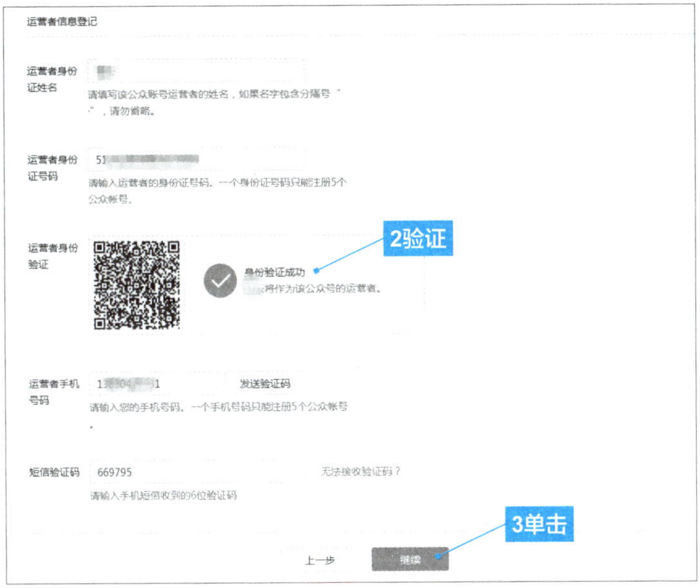


▲ 图8-7　填写运营者信息

**步骤4：** 最后一步就是设置账号名称、账号大致介绍以及运营地区的设置，①输入“账号名称”（注意该名称一经设置即无法再修改，请经过仔细考虑后再填写）；②然后单击“完成”按钮即可，如图8-8所示。

▲ 图8-8　完成公众号信息的填写

**专家提点**

在完成上述步骤的设置后，仅是完成了基本的账号注册，微信认证、账号相关信息的完善，还需要运营者登录公众号后台进一步地配置和填写，如账号头像、图片水印等。待账号相关信息通过审核后，即可开始微信支付的申请操作。

### 8.1.2 申请入口审核

微信支付，是微信向有出售物品需求的公众号提供推广销售、支付收款、经营分析的整套解决方案。当企业的微信公众号通过微信认证后，即可提交相应的材料进行微信支付的申请。登录微信公众平台后台，在左方单击“微信支付”选项按钮即可进入申请页面，如图8-9所示。

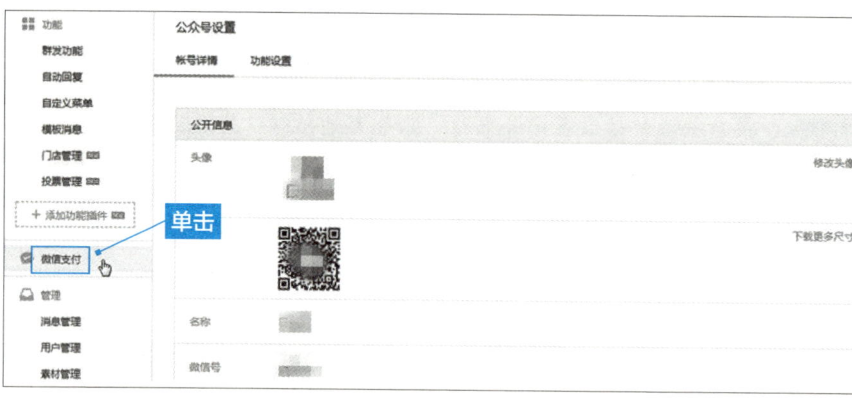


▲ 图8-9 单击“微信支付”

支付的申请流程主要分为三大步骤：资料审核、账户验证以及协议签署，如图8-10所示。值得一提的是，要申请微信支付，企业的微信公众账号类型必须是“服务号”。

企业用户可以申请公众账号支付和APP（应用客户端）支付。前者主

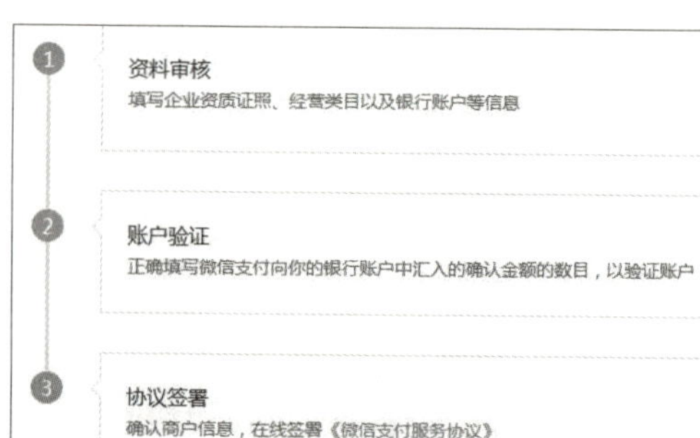


▲ 图8-10 微信支付申请流程示意

要是基于企业微信公众服务号，用户在微信公众账号内使用微信支付消费；而APP支付则主要是方便已经拥有应用客户端的企业，接入微信支付，方便用户选择更多的移动支付方式。企业用户最终要接入微信支付还需要经历图8-11所示的4个步骤。

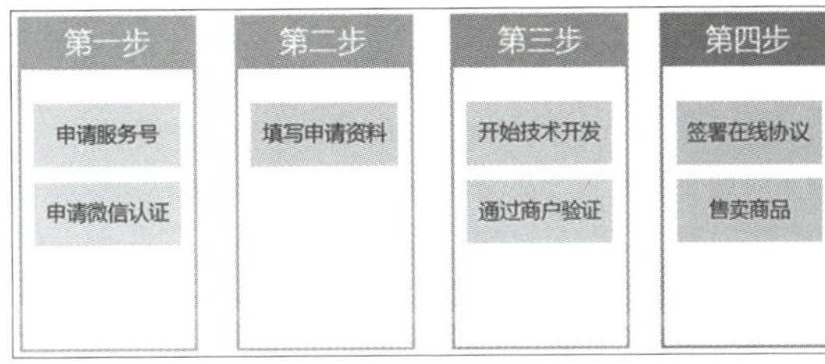


▲ 图8-11 完成微信支付接入的步骤

## 8.1.3 自助提交微信初审申请

提交微信初审申请的过程和大多数企业认证申请类似，都需要先提交公司名称、营业执照、组织机构代码、经营范围等信息，如图8-12所示。

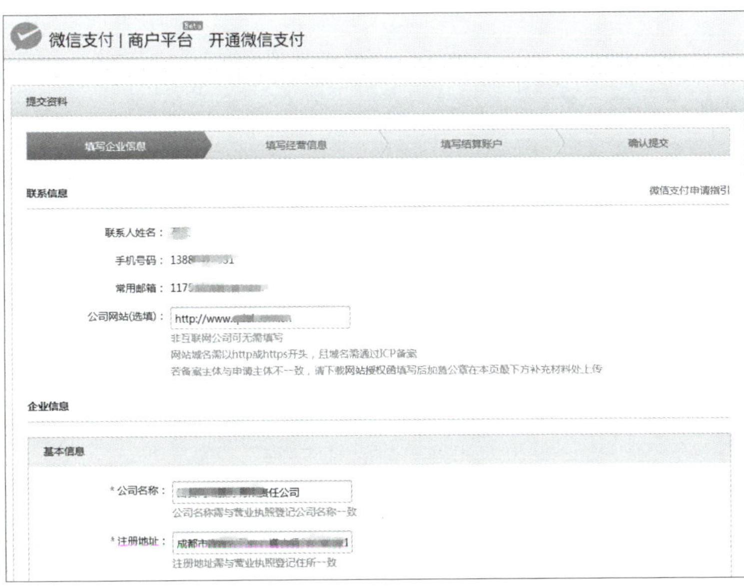


▲ 图8-12 提交企业相关认证信息

然后还需要进行认证账户的核实。该步骤主要是需要企业用户向微信公众平台提交一个对公银行账户信息作为交易资金的结算账户；微信支付将会向填写的银行账户汇入一笔数额随机的款项，待审核通过后，企业前往商户平台填写金额即可完成账户验证，如图8-13所示。

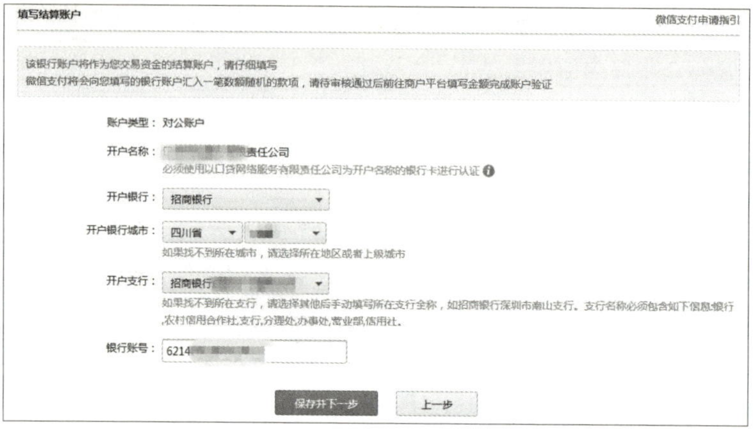


▲ 图8-13　填写结算账户信息

**专家提点**

提交填写的相关资料后，微信公众平台将在3~7个工作日之内完成审核，企业用户也可在微信公众平台的管理后台查看申请进度。

## 8.1.4　签署协议完成开通

当收到审核通过的消息后，企业用户再登录微信公众平台的管理后台，调取审核结果信息，同时签署“微信支付服务协议”，即可完成开通，如图8-14所示。

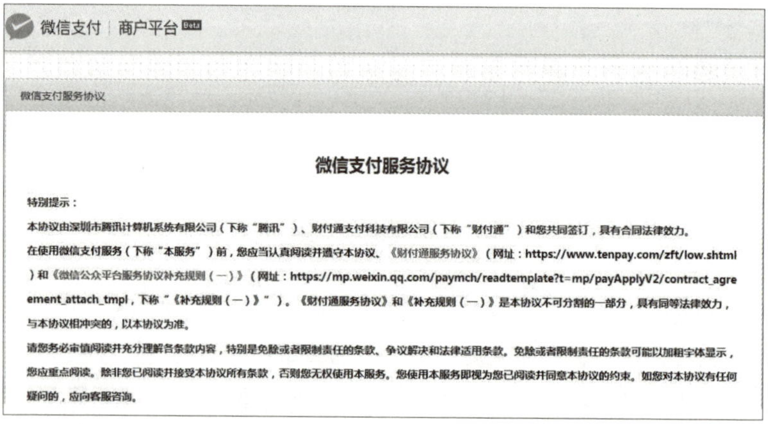


▲ 图8-14　在线签署微信支付服务协议

企业用户在微信公众平台按照提示完成相应微信支付模式申请，微信支付工作人员审核资料无误后即会完成相应的微信支付权限的开通。开通后，企业用户在申请资料中填写的邮箱即会收到由微信支付发送的邮件，此邮件中包含开发时需要使用的支付账户信息，以及后续操作指引，如图8-15所示。随后的具体工作就需要企业技术人员加入，完成接口开发才能最终用上微信支付。

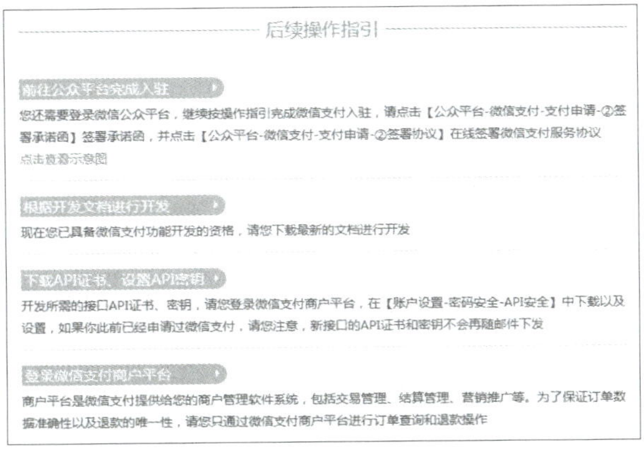


▲ 图8-15　微信支付申请的后续操作指引

## 8.2　申请新浪微博支付接入

新浪微博的在线支付功能开放时间较晚，2014年7月1日才宣布全面开放。有需求的企业用户支付申请成功后，可以发布带有商品卡片的微博内容，其他微博用户点击商品卡片即可完成微博端的在线购买。另外，用户也可以进入企业微博页面，选择感兴趣的商品或者服务，然后下单购买，用户完成支付后再由企业来完成沟通送货等后续服务事宜。经营卡券、数字音乐、游戏等数字产品的企业用户，开通新浪微博支付，将更有利于销售。

### 8.2.1　完成微博认证

企业用户要申请微博支付服务，第一步要做的工作就是完成微博认证（即加V认证）。关于企业用户的微博认证流程及操作，在本书第三章中有详细的介绍，这里就不再重复说明。只有先完成微博认证，才能在企业官方微博的管理后台“管理中心”页面下看到“微博支付”一项，如图8-16所示。

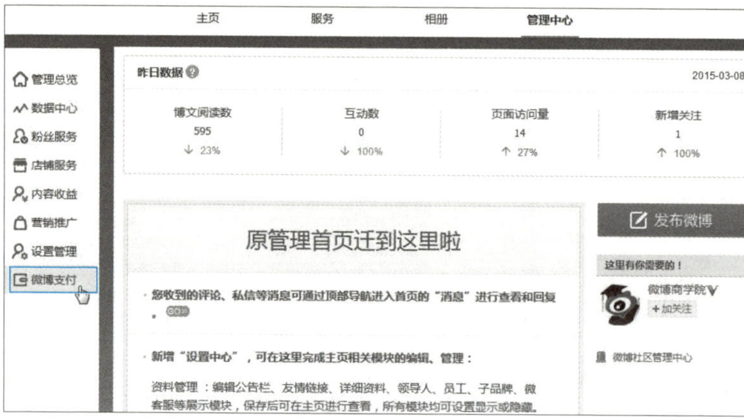


▲ 图8-16　微博支付申请入口

企业用户在申请微博支付前，有必要先了解清楚一些费用政策。目前的费用政策是：结算金额没有限制，但有6‰的交易手续费。另外，企业用户要注意对于结算期限的需求，如果希望当天结算（也就是T+0），那么就需要准备一定数额的保证金。基本政策示意如图8-17所示。

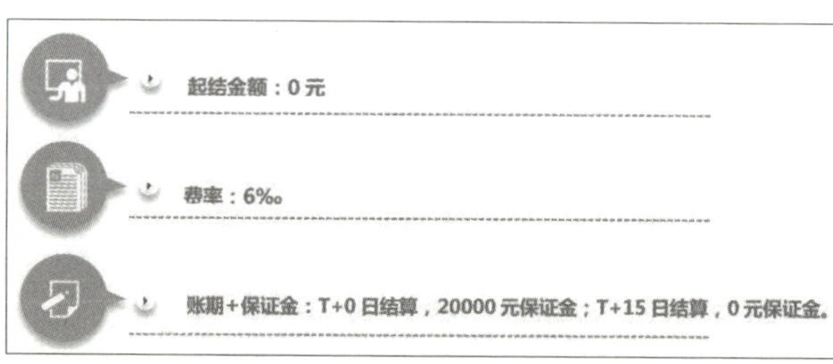


▲ 图8-17　微博支付基本政策示意

**小知识**

微博本身就是一个开放性的社交平台，能全面打通社会各阶层、各兴趣结点的广大人群。所以，开通微博支付，其实就是将微博的用户支付场景建立在兴趣的基础上，这更容易让用户建立起在微博上进行支付的习惯；这对于以数字类、虚拟类的企业用户是有非常大的经营帮助的一个渠道。

## 8.2.2 填写基本资料

在新浪微博支付首页有比较详细的申请说明，资料方面主要需要企业用户提交基本资料、业务资料和财务资料3部分。当用户在管理中心点击“微博支付”后，首先看到的就是如图8-18所示页面，再单击页面右方的“进入”按钮即可进入申请步骤。

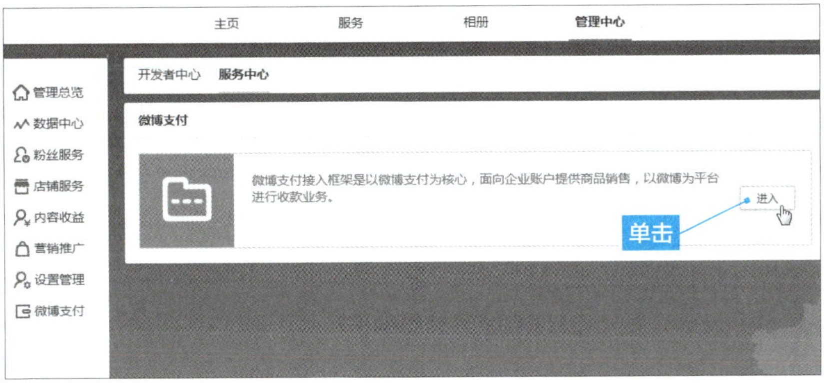


▲ 图8-18 单击“进入”按钮进入申请

**步骤1：** 首先，申请页面会出现微博支付申请的整个流程示意，如图8-19所示。需要用户填写的就是基本资料、业务资料以及财务资料；其中还会涉及保证金审核等步骤。单击“基本资料”中的“填写”按钮跳转到资料填写页面。

▲ 图8-19 微博支付申请流程示意

**步骤2：** ①在基本资料填写页面中，企业用户需要明确的主要就是经营范围以及售卖商品的基本描述，这样才方便新浪微博官方的资质审核；②填写完成后单击

“保存”按钮，如图8-20所示。

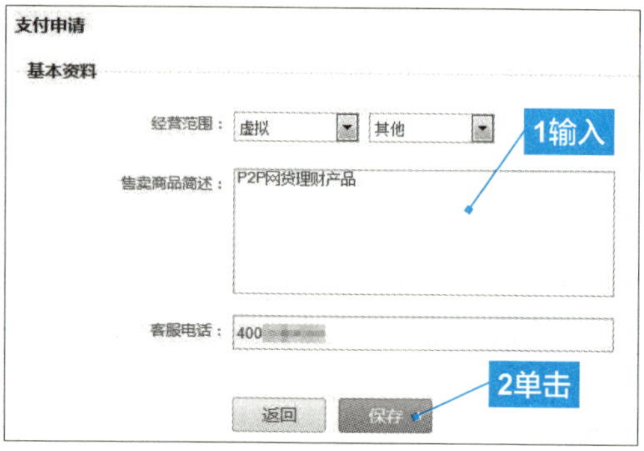


▲ 图8-20 基本资料填写

## 8.2.3 填写业务资料

业务资料实际上就是关于企业法人、企业名称、企业地址等基本信息及营业执照、税务登记证等一些必要的企业资质证明材料。其大致提交流程有以下几个步骤。

**步骤1：** ①企业信息的填写步骤中，主要填写的是营销人员信息、公司名称、公司网站、公司地址等，如图8-21所示；②然后就是真实填写企业法人的身份证号码以及上传法人证件扫描件；③完成后单击“下一步”按钮，如图8-22所示。

▲ 图8-21 填写企业信息

▲ 图8-22　填写企业法人信息

**步骤2：**①资质信息填写页面需要先选择结算类型，如T+15日方式就无需缴纳保证金，如图8-23所示；②然后再如实填写和上传企业营执照以及税务登记证信息；③完成后单击“保存”按钮，如图8-24所示。

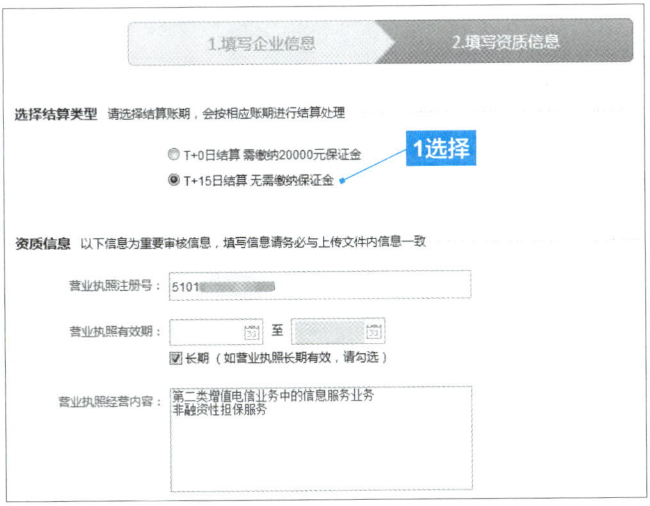


▲ 图8-23　填写企业营业执照信息

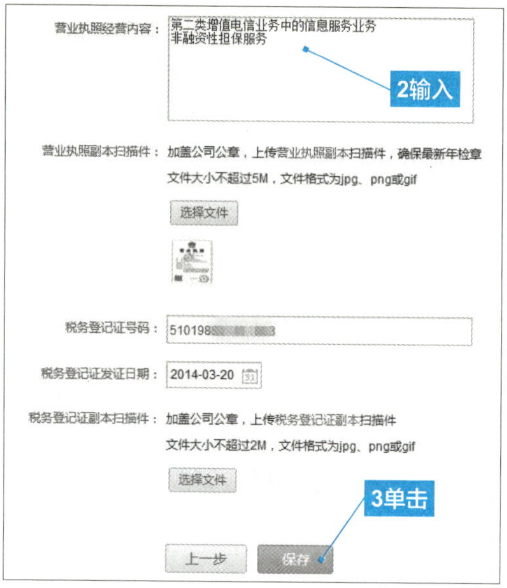


▲ 图8-24　提交企业税务相关证照

## 8.2.4　验证财务资料

申请的最后一步就是财务资料的验证，返回到资料提交页面后，在“财务资料”栏中单击“验证”按钮继续，如图8-25所示。需要注意的是，新浪微博是借助支付宝账号的方式验证，所以在完成验证之前，企业用户先要确保当前已经申请了支付宝企业账号。

▲ 图8-25　单击“验证”按钮提交财务资料

然后出现支付宝账号授权的页面，如图8-26所示；单击“去支付宝验证”按钮，用注册的支付宝企业账号登录，再按提示完成财务资料的验证即可。

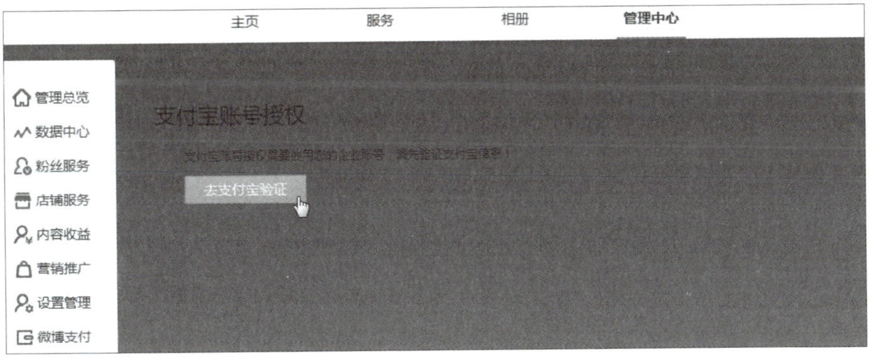


▲ 图8-26　登录支付宝企业账号完成验证

上述申请完成后就等待新浪微博审核提交的资料，相关审核规则如图8-27所示。

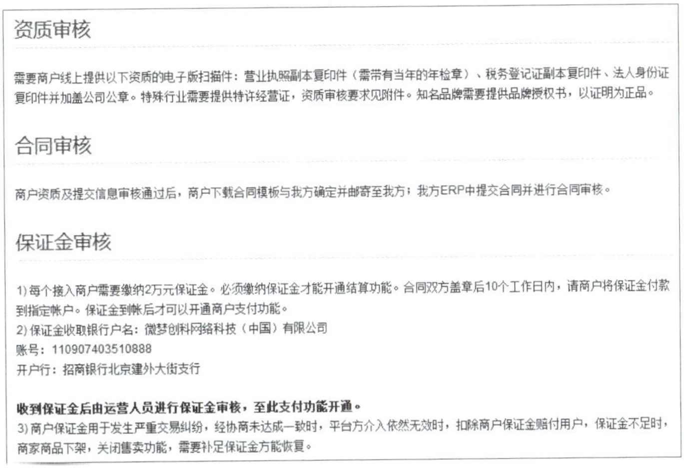

资质审核

需要商户线上提供以下资质的电子版扫描件：营业执照副本复印件（需带有当年的年检章）、税务登记证副本复印件、法人身份证复印件并加盖公司公章。特殊行业需要提供特许经营证，资质审核要求见附件。知名品牌需要提供品牌授权书，以证明为正品。

合同审核

商户资质及提交信息审核通过后，商户下载合同模板与我方确定并邮寄至我方；我方ERP中提交合同并进行合同审核。

保证金审核

1）每个接入商户需要缴纳2万元保证金。必须缴纳保证金才能开通结算功能。合同双方盖章后10个工作日内，请商户将保证金付款到指定帐户。保证金到帐后才可以开通商户支付功能。
2）保证金收取银行户名：微梦创科网络科技（中国）有限公司
账号：110907403510888
开户行：招商银行北京建外大街支行

**收到保证金后由运营人员进行保证金审核，至此支付功能开通。**
3）商户保证金用于发生严重交易纠纷，经协商未达成一致时，平台方介入依然无效时，扣除商户保证金赔付用户，保证金不足时，商家商品下架，关闭售卖功能，需要补足保证金方能恢复。

▲ 图8-27　微博支付后期审核规则

## 8.3　支付宝的支付接口申请

支付宝是目前国内最大最为普及的第三方支付工具，不管是PC端还是移动端，都有相应的支付渠道（移动端工具就是“支付宝钱包”）。申请支付宝的支付接口，能让企业用户的在线支付适应更多购买人群的需要。

## 8.3.1 申请支付宝企业账户

要申请成为支付宝的支付商户，第一步自然是要申请一个支付宝的企业账户。通过支付宝官方网站，即可完成在线申请。具体申请步骤如下。

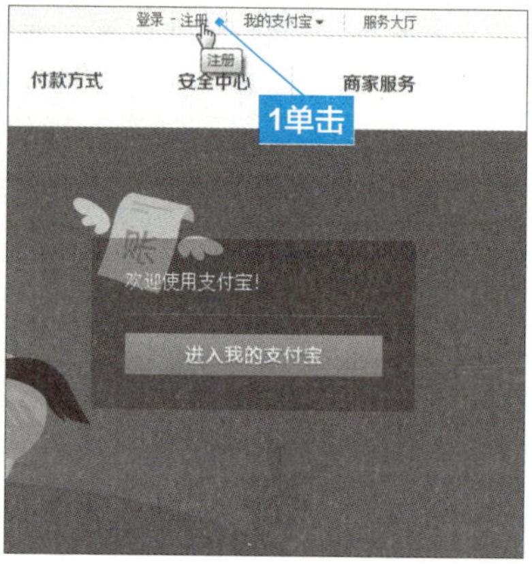


▲ 图8-28 单击注册按钮

**步骤1：**①登录支付宝首页单击页面上方“注册”按钮，如图8-28所示；②切换至“企业账户”注册方式；③输入有效电子邮箱地址作为账户名；④输入验证码后单击“下一步”按钮，如图8-29所示。

**步骤2：**①单击“立即查收邮件”按钮，如图8-30所示，随后登录注册时填写的邮箱查收支付宝的邮件；②打开邮件内容后单击其中的“继续注册”按钮，如图8-31所示。

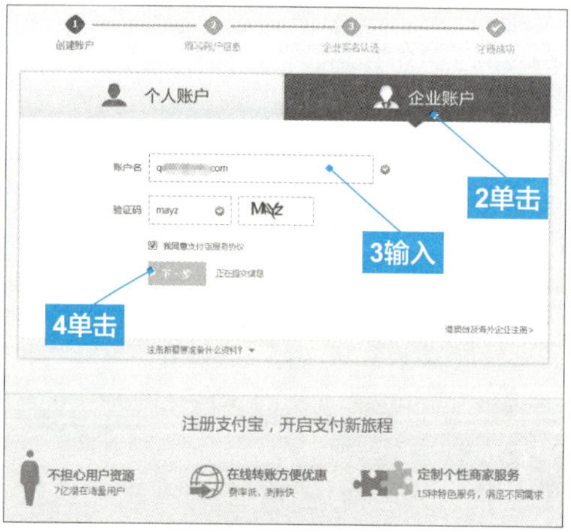


▲ 图8-29 注册企业账户

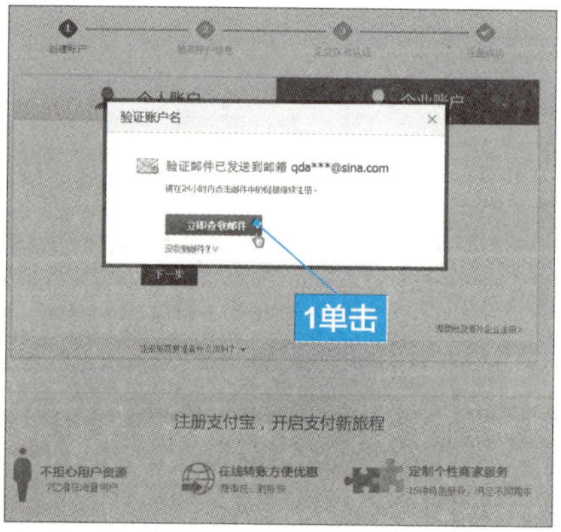


▲ 图8-30 单击“立即查收邮件”按钮

**步骤3：**①接下来是设置登录密码、支付密码以及设置安全保护问题的步骤页面；②按要求的格式填写完整后单击“下一步”按钮，如图8-32所示。至此企业支付宝账户的基本注册工作就完成了。

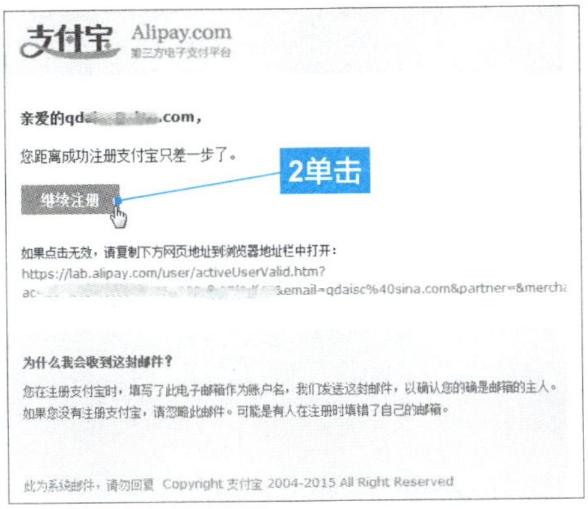


▲ 图8-31　单击继续注册按钮

▲ 图8-32　完善信息后单击下一步按钮

**小知识**

在使用余额和快捷支付付款、提现、修改账户名、绑定手机、查询“支付宝卡通”余额、确认收货、转账等时都需要输入支付密码进行验证。目前支付宝的支付密码的设置规则是要求包含大小写字母或数字总共6个字符。

## 8.3.2　企业账户实名认证

使用注册账户登录支付宝商户版管理页面后，需要先进行实名认证才能获得支付接口的授权权限。具体认证的流程步骤如下。

**步骤1：** 登录支付宝商户版，在管理界面下方单击“立即升级”链接文字，如图8-33所示。

**专家提点**

如果在首页界面下未看到“立即升级”链接，可在上图所示界面中单击“我的支付宝—我的账户”，再单击“账户状态”右方的“申请实名认证”链接即可。

**步骤2：** 进入如图8-34所示实名认证步骤页面。首先选择认证申请方式，分为法定代表人和代理人两种申请渠道，从材料准备的说明来看，选择法定代表人方式更为方便快捷一些，确定后单击“立即申请”按钮继续下一步。

▲ 图8-33 单击立即升级链接

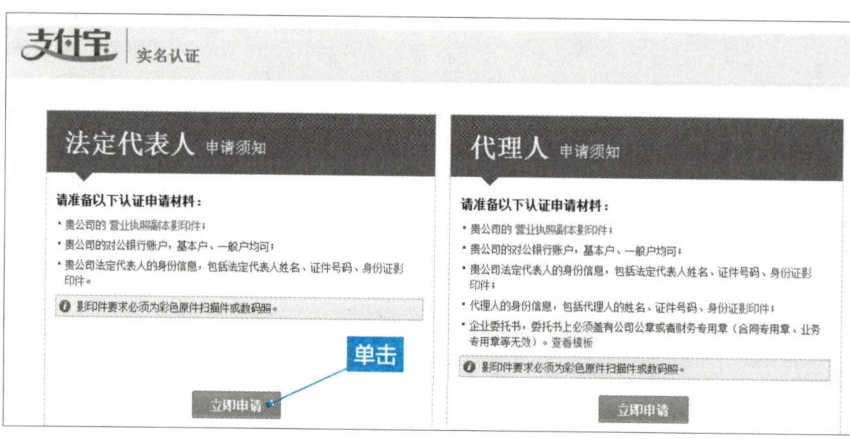


▲ 图8-34 单击“立即申请”按钮

**步骤3：** 接下来的认证流程就是填写与企业相关的信息，包括企业信息、企业对公账户信息、企业法定代表人信息、确认汇款金额，总共4个流程，如图8-35所示。按每一项目的要求如实填写和上传需要的认证资料即可。

**步骤4：** 填写完成并提交后就是如图8-36所示的等待审核的提示页面了。

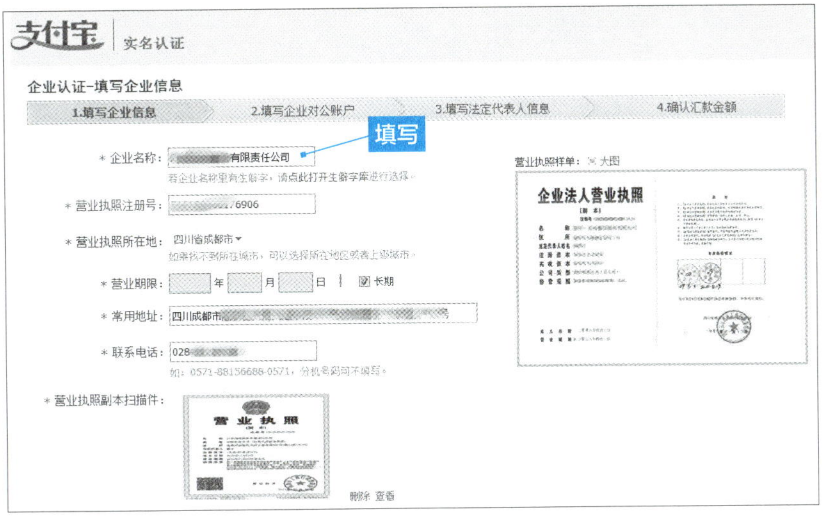


▲ 图8-35　填写并上传相关认证资料

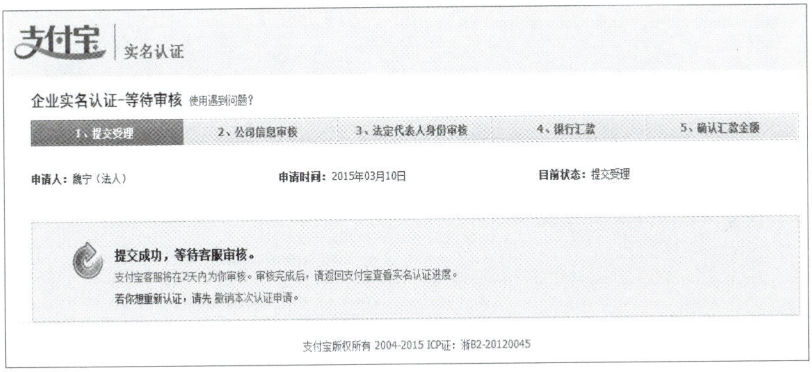


▲ 图8-36　等待客服审核

## 8.3.3　选择支付产品在线提交签约申请

支付宝针对商户的收款产品线比较丰富，除了基础收款产品还有无线产品可以选择，如图8-37所示。登录支付宝商家服务页面，即可查询到所有支付产品的详细情况。

对于一般性的企业商户而言，最实际的收款产品就是“网银支付”，那么点击“了解详情”即可进入图8-38所示页面。在该页面下可以查看到这类收款产品的基本介绍以及申请条件，企业确认是需要的收款产品并且已经满足了其申请条件后，可单击“在线申请”按钮进行申请。

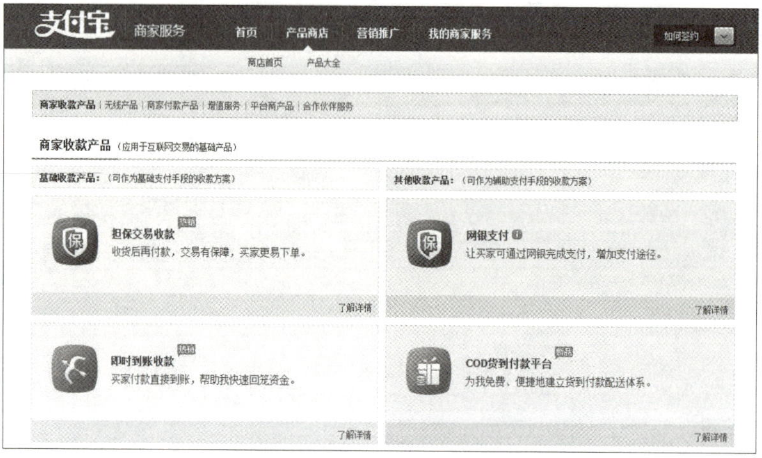


▲ 图8-37　支付宝商家收款产品

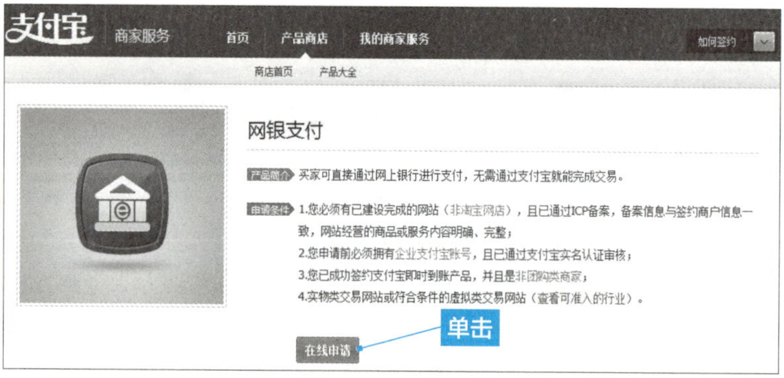


▲ 图8-38　在线申请网银支付产品

**小知识**

支付宝对于不同的商户级收款产品有一定的准入行业限制，需要申请的企业点击产品详情页中的“查看可准入的行业”链接查询。例如，上述“网银支付”产品就只能是实物类交易网站，或是基金行业、保险行业、证券行业、彩票行业、直销行业、域名、服务器托管行业、生活/咨询服务行业、物流行业、教育/培训行业、医疗/症所行业、慈善/社会公益行业、机票、酒店行业、客票行业、政府事业单位、符合条件的优质游戏厂商等虚拟类交易网站才能申请。

随后的步骤就是具体的签约流程了。如果当前申请的收款产品还需要其他的产品配合，那么系统首先会提示先申请其他的产品，如图8-39所示，即是申请网银支付之前必须先申请即时到账套餐。签约过程就是填写企业网站、所属行业、业务模式、受众群体等与经营范围相关的信息，按提示填写和提交即可。

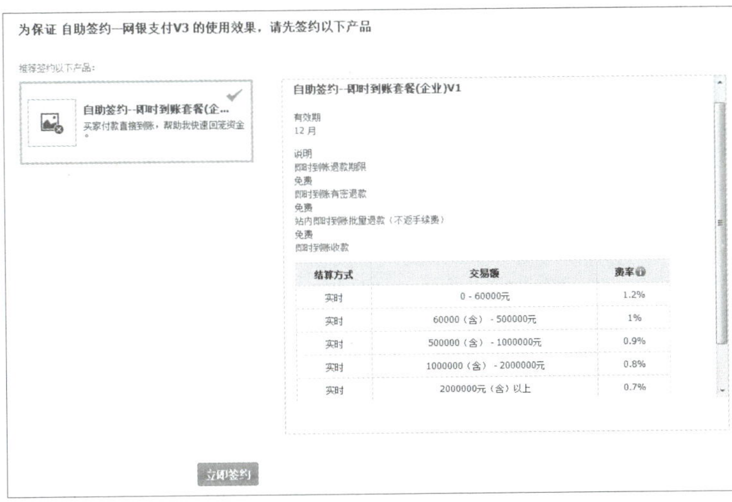


▲ 图8-39 在线自助签约

## 8.3.4 完成支付宝接口调试

“接口调试”的意思就是将申请到的支付服务集成到自己的经营产品页面中，这样在线用户下单购买时就可以选择支付宝这个支付方式了。支付宝为企业用户提供了比较详细的接口集成、调试说明，如图8-40所示。企业用户只需安排相关技术人员来对接和具体执行即可。

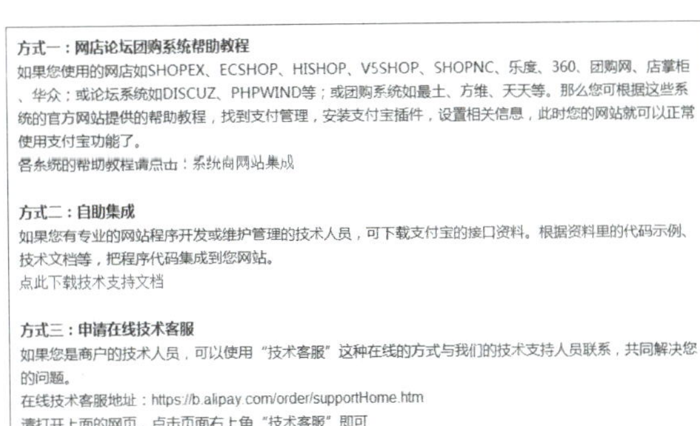

**方式一：网店论坛团购系统帮助教程**

如果您使用的网店如SHOPEX、ECSHOP、HISHOP、V5SHOP、SHOPNC、乐度、360、团购网、店掌柜、华众；或论坛系统如DISCUZ、PHPWIND等；或团购系统如最土、方维、天天等。那么您可根据这些系统的官方网站提供的帮助教程，找到支付管理，安装支付宝插件，设置相关信息，此时您的网站就可以正常使用支付宝功能了。

各系统的帮助教程请点击：系统商网站集成

**方式二：自助集成**

如果您有专业的网站程序开发或维护管理的技术人员，可下载支付宝的接口资料。根据资料里的代码示例、技术文档等，把程序代码集成到您网站。

点此下载技术支持文档

**方式三：申请在线技术客服**

如果您是商户的技术人员，可以使用“技术客服”这种在线的方式与我们的技术支持人员联系，共同解决您的问题。

在线技术客服地址：https://b.alipay.com/order/supportHome.htm

请打开上面的网页，点击页面右上角“技术客服”即可

▲ 图8-40 支付宝接口调试说明

# 赚钱秘技一点通

## 1. 个人用户把淘宝店开到新浪微博

新浪微博已经开通了微博支付功能，所以即便是个人，只要你有一个在线商品呈现页，并申请了微博支付的通道，那么就完全可以在新浪微博上做“小生意”；而更加方便易行的方法就是直接把个人淘宝店的售卖商店以微博内容的方式进行转载。淘宝商品信息在微博中展现为“卡片”形式，价格、购买评价、销量等各类信息一目了然，如图8-41所示。用户用一个账号能够登录两个平台，同时可以直接在微博上实现购物，非常的方便。

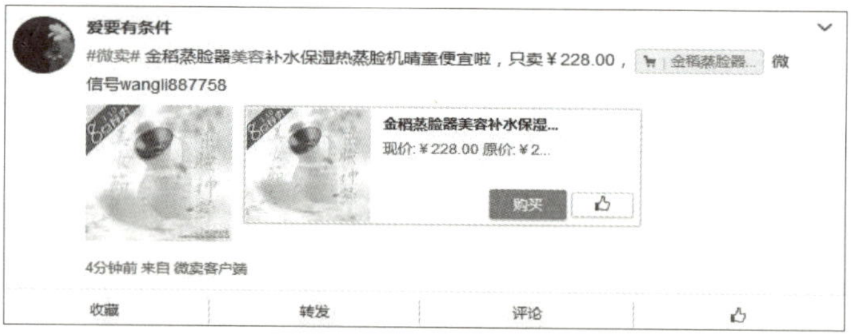


▲ 图8-41　把淘宝店开到新浪微博

微博支付全站开放，将不局限于以往具有经营执照的企事业单位认证账号和普通实名认证的个人账号，所有微博注册用户都可以申请接入，也就是说微博上的个人和企业账号都具备收款和交易的能力。如此，除了已有的淘宝店铺，个人用户也完全可以把新浪微博当作一个“跳蚤市场”，把手边的闲置物品搬到新浪微博上售卖，如图8-43所示。

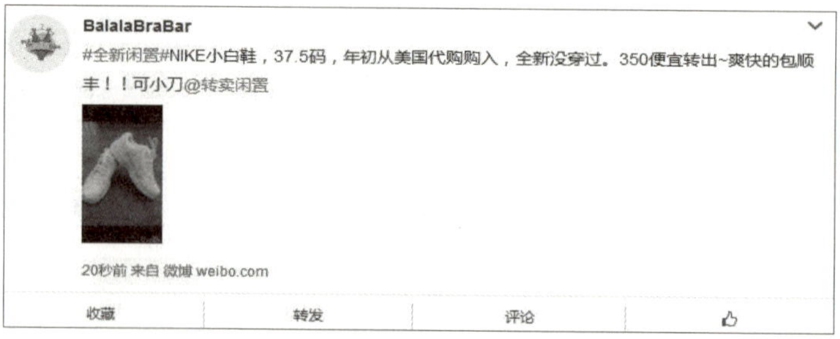


▲ 图8-42　在新浪微博售卖闲置

**专家提点**

虽然新浪微博为个人用户提供了一个很自由的在线商品售卖平台，但同时也要注意微博是一个开放的社交平台，一旦有用户在你这里购买到假货或者是质量低劣的商品，他可以有多种渠道来声讨，这对个人会同样造成不小的声誉损失。所以，个人用户如果希望通过新浪微博实现赚钱，最佳的态度就是诚实合法。

## 2. 支付宝服务窗的营销赚钱作用

支付宝服务窗页面如图8-43所示，官方对支付宝服务窗的解释说明是具备发现、理解、服务用户以及价值变现的能力，怎么理解呢？其实支付宝服务窗，就是基于支付宝产品的商户"公众号"，其大致定位和微信公众号类似，可为有需求的商户提供一个更加聚合的信息及服务的展示、售卖。所以，已经接入了支付宝接口的商户，开通支付宝服务窗来实现营销赚钱，还是很有帮助作用的。

▲ 图8-43　支付宝服务窗平台页面

实际上，支付宝服务窗的本质特性还是一个在线商城，依托于支付宝以及支付宝钱包，可以最快地获得用户的关注。支付宝的方式是：当用户在支付宝服务页面里享受了相关服务后，即会弹出合作商户的服务窗提示关注页面；这种基于需求和兴趣的精准推广，可以为合作商户带来非常准确的用户群。然后，商户再在服务窗中集成自己的产品信息、服务信息以及优惠活动信息，实现用户从浏览到下单购买一条龙式的服务，界面示意如图8-44所示。

▲ 图8-44　服务窗页面示意

从以上分析我们不难发现，商户开设支付宝服务窗，其实不管是营销还是赚钱，都离不开支付宝这个平台提供的相应空间权限。而当成为支付宝的合作商户后，其实支付宝即会为商户提供非常可观的用户转化率数据，毕竟支付宝以及支付宝钱包的覆盖人群是亿级数量的。

## 实用技能拓展

### 1. 申请收款二维码方便交易

支付宝的“收款二维码”是一项比较有意义的产品，个人用户的日常付款收款需求。所有支付宝用户均可通过登录“自助发码平台”，免费领取“向我付款”的二维码，用户还可以自行上传头像照片，并设置收款人姓名，让二维码更加个性化，如图8-45所示。

得到该收款二维码后，将其保存下来再转存到手机相册中，以后只要遇到需要收款的情况时，向对方出示该收款二维码即可轻松实现支付宝收款。具体收款的实现流程为：将自己的收款二维码直接在对方面前展示，对方只需打开支付宝手机客户端的扫码功能，并扫描二维码，即可跳转至付款页面，然后再自行输入需要支付的金额即可，如图8-46所示。确认付款成功后，款项将直接到达二维码绑定的支付宝账户中。

▲ 图8-45　免费领取收款二维码

▲ 图8-46　扫码付款示意

## 2. 企业申请支付宝服务窗

在前面“赚钱秘技一点通”部分里已经对支付宝服务窗的营销赚钱作用做了详细的介绍，那么企业用户可以根据自身的需要登录支付宝服务窗官方网站申请开通。申请开通的流程其实比较简单，申请的前提条件是商户的支付宝账户已经通过了企业实名认证，并开通了相应的支付宝接口，否则无法在服务窗中实现商品的售卖。基本的申请流程如图8-47所示。

先用注册好的企业支付宝账号在支付宝服务窗首页登录，登录后会自动进入如图8-48所示的开通服务窗页面。企业根据实际需求填写该服务窗的相关信息；下一个步骤的“配置服务窗”其实就是为你的服务窗界面配置一些必要的功能选项，都可以通过服务窗管理后台来完成。

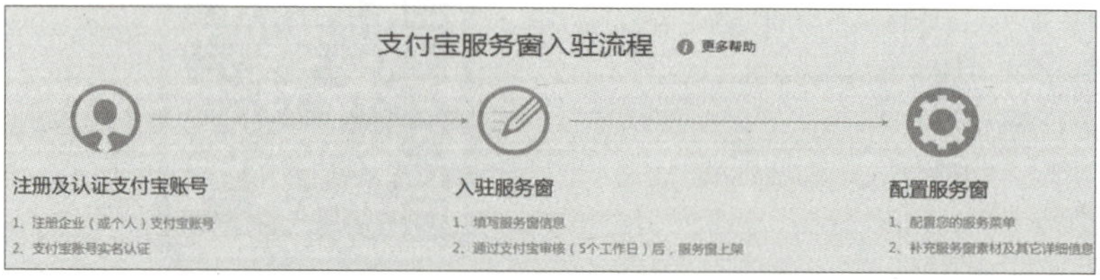


▲ 图8-47　支付宝服务窗入驻流程

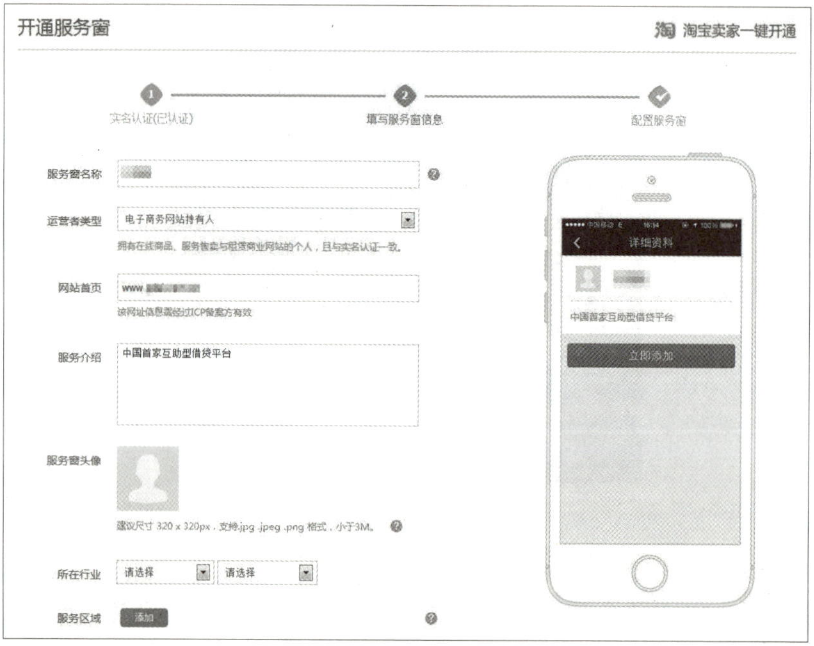


▲ 图8-48　开通服务窗

鉴于支付宝服务窗强大的营销赚钱作用，企业商户可以参照以上基本流程练一练，开通支付宝账号的服务窗系统，为日后的服务经营拓展出一个新的赚钱渠道。